監修 ▶ 無藤 隆　　編著 ▶ 松嵜洋子

シリーズ
主体としての子どもが育つ

保育内容「健康」

▶ Health
　Human Relationships
　Environment
　Language
　Expression

北大路書房

「主体としての子どもが育つ」
シリーズ刊行にあたって

　本シリーズとして目指すところは，子どもが生まれながらに主体であり，同時にそこから主体として育っていくことを援助する場として幼児教育施設（園）がつくられたということを鮮明にすることです。そのための工夫として，動画を提示して，事例をいくつもの視点から検討して考え討議することを紙面で試みました。

　そこでの検討の視点として三要領・指針の理論的な枠組みを明確にしました。子どもの生まれながらの主体的あり方はその潜在可能性においてです。子どもという存在はこの世界に生まれ，新たな活動を開始し，その基点となることを通して周りの世界と相互の交渉を行います。それが生きることです。その家庭での育ちから，その後，園に通い，そこで多くの時間を過ごすようになる中で，自分の力を存分に発揮して遊ぶ楽しさを経験します。そこでの出会いと面白さから環境への関わりが多様に生まれ，その中から自分が追究し，仲間たちと取り組んでいきたいことがいくつも日々生まれていきます。幼児教育・保育とはその過程を子どもが豊かに経験することを援助することであり，その今の楽しさから未来へと生きる力を養うことなのです。

　保育するとは大きく3つのことを配慮することです。第一に子どもの主体的なあり方を豊かに多様に展開するようにするのですが，その具体的なあり方が資質・能力の三つの柱であり，その関わりが向かう先が内容としての5つの領域になります。それを統合して年長児に育つ具体的な姿として整理したのが幼児期の終わりまでに育ってほしい姿です。第二はそれが環境での出会いを通して実現していくということです。そこでの面白さ，不思議さ，魅惑に目覚め，もっと関わりたくなっていく。その過程で資質・能力が発揮され豊かな経験となっていきます。第三はそれが遊びということなのです。試行錯誤することが広く奨励され，そこから自分が選んで追究していくことが可能になる場所が園なのです。そのために環境構成や直接的関わりや見守りを通して援助するのが保育者の仕事です。

　保育の仕事は子どもの主体的なあり方を根幹に据えて，様々な活動を総合的に追究できるよう，資質・能力の育ちとその活動の内容への深まりを進めていくことです。そのためのいわば紙面実習を実現することを目指してこのシリーズを編纂したのです。

2024年3月

監修者　無藤　隆（白梅学園大学）

はじめに

　現代は，グローバル化やDX化が進み，AIが生活に進出するなど，急激に時代が移り変わっています。幼児教育・保育施設においても，日本語を母語としない子どもたちが数多く在籍していることが当たり前であり，保護者の考え方や地域とのつながりも以前と同じとは限りません。また，子どもの体力・運動能力の低下が顕著になって久しい現状に，歯止めはかかっていません。不健全な食習慣や睡眠時間の不足・不規則化，ゲームなどのメディアに長時間触れているなど，生活習慣に乱れのある子どもが多く出現しています。さらに，虐待や貧困等子ども自身の力だけでは改善できない問題など，課題が山積しています。しかし，子どもを取り巻く現状や社会がどのように変化しても，子どもの育つ姿は大きく変わっていません。

　本シリーズは，子どもが主体として育つための保育・幼児教育の実践に関する学びを深めることを目指して制作されています。領域「健康」を扱う本書は，幼稚園教育要領等に記載されている「健康な心と体を育て，自ら健康で安全な生活をつくり出す力を養う」ことを念頭に章を構成しました。本書は，第Ⅰ部（専門的事項）と第Ⅱ部（指導法）が互いに関連した内容になるように，同じ執筆者が各部の2つの章を対応させて執筆しています。これにより，子どもの心身の育ちを保障し促すために必要な知識や理論を踏まえた上で，保育を計画立案し実践するまでを，一貫して学ぶことができるようになっています。

　第Ⅰ部では，子どもを取り巻く現代社会における課題や健康の意義，乳幼児の発育発達，安全，生活習慣，運動と遊びなど，保育実践に必要となる基礎的・基本的知識について学びます。第Ⅱ部では，保育現場の環境構成や教材，実践事例等を紹介し，子どもが主体となるための指導のあり方について，ねらいを含め実践に必要な内容を具体的に学ぶことができます。また，小学校教育との接続や，家庭や社会との連携，子どもや家庭を支援するための保育者の役割についても取り上げています。

　領域「健康」は心身の発育発達，遊びと生活習慣，事故や病気を含む安全教育や安全管理等，多岐にわたる内容を扱う印象がありますが，各章の冒頭の問いや章末の演習課題に取り組むことを通して，領域「健康」に関する大きな軸を形づくり，子どもが世界と関わる楽しさや面白さについて，理解を深めていただきたいと考えます。子どもに関わる私たちには，子どもが健康で幸せな生活を送ることができるウェルビーイングを実現するために，適切な環境づくりと援助をすることが求められています。本書を通して，子どもの生活や遊びにどのように関わることが望ましいかを考えたり，保育実践を見直したりする機会となることを願っています。

2024年12月

編著者　松嵜洋子

本書の特徴と使い方

　本書は，「主体としての子どもが育つ」シリーズの，保育内容「健康」を学ぶ巻です。本シリーズは「主体」をキーワードに，次のような意図をもってつくられています。
・「子どもの主体性を育む／主体性を身に付けさせる」のではなく，「主体としての子どもの育ちを支える」保育のあり方を考える。
・学習者もまた「主体」となって保育を学ぶ。
　これらの意図を具体化するために，次のような構成のもと，様々な工夫を設けています。

序　章

　序章は，第1節から第3節はシリーズ共通，第4節は各巻オリジナルの内容です。1つの保育事例（動画）を軸に展開していきます。
　第1節では，事例を何度か視聴しながら，保育の専門家としておさえておきたい「保育を見る視点」について学びます。第2節では，事例に携わっていた保育者が実際に子どもたちに対してどのように感じ，関わっていたのか，保育の記録を通して見ていきます。第3節では，事例を5領域「健康」「人間関係」「環境」「言葉」「表現」の視点から読み取ります。第4節では，その巻で学ぶ領域の視点から，第3節での読み取りをさらに掘り下げていきます。
　5領域は独立した視点ではなく，相互に関連し合っています。それらの視点を通して子どもの姿を多面的に捉えることで，総合的な育ちが見えてくるでしょう。

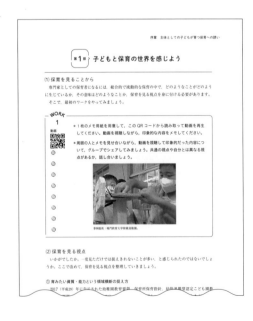

本書の特徴と使い方

第1章〜第14章

領域「健康」の専門的事項を学ぶ第Ⅰ部（第1〜6章），指導法を学ぶ第Ⅱ部（第7〜14章）で構成されています。

THINK（考えてみよう）

最初に，各章で学ぶ内容にまつわる問いがあります。どの問いにも，明確な正解はありません。自身が子どもだった頃を思い出したり，自身と子どもの生活を比較したり，事例や写真から子どもたちの思いを想像したりなど，保育をまずは"自分ごと"として考えることから始めます。

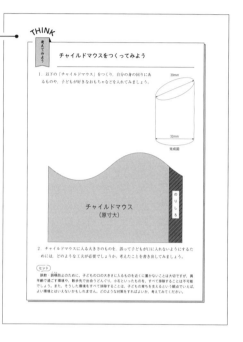

側注・QRコード

側注では，重要な用語・人物，引用・参考資料や補足説明などを掲載しています。幼稚園教育要領や保育所保育指針，各種法令等といった重要な関連資料や，動画・カラー写真をQRコードからアクセスして見ることができます。[*]

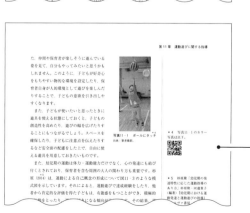

----
*QRコードで示す情報はウェブ上のものであるため，今後URLや内容が変更される可能性があります。また，動画や写真の無断複製・拡散は，著作権法により禁じられています。

WORK, EPISODE

保育について具体的に考え，学べるように，WORK（ミニワーク）や EPISODE（事例）等を随所に設けています。

章末問題・文献紹介

学んだ内容を振り返り，より深く理解するための演習問題を掲載しています。個人で行うことのできるものや，グループ等で対話して行うものがあります。

あわせて，学びの発展におすすめの本や資料を紹介しています。

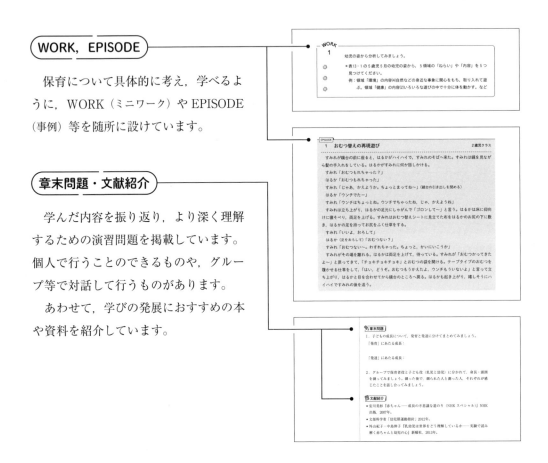

終　章

領域「健康」の振り返りと，本シリーズの重要なキーワード・概念である「主体」についての論考を通じて，これからの幼児教育・保育の展望を考えます。

目　次

はじめに　i

本書の特徴と使い方　ii

序　章　主体としての子どもが育つ保育への誘い……………………………1

第1節　子どもと保育の世界を感じよう　3

(1)保育を見ることから／(2)保育を見る視点／(3)視点をもって保育を見よう

第2節　このとき保育者は……　10

第3節　5領域の視点で見てみよう　12

〈領域「健康」の視点から〉／〈領域「人間関係」の視点から〉／〈領域「環境」の視点から〉／〈領域「言葉」の視点から〉／〈領域「表現」の視点から〉

第4節　領域「健康」の視点から深める　14

(1)思いを実現するために体を動かす／(2)体が動くと心も動く，心が動くと体も動く／(3)安全について意識し注意を向ける

第I部　保育内容「健康」の専門的事項……………………17

第1章　現代社会と子どもの健康……………………………19

第1節　健康の定義　21

(1)WHOの健康観／(2)日本における子どもの健康に関する課題

第2節　ウェルビーイングとエージェンシー　25

(1)「ウェルビーイング」とは／(2)「エージェンシー」とは／(3)日本におけるウェルビーイングと健康

第2章　子どもの発育と発達……………………………29

第1節　発育発達の観点から深める子ども理解　31

(1)発育発達の概念／(2)乳幼児の形態的発育過程／(3)乳幼児の生理的発達過

程／(4)乳幼児の運動的発達過程

第2節 乳幼児期の健康管理　40

(1)量的にみる・質的にみる／(2)発育発達の評価

第3節 心身不可分な子どもの発育と発達　42

(1)乳幼児期の精神的・社会的な発達／(2)子どもの生活と心身の健康／(3)運動発達を支える自発的遊び

第3章　子どもの安全 ·· 47

第1節 保育・幼児教育施設での事故　49

(1)日常で起こりうる事故とその対応／(2)保育・幼児教育施設における事故の特徴／(3)リスクとハザード

第2節 食物アレルギー等への対応　55

(1)食物アレルギー疾患のある子どもへの対応／(2)食物アレルギー対応時の大切な視点

第3節 感染症対策　58

第4章　生活リズムと生活習慣 ·································· 61

第1節 日々の暮らしと生活習慣　63

第2節 乳幼児期の生活習慣の獲得　64

(1)睡眠に関する発達と保育／(2)食事に関する発達と保育／(3)排泄に関する発達と保育／(4)清潔に関する発達と保育／(5)衣服の着脱に関する発達と保育

第3節 生活習慣の獲得を支える保育者の関わり　68

(1)権利主体である子どもの最善の利益／(2)関係性の中の生活習慣

第4節 生活習慣の獲得が幸せな経験の中にあるように　71

第5章　子どもの運動発達 ·· 73

第1節 乳幼児期の運動発達　75

(1)運動の仕組み／(2)運動発達の段階／(3)幼児期の運動発達の特徴／(4)動きを分類する視点

第2節 乳幼児期の運動能力の発達　79

⑴幼児期の運動能力の発達／⑵運動能力の年代変化／⑶幼児の運動能力や運動に対する意識に関連する要因／⑷幼児期運動指針について

第6章　子どもの遊びと健康 ……………………………………………………… 85

第1節　遊びと身体発達　　87
⑴遊びながら体を動かす／⑵子どもの遊びの実際

第2節　室内遊びと戸外遊び　　89
⑴室内遊び／⑵戸外遊び

第3節　遊びの中での安全を考える　　93
⑴遊びの中で身に付く動き／⑵"安全"をどう考えるか

第Ⅱ部　保育内容「健康」の指導法 ……………………………………… 97

第7章　保育における領域「健康」…………………………………………………… 99

第1節　保育・幼児教育の基本と領域について　　101
⑴環境を通して行う保育・幼児教育／⑵遊びを通しての総合的な指導／⑶領域の考え方

第2節　要領・指針における領域「健康」　　103
⑴乳児保育において／⑵1歳以上3歳未満児の保育において／⑶3歳以上児の保育において

第8章　子どもの健康支援 ……………………………………………………………… 111

第1節　保育における健康状態の把握　　113
⑴「評価する」ことの意味／⑵保育場面における健康管理／⑶多職種が連携した健康支援

第2節　発達過程の記録と計画　　117
⑴子どもの育ちを把握する／⑵健康状態の情報共有／⑶保育計画に評価や記録をどう生かすのか

第3節　自ら健康について考える子ども　　122

⑴子どもが主体的に育む健康／⑵保育者に必要な関わりと支援

第9章 安全管理と安全教育・健康教育 ………………………………… 125

第1節 日常の保育の中での安全対策　127

⑴誤飲・誤嚥防止のために／⑵はさみなどの道具を安全に使うために／⑶木登りに挑戦してみたい子どもの姿から

第2節 災害対策　134

⑴避難訓練／⑵非常用持ち出し袋と備蓄品：アレルギー疾患児等への対応

第3節 健康や安全の意識を育むために　136

第10章 園での暮らしにおける生活習慣 ………………………………… 139

第1節 主人公として生活する　141

⑴主人公として生活する源泉／⑵手の届くところに生活がある／⑶つながりの中に流れている時間を生きている／⑷パズルのピースを埋め合うように

第2節 主体としての子どもが育つ　149

⑴固有名詞としての出会い／⑵暮らしの中で「分かち合う」ということ／⑶都合・不都合の調整／⑷時を共に過ごすということ

第11章 運動遊びに関する指導 …………………………………………… 157

第1節 乳幼児期の運動遊びとその指導　159

⑴遊びとしての運動／⑵子どもの運動意欲を引き出す環境構成や援助

第2節 発達段階に応じた運動遊び　163

⑴0～2歳児の運動遊び／⑵3歳以上児の運動遊び／⑶身体活動量の視点から見た運動遊び／⑷家庭との連携

第12章 保育現場における体を使った遊びの実際 ……………………… 169

第1節 運動遊びの指導を考える　171

⑴「運動」と「遊び」／⑵運動遊びとは／⑶指導にあたっての留意点

第2節 遊具を使った遊び　175

⑴遊具の種類とその特性／⑵遊具を扱う中で身に付く動き

第 3 節　ルールのある遊び　177
(1) ルールをどう捉えるか／(2) ルールを子どもと考える

第13章　他領域との関連，小学校とのつながり　181

第 1 節　指導計画の立案　183
(1) 遊びを通して行う総合的な指導／(2) 他領域との関連

第 2 節　小学校とのつながり　188
(1) 幼児期の終わりまでに育ってほしい姿／(2) 架け橋期の教育課程

第14章　生涯発達の観点から見た領域「健康」の指導　195

第 1 節　幼児期の経験がその後の健康に及ぼす影響　197
(1) 児童期，青年期の健康への影響／(2) 成人期，高齢期の健康への影響

第 2 節　子どもの健康を守る環境　199

終　章　領域「健康」と「主体」を再考する　203

第 1 節　領域「健康」とは　204
(1) 領域「健康」のねらい／(2) 内容の特徴／(3) 指導上の力点とは

第 2 節　乳幼児の主体的な活動が幼児教育・保育の中核をなす　208
(1) 主体性およびエージェンシーの哲学論から／(2) エージェンシーの実証的検討から／(3) OECD Education2030 プロジェクトから捉えるエージェンシーの考え方の展開／(4) つながりという視点からの幼児教育・保育／(5) 子どもの権利の考え方から／(6) 子ども（乳幼児）の共主体的あり方への発展へ／(7) 主体的なあり方の実現への矛盾を循環的に乗り越えていく

序 章

主体としての
子どもが育つ
保育への誘い

本章では，ある保育場面の映像を大きな手がかりとして，主体としての子どもが育つ保育のイメージを共有した後，総合的な保育を専門的に見る視点について学びます。育みたい資質・能力，保育内容5領域，幼児期の終わりまでに育ってほしい姿，環境を通して行う保育の基本について理解するとともに，領域「健康」の視点から事例の理解を深めることを通して，この領域のもつ特徴について知ることを目指します。

みなさんは,「主体としての子どもが育つ保育」と聞いて,どのような内容を思い浮かべますか。例えば,絵本の読み聞かせについて考えてみてください。子どもに対して絵本を読み聞かせるとき,"いかに静かに座っていられるようにするか"を考え,そのためにまず手遊びをし,そこから絵本を取り出す,という構想で,「主体としての子どもが育つ保育」になるでしょうか。子どもが主体であるなら,「絵本を読みたい」「お話を聞きたい」という思いが子どもの中に湧いてくることが出発点です。

では,保育者は何もせず,子どもの中に絵本を読みたい思いが湧き起こるまで待っていればよいでしょうか。そうではありません。保育者は子どもの育ちを願って,意図をもって関わる専門家です。例えば,3歳児の4月のはじめに,自ら絵本に親しんでほしいと願うとき,保育者は何を大切に考える必要があるでしょうか。

空間構成：3歳児がまだ慣れない保育室で,ゆっくり絵本を読むとしたらどこに絵本のコーナーをつくるか。子どもの動線や視界を考慮する。

物的環境構成：手にとりやすい高さの棚や関心のもちやすい本の置き方,カーペットや畳,ミニソファーやクッション,テーブルといった家具類の配置等。

教材研究：この時期に触れてほしい絵本（絵,写真,言葉,ストーリー,図鑑）。

保育の計画や構想：個別の読み聞かせ／集団での読み聞かせの場のつくり方,他の活動や時間帯と保育の流れとの関係,保育者の位置等。

子ども理解と予測：今日までの子どもの姿,子ども同士の関係性,絵本の好み等,具体的に予想される姿。

保育技術：実際に絵本を読み聞かせるスキル。

子どもとの関係：温かい信頼関係,楽しみを共有し合う関係。

こういった保育の要素を分析的に捉えることは重要ですが,この一つ一つは独立したものとして存在するのではありません。主体としての子どもを大切にした保育では,子どもたちは園に来ると,それぞれにいろいろなものを見たり触ったり感じたりして,動いています。その動きの中で,これらの要素は常に関わり合い,影響し合っています。例えば,Aちゃんが2歳の頃大好きだった車の絵本を,表紙が見えるように置いておくと,Aちゃんにとっては他の様々な絵本より,まずはその車の絵本が目に飛び込んでくるかもしれません。3歳児入園のBちゃんは,周りの子どもたちがどんなふうに絵本を扱っているか,絵本コーナーで過ごしているか,様子を見ているかもしれません。Cちゃんがにこやかにゆったり絵本をめくっているときと,いざこざの後むしゃくしゃしているDちゃんが絵本を次々棚から引き出しているときと,その時々の子どもによって異なる絵本の意味が生じています。主体としての子どもが育つ保育は,子どもの思いが絡み合う中で展開する複雑なものです。

本シリーズでは,主体としての子どもが育つ保育を実践するために必要になる,専門的な知識と指導法について学びます。

序章　主体としての子どもが育つ保育への誘い

第1節　子どもと保育の世界を感じよう

(1) 保育を見ることから

　専門家としての保育者になるには，総合的で流動的な保育の中で，どのようなことがどのように生じているか，その意味はどのようなことか，保育を見る視点を身に付ける必要があります。
　そこで，最初のワークをやってみましょう。

WORK 1

動画

- 1枚のメモ用紙を用意して，このQRコードから読み取って動画を再生してください。動画を視聴しながら，印象的な内容をメモしてください。
- 周囲の人とメモを見せ合いながら，動画を視聴して印象的だった内容について，グループでシェアしてみましょう。共通の視点や自分とは異なる視点があるか，話し合いましょう。

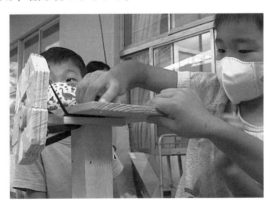

事例提供：鳴門教育大学附属幼稚園。

(2) 保育を見る視点

　いかがでしたか。一度見ただけでは捉えきれないことが多い，と感じられたのではないでしょうか。ここで改めて，保育を見る視点を整理していきましょう。

① 育みたい資質・能力という領域横断の捉え方

　2017（平成29）年に告示された幼稚園教育要領，保育所保育指針，幼保連携型認定こども園教育・保育要領（以下，要領・指針）では，これからの変化の激しい社会の中で子どもたちが生きていくために必要な資質・能力を提示し，幼児教育施設はその資質・能力を育むように努めること

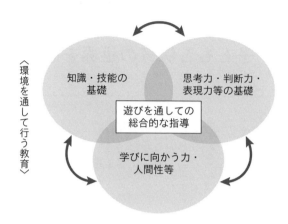

図序-1　幼児教育における資質・能力と保育の関係のイメージ
出典：文部科学省「幼稚園, 小学校, 中学校, 高等学校及び特別支援学校の学習指導要領等の改善及び必要な方策等について（答申）別添資料」2016年より抜粋し筆者作成。

が明記されました。その資質・能力は, 豊かな体験を通じて, 感じたり, 気付いたり, 分かったり, できるようになったりする「知識及び技能の基礎」, 気付いたことや, できるようになったことなどを使い, 考えたり, 試したり, 工夫したり, 表現したりする「思考力, 判断力, 表現力等の基礎」, 心情, 意欲, 態度が育つ中で, よりよい生活を営もうとする「学びに向かう力, 人間性等」の3つで示されています。これらの資質・能力は相互に関連し合い, 分かちがたいものであるので, 遊びを通した総合的な指導の中で一体的に育むものです（図序-1）。また, この資質・能力は, 小学校以降においても長期的に発達するものとして理解することも重要です。

しかし,「資質・能力は遊びを通した総合的な指導で一体的に育むのであるから, とにかく遊んでいればよい」というのでは, 子どもの育ちを捉えた適時的確な保育を行うことは難しいでしょう。そこで, 子どもの姿（実態）を捉えていく必要があります。

実際の保育場面で見られる子どもの姿を想像してみましょう。例えば, 先ほどの2歳の頃から車の絵本が好きなAちゃんは, 朝登園してくると, まずは大好きな車の絵本を棚から取り出し, 保育者のところに行き「これ読んで」と差し出します。その姿からは, 自分の好きなものがはっきりとあり, 園に来たらやりたいことが自分で分かり, 絵本を選び取り, 読んでほしいと思いを言葉で伝えたり, 行為で表現したりすることができ, 新しい保育室や担任保育者と安定した生活や関係を築いていこうとしている育ちが感じられます。このAちゃんの育ちを資質・能力で捉えてみると, 絵本棚の場所や使い方, 担任保育者など基本的な園生活に関する知識があり, 自分で絵本を取り出すことができる技能があります。また, 自分の気持ちを言葉にして表現したり絵本を差し出したりして, 思いを伝える表現力があります。さらには自分の好きなものや担任保育者をよりどころとして安定した情緒を保つことができていたり, 車という社会にあるものへの関心をもっていたりと, 学びに向かう力, 人間性等の育ちも見てとれます。この資質・能力の捉えは, 領域や小学校以降の教科を横断する捉え方です。子どもの資質・能力とは, 様々な生活や遊

びの中で発揮されているものと理解していくとよいでしょう。

② 保育内容5領域

　では，この資質・能力はどのように育まれるのでしょうか。園生活の中で，子どもは，心身を総合的に働かせながら，人やもの，こと*¹等に関わっていきます。その心身の発達を支え，促していくためには，保育者が発達を捉える視点と共に，発達にふさわしい経験の内容を理解しておく必要があります。

　ここで，要領・指針の第2章*²を見てみましょう。そこには保育の「ねらい」と「内容」が示されています。「ねらい」とは，乳幼児期に育みたい資質・能力を，主体としての子どもが生活する姿から捉えたものです。まずは5領域それぞれ3つ記載されているねらいを読んでみてください。次に，「内容」とは，ねらいに向けて保育者が子どもの発達の実情を踏まえながら指導，援助し，子どもが身に付けていくことが望まれるものとして示されています。どのようなことが書かれているか，目を通してみましょう。この「ねらい」「内容」は，子どもの発達の側面から，「健康」「人間関係」「環境」「言葉」「表現」の5つの領域にまとめられ，また，0歳の時期にあたる乳児保育では，発達が未分化な実態に即して，「健やかに伸び伸びと育つ」「身近な人と気持ちが通じ合う」「身近なものと関わり感性が育つ」という3つの視点から示されています（図序-2）。

　子どもの発達は，常に長期的な視野をもち，相互に関連し合う資質・能力の育ちとして見ていくことが重要です。一方で，それを育む日常的な保育においては，具体的な子どもの姿から育ちを読み取り，5領域のねらいと内容に基づいた保育を構成していくことが求められます。例えば先ほどのAちゃんの今にふさわしい保育を考えてみると，担任保育者は，Aちゃんが次の日も保育者との関係を基盤としながら安心して過ごすこと，その中で少しずつ友達と一緒の場を楽しめるようにすることをねらって，Aちゃんが朝絵本を持ってきたときには，Aちゃんを自分の片方の膝に座らせて読み始めてみようとか，読みながら，少し離れたところで見ているBちゃんと目を合わせて，もう片方の膝に笑顔で誘ってみようとか，考えるかもしれません。このことは，領域「人間関係」のねらい(2)*³や内容(1)*⁴，領域「言葉」のねらい(3)*⁵，内容(9)*⁶との関連が強く感

---

*1　人やものが環境としてあるだけでなく，それらが関わり合い生み出されている具体的な状況や出来事を指す。
*2　文部科学省『幼稚園教育要領』，厚生労働省『保育所保育指針』，内閣府・文部科学省・厚生労働省『幼保連携型認定こども園教育・保育要領』フレーベル館，2017年。ウェブ上では下記QRコードより閲覧可能。
*3　身近な人と親しみ，関わりを深め，工夫したり，協力したりして一緒に活動する楽しさを味わい，愛情や信頼感をもつ（文部科学省，2017）。なお，ここでは幼稚園教育要領の文言を記載しているが，保育所保育指針および幼保連携型認定こども園教育・保育要領も確認すること。

幼稚園教育要領

保育所保育指針

幼保連携型認定こども園教育・保育要領

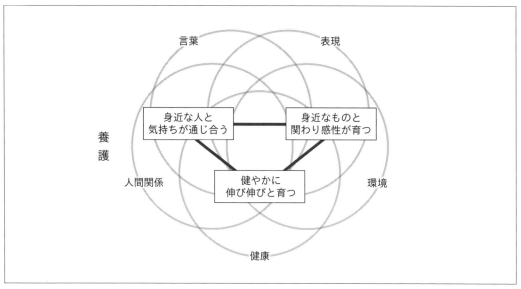

図序‐2　0歳児の保育内容と5領域の関係のイメージ

出典：厚生労働省「0歳児の保育内容の記載のイメージ」（「保育所保育指針の改定に関する議論のとりまとめ」内資料）2016年より抜粋し筆者作成。

じられる実践ですが，他の項目とも関連をもっています。こういった子どもの姿の見取りと保育内容5領域に基づく実践の積み重ねがあって，子どもの育ちと保育の充実がつくられていきます。

　保育内容5領域の「ねらい」「内容」に目を通して，先ほど見た動画を思い起こしてください。動画で見た子どもたちの姿と関連が強く感じられるものはありましたか。また，細かく捉えていくと，遊びには5領域のどれもが含まれていることが分かるでしょう。保育とは総合的なものですが，専門家としてその内容を考える際に，5領域の視点をもつことで捉えやすくなります。

③ 幼児期の終わりまでに育ってほしい姿（10の姿）

　このように子どもの姿は日常的にそして具体的に捉え，育ちのプロセスとして長期的に見ていくことになります。Aちゃんの育ち，Bちゃんの育ち，AちゃんとBちゃんの関係の育ち，クラスの子どもたちの育ちというように，遊びや生活の中で多面的に捉えていきます。日常的な捉えは詳細で個別具体的なものになりますが，子どもの育ちのプロセスを捉えるには，時々俯瞰的に捉えていくことも重要です。資質・能力は領域横断的に育ちを俯瞰して見る視点ですが，保育内容5領域との関連性をもった育ちのプロセスを俯瞰して見る視点として示されたのが，「幼児期の終わりまでに育ってほしい姿」です（図序‐3）。10項目示されていることから「10の姿」等

---

*4　先生や友達と共に過ごすことの喜びを味わう（文部科学省，2017）。
*5　日常生活に必要な言葉が分かるようになるとともに，絵本や物語などに親しみ，言葉に対する感覚を豊かにし，先生や友達と心を通わせる（文部科学省，2017）。
*6　絵本や物語などに親しみ，興味をもって聞き，想像する楽しさを味わう（文部科学省，2017）。

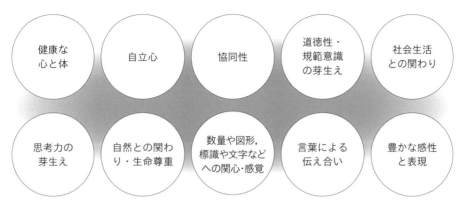

図序-3 幼児期の終わりまでに育ってほしい姿
出典：文部科学省「幼児教育部会における審議の取りまとめ」2016年を一部改変。

と呼ばれることもあります。「姿」というのは，具体的な実態です。具体的な実態は，当然ながら子どもの発達のプロセスにおける一時点で示すことになります。それを「幼児期の終わり」（5歳児後半）という時点で示したものです。保育者は日々，今日の子どもの姿を昨日までの姿とつなげて捉え，育ちのプロセスとして理解しています。「幼児期の終わりまでに育ってほしい姿」は，目の前の子どもの姿を時々照らし合わせることで，乳幼児期の子どもの育ちを長期的なねらいや方向性をもって考えられるように，また，5領域の保育内容との関連性をもって考えられるようにしたものです。

　先ほどのAちゃんはまだ3歳4月時点ですが，幼児期の終わりまでに育ってほしい姿「自立心」の「身近な環境に主体的に関わり様々な活動を楽しむ」という部分や，「言葉による伝え合い」の「先生や友達と心を通わせる中で，絵本や物語などに親しみながら」という部分の育ちが見えてきます。子どもの育ちは総合的で相互関連的ですから，「健康な心と体」にある「自分のやりたいことに向かって心と体を十分に働かせ」という内容や，「社会生活との関わり」にある「園／所内外の様々な環境に関わる中で，遊びや生活に必要な情報を取り入れ」という内容，また，「思考力の芽生え」にある「物の性質や仕組みなどを感じ取ったり」という内容など，他の項目との関連も見えてくるかもしれません。子どもの育ちの見取りに正解はありませんので，いろいろな角度から捉え直してみることが大切です。この「幼児期の終わりまでに育ってほしい姿」を手がかりに，個々の保育者が子どもの今の育ちを長期的な育ちの視点から捉え直すことも重要ですし，これを保育者間の共通の視点とすることで，学年を超えて話し合ったり，園を超えて話し合ったり，小学校以上の教師と話し合ったりすることもしやすくなります。みなさんも，「幼児期の終わりまでに育ってほしい姿」で示されている内容と，具体的な事例を行き来しながら話し合ってみてください。自分とは異なる見方に出会い，子どもの見方が広がるのではないでしょうか。

④ 環境を通して行う保育と重視する3つの事項

　ここまで資質・能力という育ちを俯瞰して見る視点，資質・能力を育む保育内容5領域，すなわち乳幼児期に経験してほしいねらいと内容，その経験を通して育まれる育ちのプロセスを俯瞰して見る「幼児期の終わりまでに育ってほしい姿」と，子どもの育ちや経験を捉える視点について見てきました。ここでは改めて，それらをどのような保育によって促すのか，保育の原理を確認します。

　生まれて間もない子どもは生理的に不快なときに泣きます。身近な大人は，その様子に「どうしたの？」と寄っていき，抱き上げたり，おむつを見たりします。そういった相互のやりとりを毎日積み重ねていると，数か月後には，大人が来てくれることを期待して，呼ぶように泣く姿が見られるようになります。また，最初は不随意に動いている手も，次第に握ったり開いたりすることができるようになり，偶然ものに手が当たって音が出ると，もう一度同じように手を動かしてみたりするようになります。このように，子どもは生まれた直後から自分の身体を通して周囲の環境と直接的・具体的に関わり，学んでいます。そういった乳幼児期の発達的特徴を踏まえると，発達を促す保育の方法としては，環境を通して行うことが基本となります。

　環境と一言で言っても，その中には，子どもを取り巻く人やもの，生じていること，自然環境，音環境，言語や文化的な環境等，多様な要素があります。子どもの今日の具体的な姿がどのような具体的な環境との関わりで生じていたか，丁寧に捉える必要があります。明日，さらに子どもが関心をもって関わることを生み出すような環境はどのようなものか考え，工夫していくことが，子どもの遊びの充実につながるからです。そこでは，保育者が例えば3歳児の4月頃に出会ってほしい絵本を考える等して，教育的な意図を環境に含ませて構成するのですが，そのアイデアの元となるのは，子どもの今の姿から見出される育ちや関心です。その育ちや関心が一層引き出されるような明日の環境を，保育者が意図的に考えるのです。

　また，保育者も大切な環境です。子どもは登園してきたら，保育者が意図的に構成した環境と関わり出します。保育者が予想していた姿もあれば，思ってもみない姿もあるかもしれません。その具体的な姿から，子どもがどこに面白さを感じているのかを見取り，意欲的に子どもが関わっている姿を大切にしながら関わっていきます。それと共に，保育者が子どもに出会ってほしいと願ったねらいや内容を頭の片隅に置いて，子どもが自ら意欲をもって取り組むために必要な援助を行うことが重要になります。

　その際，重視する事項が3つあります。それは，「乳幼児期にふさわしい生活の展開」，「遊びを通しての総合的な指導」，そして「一人一人の発達の特性に応じた指導」です。「環境を通して行う」というのは，具体的に考えたときに非常に幅の広いものです。それは決して何でもよいというのではありません。乳幼児期へのふさわしさを考えたときには，身近な人，保護者や保育者を中心とした周囲の大人に安心して関わることができる，信頼関係が基盤となります。その基盤が築かれ，次第に安心して過ごすことができるようになると，周囲の環境に目が向くようになり，自ら関わってみたいと感じ，直接物に触れていくようになります。さらには，自分と同じような

存在，周囲の子どもに気付き，関心を寄せ合うようになり，関わりが生まれていきます。そういった基本的な安心・安定を基盤として，子どもが自ら動き出す中で周囲の人やもの，ことと直接的に触れていくことが，乳幼児期にふさわしい生活のあり方として重要です。

　また，乳幼児期にふさわしい生活においては，遊びが中心となります。子どもは生活そのものが遊びといってもいいほど，一日中様々に遊んでいます。○○遊びと名の付くようなものばかりでなく，想像と現実，生活と遊びが入り混じったような，あらゆる行為に遊びが入り込んでいます。そうやって子どもが思ったようにその時々に関わることは，周囲の様々な環境との具体的な関わりを試しているということでもあります。ふとやってみたことを通して，その環境の特徴を感じる，大切な経験です。重要なことは，遊びの中で子どもが自ら様々な思いをもって動き，関わりを楽しみ，もっとこうしたいという次の意欲が内側から生まれてくることです。そうであるからこそ，子どもはその関わりの中で様々なことに気付いたり，考えたり，試したり，工夫したりしていくようになります。主体としての子どもが育つというのは，子どもが自ら遊ぶということを通して可能になるのです。

　そして，もう一点重要なのは，乳幼児期の発達は一人一人異なり，その背景も多様なことを踏まえなくてはならないということです。3歳児4月の絵本の読み聞かせのことを考えてみても，Aちゃん，Bちゃん，Cちゃん，Dちゃんそれぞれに異なる姿があります。どの姿も否定することなく温かく受け止め，その姿に応じた，さらに関心が湧いてくる援助や環境構成を考えていくことが大切になります。Aちゃんの絵本との関わりは受け止めて一緒に絵本を読むけれど，少し離れたところで見ているBちゃんはそのまま何日も置いておかれるのではBちゃんの発達保障が危うくなります。すべての子ども，一人一人の子どもの姿に応じて関わることが求められます。

(3) 視点をもって保育を見よう

　では，これらの保育を見る視点を意識して，もう一度動画を見てみましょう。

WORK 2

動画

- 今度は，メモ用紙の上部に自分で意識して見る視点をあらかじめ書き出します。その上で動画を視聴しメモをとりましょう。

- 視聴後，ワーク1の視聴時と異なり，新たに見えてきたことについて，考察してまとめましょう。

- 周囲の人とメモを見せ合いながら，どういう視点で見ることで何が新たに見えてきたか，話し合いましょう。共通の視点や，さらに新たに気付いたことをメモしましょう。

第2節　このとき保育者は……

では，みなさんが視聴した動画で実際に保育をしていた保育者は，どのように感じ，関わっていたのでしょうか。保育の記録を読んでみましょう。

EPISODE
1　ハンドルが回る車　　5歳児　2021（令和3）年8月24日〜9月2日　記録：杉山健人

8月24日（火）〜9月1日（水）：前日までの様子

　夏休みが明け，登園してきたユウタは「ハンドルをつくりたい」と言う。三角形に切った木片を合わせて丸いハンドルにし，くるくる回るようにしたいらしい。彼のアイデアに保育者は驚いた。彼はテレビやYouTubeをはじめ様々なメディアからの情報を得て，それを自分でも再現してみたいと思い立つと，とことん集中するタイプだ。保育者は彼のアイデアが実現するための材料調達と技術的支援を引き受けた。万力で固定すると技巧が利く。ユウタは一つ一つノコギリで切っていった。疲れてくると手伝う友達も現れた。ユウタは切れた木片をパズルのように組み合わせながら「まだまだ足りんな」「ここはもっと細い三角がいいな」と考えている。毎日少しずつ切り貯めていった三角のパーツを構成すると，ドーナツのような丸い形のハンドルが完成した。次にユウタは，「回したら自動的に戻るようにしたい」と考えるようになった。保育者と試行錯誤し，ゴムを使ってみることにした。ハンドルには4点で平ゴムを付けている。真ん中に打ち付けた軸の先にゴムを引っかけているので回したハンドルはゴム動力で反転して戻ってくる仕組みだ。試作品ができると，ユウタはハンドルを回して，実際にゴムの反動で元に戻るのを確認すると納得した様子だった。

9月2日（木）：動画撮影の当日

　登園後，車のハンドルの土台になるようにと，保育者の用意した支柱と大きめの板と，アクセルやブレーキになりそうな台形の木片を見たユウタは，「使う！　使う！」と言って喜んだ。リュウノスケが「この釘を使った方がいいんじゃない」と長い釘を持ってきた。ハンドルを付ける支柱を板に固定するためだ。「よく知ってるね」と保育者はリュウノスケを称え，板をひっくり返して支柱をのせ，釘を支柱に刺すよう助言した。仲間たちと支柱の位置を確認しながら微調整していった。位置が定まると，ユウタはトントンとリズムよく釘を打ち付けていき，支柱と板がしっかり固定されていることを確認した。次にハンドルの軸と支柱を固定する作業に移った。さっきの釘よりも小さい釘が必要であることをユウタは知って

いた。ハンドルの軸は細長いためだ。木工台の角のところにハンドルと支柱が引っかかるように固定させて，「強く打つと木が割れるかもしれんけんな」と言いながら，保育者もハンドルと支柱を注意深く支えていた。ユウタは，時々，金槌を持つ腕をぐるぐる回したり，深呼吸したりしながら，さっきよりも慎重に釘を打ち付けていた。仲間たちも固唾を呑んでその様子を見守った。ユ

ウタは，何回かハンドルを回しながら，首をかしげている。ハンドルは戻るものの，（ゴムが10時10分の方向に）元通りまっすぐ戻らないことが不満らしい。保育者が「ゴムがまっすぐ戻ってほしいんよな。どうしたらいいんだろう」と一緒に考えようとした。すると，ユウタは何かひらめいたらしく，長くて平らな板をハンドルの上にのせて回してみせた。するとハンドル軸の上側の2点のゴムの位置が固定されたまま回るので，ユウタの思い通りにゴムがまっすぐ戻った。保育者はとりあえずの実験成功を見届けると実用的な板の長さが気になり，「このままの長さの板でいける？」と聞いた。ユウタは木工箱の中からハガキサイズの板を見つけ出し，その板を上に釘で打ち付けることにした。

　ハンドルと支柱と平らな板がちゃんと固定されているか，下からも横からものぞき込みながら確認していたが，今度は支柱と平らな板の間の隙間が気に入らないらしい。仲間たちが箱の中から適当な木片を探し出す。支柱との隙間に木片を合わせながら，「これ小さいよ！」「これならちょうどいい！」と適当なものを見つけている。ハンドルと支柱を固定するよりももっと難しいらしい。やがて，ユウタは，保育者を探して，釘がはみ出てしまったことを訴えに来た。するとその話を聞いたフウタが助っ人の名乗りを上げた。保育者が板の上を金槌で固定すると，はみ出た釘を下から金槌で打ち，釘抜きを持ってきて，押し出された釘を引き抜き，まっすぐに釘を打ち直した。もう片方の隙間はユウタが代わって打ち，また釘がはみ出てしまったが，自分たちだけで同じやり方で対処した。土台や支柱も少し緩んできたのでさらに釘で補強し，ついに納得のハンドルが完成した。外から保育者が戻ると，ユウタはハンドルがちょうど収まるように，段ボールでボンネット付きの車体をつくっているところだった。ハンドルの台には，アクセルやブレーキが付いており，「ユウタ」という名前もマジックで書かれてあった。

カラー写真

　この保育者の記録から，保育者が子どもの視線や表情，息づかい，ちょっとした動き，声色や言葉等，行為の端々を逃さずに感じ取り，細やかにその意味を読み取っていることがわかります。ワーク1，2でとった自分のメモと見比べて，見逃していたところや読み取りの違い等を見つけて，保育者のもつ大切な視点について，さらに考えてみてください。

| 第3節 | 5領域の視点で見てみよう |

このハンドルの事例を見ると分かるように、遊びとは総合的で多様な要素を含んだものです。だからこそ、保育者は、幼児の育とうとしている姿を的確に捉え、今必要な援助の内容や程度を判断し、具体的に援助したり、環境を構成したりする必要があります。そのとき、総合的な遊びを5領域の視点で捉えることが、保育を構成する際の助けになります。

では、5領域の視点から、ハンドルの事例を見るというのは、どのようなことでしょう。各領域からの読み取りを例示してみます。

〈領域「健康」の視点から〉

遊びは、心と体を動かす場面です。ユウタは、車のハンドルをつくりたいと願い、取り組みます。金槌でたたく、体を傾けて眺める等、対象に働きかける体の動きや、木片を一緒に探す等、仲間と協力・共同した行動が出現します。さらに、慎重に行動しようと深呼吸する等、自身に向き合う姿も見られます。このような姿から、健康な心と体の育ちを読み取ることができます。

一方、保育者や仲間はユウタの願いを理解して認め、一緒に考えたり手伝ったり見守ったりします。ユウタもみんなの意見に耳を傾けてアドバイスを受け入れています。また、うまくいかなかったときには、修正する、新たなアイデアを思いつく、先の展開を予測する等の思考力の芽生えが育つ姿が見られます。

さらに、保育者が位置を確認するように伝えた後に自分で何度も確かめ、釘の先が出ていたときはやり直しています。「納得のハンドル」を完成させることにとどまらず、完成後に取り組むであろう遊びの安全性にも気を配り、見通して行ったと考えられます。これらは、しなやかな体や心の育ちの一つであると捉えられます。

〈領域「人間関係」の視点から〉

園生活は、保育者との信頼関係を基盤としています。「ハンドルを最後まで戻したい」と、ユウタは保育者を見ます。保育者はユウタの思いや考えを丁寧に聞き、難しいところを共に考えていきます。「どうしたらいいやろう」と一緒に悩み考える保育者を、隣の子どもも見ています。これまでに築かれた保育者への信頼関係が、この場面の基盤にあることが分かります。

また、遊びの中には、子どもの思いが表れます。ユウタは目標となるハンドルのイメージをもち、それに向かってやり遂げようとします。ハンドルの戻る位置にこだわり、難しくてもやり直し修正する様子に、自立心の育ちが見られます。

そんなユウタの周りには仲間たちがいます。その仲間たちはハンドルをつくり上げたいという目標を共有し、一人一人が主体として関わっています。友達の視線の先にあるものを共に見て、

困りを自分事として考え，関わり，また，ユウタもその友達の考えを聞き，受け止め，さらに関わるという相互のやりとりがあります。そこに，目標へ向かう協同性の育ちが見えてきます。

〈領域「環境」の視点から〉

　ユウタのハンドルづくりでは，自分なりの興味や関心に沿って探究心を発揮し，試行錯誤する姿が見られます。自分の思い描くハンドルの実現のため板を探し，釘を打つその姿は，真剣そのものです。ハンドルづくりの過程で，ユウタは保育者や他の幼児と共に考え続けています。このような，自分なりに考え，子ども同士が刺激し合う姿は領域「環境」が目指す姿の一つです。

　動画の中では，木片の形，ハンドルの回転，釘の長さ，釘を打つ角度，板の幅や厚み，隙間の空間など，ハンドルづくりを通して様々な，数量や図形に関わる体験が展開されています。それらは，ハンドルづくりの過程を通して，必要感に裏付けられた形で体験されています。その具体的な体験を通して，ユウタたちは数量や図形への関心，感覚を豊かにしています。

　また，ユウタたちは板や釘，金槌や釘抜きなど，様々な材料や道具を使いこなすことを通して，物事の法則性にも気付いています。その気付きをさらに次の作業に生かすという循環が幼児の活動とそれによる学びを豊かにしています。

〈領域「言葉」の視点から〉

　この事例では，「言葉による伝え合い」が多く見られます。言葉を伝え合うことの基盤には，信頼関係を築いた保育者や仲間と気持ちが通じ合う心地よさがあり，その上で，話す，聞く，伝え合う関わりが生まれます。目に見えない思いや考えは，言葉にすることで，保育者や仲間と共有することができます。思いの実現のための道筋も，言葉にすることで見通すことができます。

　ユウタには「ハンドルをつくりたい」強い思いがあり，それを信頼する保育者に伝えて一緒に取り組み，仲間も参加しながら，困難な課題に粘り強く取り組んでいます。ユウタは「回したら自動的に戻るようにしたい」と伝えたり，周りの仲間が「この釘を使った方がいいんじゃない」と提案したり，保育者のアドバイスを真剣に聞いて試したりして，みんなで協力して取り組んでいます。一度思いが実現しても次の課題（ハンドルがまっすぐに戻ってほしい）が生まれ，さらに考えて工夫しています。完成したハンドルを用いた段ボールの車には，「ユウタ」と名前の文字が書かれ，その誇らしい喜びが感じられます。

〈領域「表現」の視点から〉

　当たり前に回るハンドル，その仕組みはどうなっているんだろう！　面白いこと，不思議なこと，美しいものなど，心動かすことへの出会いが表現のエネルギーになります。憧れを形にしたいという思いがイメージを描き，その強い願いは発想をつなぎ，アイデア・工夫を創出します。回るハンドルへのユウタの思いは，頭の中のイメージを形にしていきます。三角形の木片を組み合わせてドーナツ型をつくり出す発想，イメージに向かってつくり，つくり替えていく思考力や

集中力の様子から，憧れを自分の手で再現したいという強い思いに加え，日頃から身の回りのものをつぶさに観察していることが想像されます。

　ユウタの気持ちは金槌の音にも表れています。リズミカルな「タタタタタン」，慎重な「トットッ……」，悩めるときの「全休符！」。一方，見守る保育者の声の表情にも，驚きや共感，賛同，励ましといった多様な感情が読み取れます。その場にいると，足音や動きのリズムにも，気持ちの表れを感じることでしょう。表現が人・モノ・コトをつなぎ，表現が表現を生み出していくのです。

　このようにそれぞれの領域から保育を見てみると，さらに子どもの育とうとしている姿の細部がよく見えてきたり，そこに必要な援助や環境が考えられたりします。遊びが子どもにとってさらに楽しく，「もっとこうしたい」が湧いてくるものになるには，保育者が子どもの育ちや経験を読み取る視点をもち，それを深める手立てについて学んでいくことが大切になります。

第4節　領域「健康」の視点から深める

　事例では，ユウタがハンドルをつくることに対する強い思いをもっており，明確にもっているイメージを実現させたいと行動して，「納得のハンドル」をつくりました。本節では，この事例を領域「健康」の観点から，より詳細に捉えます。「健康」は，「健康な心と体を育て，自ら健康で安全な生活をつくり出す力を養う」領域ですが（第7章参照），この事例からもその実践を読み取ることができます。「幼児期の終わりまでに育ってほしい姿（10の姿）」のうち，領域「健康」と特に関わりが深いのは「健康な心と体」ですが，他の姿も「健康」と関連があります。10の姿は，5領域のねらい及び内容に基づく活動全体を通して育まれるものです。

(1) 思いを実現するために体を動かす

　ユウタは自分がイメージするハンドルを完成できるか，どのようにしたらイメージに近づけることができるかを考えながらハンドルをつくっています。必要なパーツを一つずつつくることやそのための手順があること，さらに製作過程についてある程度の見通しをもっています。彼の一番の目的はハンドルの製作ではなく，つくったハンドルを動かして遊ぶことです。そのためにはこつこつと時間をかけて熱心に取り組み，丁寧につくってその工程を達成する必要があります。

　そこでは，ノコギリで木片を切る，木片を金槌でたたく，固定する，釘抜きで抜く等，道具を用いて多様な動きが出現しています。しかし様々な道具を適切に使用するためには，身体の延長として道具を扱うスキルが必要です。

　例えば，「金槌で釘をたたく」という動作は，金槌の柄が動かないようにしっかり手で握る，

さらに手首がかたくならないようにリラックスして手首の関節を柔軟に動かす，そして振り上げた反動を利用して金槌の頭を釘の上に落とす，という一連の動きです。

一方，この事例では，金槌の頭に近い柄を握ったままほとんど手首を動かさずに釘と板の位置を見比べて釘を打っています。彼らはまだ手首の関節をスムーズに動かすことができず，意図したところに釘を打つために手首や腕の力を入れる方向や力加減をコントロールする十分なスキルを獲得していません。しかし現在もっているスキル・技能や能力の限界を彼らは分かっており，自分が実現できるやり方で目標を達成しようとしています。彼らは金槌を巧みに使うことよりも，正確な位置に釘を打ち付けて板を固定することを優先しています。さらにやみくもに釘を打つのではなく，体を傾けて打っている場所を眺める，のぞき込む等，釘と板とを慎重に確認しています。これは彼らにとって単に金槌で釘を打つことは目的ではなく，ハンドルをつくるために釘を打ち付けて板を固定するための手立てであることを示しています。そのため，うまくいかなかったときは釘抜きを用いてやり直しています。

また，「三角のパーツを構成する」の記述からは，ユウタの目標の明確さや思いの強さを読み取ることができます。自分の体を十分に動かして，対象と関わり柔軟に操作している様子がうかがえます。

幼児期は体が成長することに伴って，運動スキルや力の調整能力が発達するとともに（第2章，第5章参照），できることに挑戦して自らの能力を伸ばそうとする意欲が見られます（第6章，第11章，第12章参照）。実際には家庭等での日常生活では金槌を使う等の手首を動かす機会がほとんどないため，事例のように園で様々なことに取り組むことによって幼児の発達を促します。

ユウタが体を動かす姿には，「幼児期の終わりまでに育ってほしい姿」である「健康な心と体」「自立心」「数量や図形，標識や文字などへの関心・感覚」などが表れています。

(2) 体が動くと心も動く，心が動くと体も動く

ユウタは，直接ハンドルをつくるための行動だけでなく，「注意深く」「腕をぐるぐる回す」「深呼吸」「慎重に」等，力を抜いたり，緊張をほぐしたりするような仕草をとっています。自ら気持ちを整えて対象に集中するような行動が見られます。

また，ユウタはイメージした通りにならなかったりうまくいかなかったときにも，すぐにあきらめたり投げ出したりしていません。行動して失敗したことから，うまくいかなかった原因を見つけようとしています。そして新たな考えやアイデアを思いついたり，その後の展開を予想したりして行動を修正しています。

さらに，リュウノスケが「長い釘を持ってきた」り，フウタが「釘を引き抜き」「釘を打ち直した」りしています。保育者や友達は積極的に新たな考えやアイデアをユウタに提供して言葉で伝え，自ら行動しています。ユウタはその考えや行動を拒絶することはなく，取り入れながら進めています。これは，彼らがユウタのもっているイメージや意図を十分組み取ろうと努力し工夫しながら行動していることが推察されます。ユウタ自身も彼らのことを十分理解しており，互い

に言葉のみで説明しているわけではありませんが，言葉にしなくても互いに分かり合っているようです。園の中で毎日一緒に過ごし遊ぶ中で，お互いを分かり合い，仲間の願いや希望を認めたり，認められたり，互いを尊重して取り組んでいる様子が見られます。このような仲間や保育者とのポジティブな温かいやりとりが起こる根底には，それまでの関わりを通して形成された信頼関係があります。

その結果，ユウタと仲間，保育者が共同して行動することにより「納得」のハンドルが完成しました。これは，彼らが「納得」が得られるまで，体を動かして行動したからこそ実感できたことです。

この事例から，体を動かすことが心を動かすことにつながり，心が動くことによって体も動いていることが分かります。この一連の体の動きに伴う心の動きからは，「健康な心と体」「自立心」「協同性」「思考力の芽生え」などを読み取ることができます。

(3) 安全について意識し注意を向ける

事例では，ユウタがハンドルを製作するやり方や釘を打つ位置・向き等を，何度も「確認する」行動が見られます。

最初は，保育者が木片を合わせる位置や釘を打つ位置の確認をやって見せたり指示したりします。しかしその後は，自分で何度ものぞき込んで打つ場所を確認しています。ハンドルの形をつくる，回るように仕掛けをつくる等，それぞれの行動の前後に見て確認しています。この確認は，どのようになるのかの見通しをもつことであり，自分の行動の結果を確認することです。また，手を添える位置を確認することはそこに潜む危険を回避することにもなります。危険に気付いた場合は，すぐに対応することができます。

釘抜きを使う際にも，取り扱い方や，場所等の安全を意識して行動しています。安全について意識して注意を払っていることは，ユウタたちがセルフモニタリングをすることができ，自己制御行動が身に付いていることを表しています。このような姿からは，「健康な心と体」だけでなく，「道徳性・規範意識の芽生え」の育ちも表れているといえるでしょう。

幼児が安全について意識し注意する行動（第3章，第9章参照）は，幼児自身の安心だけでなく，周りにも安心をもたらします。しなやかな心で，取り組む体の動きは遊びを活性化し，発展してさらなる次の遊びへとつながる経験になると考えられます。

第 I 部

保育内容「健康」の
専門的事項

第 1 章

現代社会と
子どもの健康

本章では，乳幼児期から学童期の子どもを中心として，成人や高齢者等を含めて，現代社会における健康に関する課題を取り上げます。また，身体的，心理的，社会的な健康の意味，さらに近年健康であることに深い関連のある「ウェルビーイング」について学びます。

THINK

考えてみよう

健康な状態とは？

　以下の文を読んで，子どもが「健康である」状態に○，「健康ではない」状態に×をつけてください。また，そのように考えた理由を話し合ってみましょう。

（　　）A　怪我をしないように保育室や園庭にある危険をすべて取り除く。

（　　）B　様々な種類の動きができる遊びに取り組む。

（　　）C　生活や遊びのルールを大人が子どもに指導する。

（　　）D　毎食後，歯を磨く習慣を身に付ける。

（　　）E　体調が悪いときにはすぐに大人に伝える。

ヒント

　子どもが健康である状態は大事なことです。健康であるために必要なことは，子どもの年齢や発育発達の状態，子どもを取り巻く環境によって異なります。低年齢児は身体や認知，言語等が未熟であり，自分で判断することができません。そのため，大人が危険を取り除いたり，子どもに遊びのやり方を教えたりすることが求められます。

　しかし，子どもの年齢が高くなり言葉が発達して大人や仲間とのコミュニケーションがスムーズにできるようになると，子どもができることが増え，子ども自身で判断したり決定したりするようになり，生活や遊びを自ら選択したり考えたり工夫したりして取り組むようになります。

　みなさんは，子どもの年齢や発達の状況をどのように設定して考えたでしょうか。

　子どもを取り巻く大人は子どもの年齢や発育発達を理解した上で，健康を守り，健やかな成長を保証するための援助や支援をすることが求められます。

第1章　現代社会と子どもの健康

第1節　健康の定義

(1) WHOの健康観

あなたは，現在「健康」ですか？

「健康」は，病気ではないことや怪我をしていない体の状態をイメージする人が多いでしょう。しかし疾病や怪我をしている状態ではないことはもちろんですが，心の状態が良好であることも「健康」に欠くことができません。さらに，社会的に虐げられたり弱い立場に置かれたりしていないことも，健康にとって重要な要素です。

「健康」について，世界保健機関（WHO）憲章（1948）では，次のように定義されています。[*1]

> 健康とは，病気ではないとか，弱っていないということではなく，肉体的にも，精神的にも，そして社会的にも，すべてが満たされた状態にあることをいいます。（日本WHO協会訳）

子どもも大人もすべての人が「健康」な状態であることが望ましいことですが，残念なことに現在十分に実現できているということができません。

昨今，世界を取り巻く状況は激しく変化しています。AI等が出現し技術革新によって，人や物の移動が以前よりも簡単にできるようになりました。社会や日常のあり方が変わっています。経済が発展して，衛生状況や栄養状態が改善されている国や地域がある一方で，戦争や紛争，自然災害等の影響により，それまで健康であったのに心身の健康を損なう深刻な事態に陥っている人々も存在しています。

健康に対する考え方は，時代や，文化，地域や国，社会的状況によって異なりますが，世界全体を見たときに健康に対する取り組みは，まだまだ十分であるとはいえません。例えば，世界の中で国の身体活動政策がある国は5割弱であり，そのうち実際に運用されているのは4割弱です（WHO, 2022）。[*2] さらに，成人を含むすべての人に対する身体活動ガイドラインがある国はわずか30％です。ほぼすべての国で成人の身体活動を把握するシステムはありますが，青少年については75％の国にとどまっています。特に，5歳未満の子どもの身体活動については30％未満の

*1　世界保健機関（WHO）憲章については，下記の資料を参照。日本WHO協会「世界保健機関（WHO）憲章とは」

2024年5月14日閲覧

厚生労働省「世界保健機関憲章」

2024年5月14日閲覧

*2　WHO. (2022). *Global status report on physical activity 2022.*

2024年5月14日閲覧

21

国でしか実施されていません。これらの結果からは，乳幼児の健康に関する体制や取り組みは十分に整備されているとはいえず，満足ではない環境で生活している子どもが世界の中で多く存在していることが分かります[*2]。

(2) 日本における子どもの健康に関する課題

日本は，衛生状態や栄養状態が良好であり，清潔で安全な国の一つです。しかしながら，心身の健康に関する課題は数多く存在していることも事実です。身体的，心理的，社会的な側面の課題を挙げます。

① 身体的健康の課題

諸外国と同様に日本においても，子どもは体を動かす活動時間が少なく，昔と比較して運動能力や体力が低下している状態が続いています（スポーツ庁，2023）[*3]。

そのため，厚生労働省（2024）[*4]は身体活動・運動を対象とした内容について，「健康づくりのための身体活動・運動ガイド2023」を策定しました。そこでは，成人版，こども版，高齢者版を作成して，健康を維持するためのそれぞれの段階での推奨事項を記載しています。

こども版の推奨事項は以下の通りです。

- ●身体を動かす時間が少ないこどもには，何らかの身体活動を少しでも行うことを推奨する。

  （参考）WHO「身体活動及び座位行動に関するガイドライン（2020年）」では，次のようなことが推奨されている。

  ・こどもは，中強度以上（3メッツ以上）の身体活動（主に有酸素性身体活動）を1日60分以上行う。

  ・高強度の有酸素性身体活動や筋肉・骨を強化する身体活動を週3日以上行う。

  ・座りっぱなしの時間，特にスクリーンタイム（テレビ視聴やゲーム，スマートフォンの利用など）を減らす。

- ●激しすぎる運動やオーバーユース（使いすぎ）に注意する。

また，子どもの肥満も課題となっています。「幼児肥満ガイド」（日本小児医療保健協議会　栄養委員会　小児肥満小委員会，2019）[*5]では，「小児期から子ども達の心身に様々な悪影響を及ぼし，成人した後には虚血性心

*3　スポーツ庁「令和5年度　全国体力・運動能力，運動習慣等調査の結果（概要）について」2023年。

2024年5月14日閲覧

*4　厚生労働省「健康づくりのための身体活動・運動ガイド　2023」2024年。

2024年5月14日閲覧

*5　日本小児医療保健協議会　栄養委員会　小児肥満小委員会「幼児肥満ガイド」2019年。

2024年5月14日閲覧

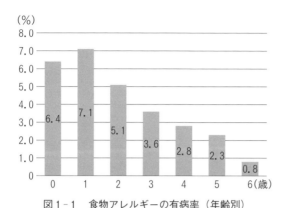

図1-1　食物アレルギーの有病率（年齢別）
出典：厚生労働省「保育所におけるアレルギー対応ガイドライン（2019年改訂版）」2019年をもとに作成。

疾患や肥満関連がんなどの非感染性疾患（non-communicable disease：NCD）の原因となるため小児期からの対策が必要です」とされています。「肥満に伴う種々の健康障害は、学童期以降に顕在化しやすく、幼児肥満に伴う合併症をみることは稀ですが、幼児肥満は学童期以降の肥満に繋がりやすいことが明らかになっています。しかも、肥満傾向児の頻度は、幼児期から小学生の時期に増加するため、幼児期からの対策が望まれます」とあり、就学前の時期から食事や運動等の生活習慣を含めた肥満予防のための介入を行う必要があります。

さらに、食物アレルギーも大きな課題の一つです。「保育所におけるアレルギー対応ガイドライン（2019年改訂版）」によると、約4.0％の子どもで食物アレルギーが出現しており、1歳が最も多くなっています（厚生労働省、2019；図1-1）。

＊6　厚生労働省「保育所におけるアレルギー対応ガイドライン（2019年改訂版）」2019年。現在はこども家庭庁ウェブサイトで閲覧可能。

2024年9月13日閲覧

② 精神的健康の課題

子どもも大人も安定した環境の中で、安心して生活できることが必要ですが、実際には心身の不調を訴えたりストレスを抱えたりして、大人自身の精神的健康が損なわれていることが少なくありません。こうした状況が、不適切な保育や虐待、性的被害の一因となることもあります。

乳幼児だけではなく児童も含まれていますが、「令和4年度　児童相談所における児童虐待相談対応件数」（こども家庭庁、2024）によると、2022（令和4）年度に全国232か所の児童相談所が児童虐待相談として対応した件数は21万4,843件であり、前年よりも3.5％（7,183件）増加しています（図1-2）。身体的虐待よりも心理的虐待の方が多く、相談件数も2021（令和3）年度の12万4,724件から2022年度には12万8,114件に増

＊7　こども家庭庁「令和4年度　児童相談所における児童虐待相談対応件数」2024年。

2024年11月29日閲覧

第Ⅰ部　保育内容「健康」の専門的事項

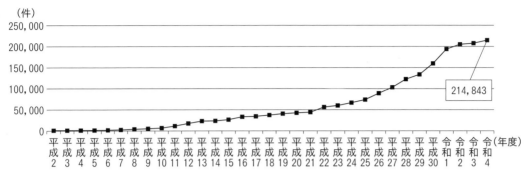

図1-2　児童虐待相談対応件数の推移

注：平成22年度の件数は、東日本大震災の影響により、福島県を除いて集計した数値。
出典：こども家庭庁「令和4年度　児童相談所における児童虐待相談対応件数」2024年。

加しています。虐待は子どもの心身の発達にとって大きな負の影響を及ぼしますが、特に外見から分かりにくく判断が難しい心理的虐待の増加は、深刻な課題であり喫緊に取り組む必要があります。

さらに近年、性に関する問題も課題となっています。しかしながら現状では、子どもの性に関する問題や性行動に対して、周囲の大人の関心があまり高くなかったり、冷静な判断ができなかったり、どう対応すればよいかが分からない、という状況も多く見られます。自分自身の体について正確に理解できていない年齢の子どもには、例えば「プライベートパーツ」についての正確な知識を伝えるなど、家庭や社会全体で、自分や他者の体を守ることができるように取り組むことが求められます。

③ 社会的健康の課題

1990年代半ば以降、ひとり親家庭の増加や保護者の就労形態が多様になっていることなどから家庭の経済格差が大きくなってきており、子どもの貧困が大きな課題となっています。

子どもの貧困や経済格差は、子どもの教育や様々な文化的・社会的な経験の差をもたらすとともに、虐待のリスクの原因となっています（藤田，2012）[*8]。さらにひとり親家庭では、保護者が育児疲れや孤立感等を感じているケースが多く、適切な養育環境が提供されない中で発達する子どもは、貧困が再生産されるリスクが高くなっています。

また、人口減少や、外国にルーツをもつ子育て家庭や特別な支援を必要とする子ども等、子どもや大人のあり方や取り巻く環境が多様になっています。言語の問題にとどまらず、生活習慣や社会・文化の慣習の違い、教育環境や労働環境等に関する様々な課題があります。

＊8　藤田英典「現代の貧困と子どもの発達・教育」『発達心理学研究』23(4)，2012年，pp. 439-449.

第2節 ウェルビーイングとエージェンシー

(1)「ウェルビーイング」とは

前節で述べた通り，健康は身体的側面のみではなく，心理的・社会的な側面も関わっています。近年，後者についてより深く検討され，「ウェルビーイング（Well-being）」という概念を用いるようになってきました。

これまで日本をはじめとする経済先進諸国では，幸福（happiness）は個人の意識や感情であり，主にGDP（国内総生産）等が示す経済的な豊かさに伴うものだと考えられていました。経済的な豊かさは幸せの重要な要因の一つですが，現在では，体や心が健康であることが重要視されるようになり，ウェルビーイングという概念が提唱されています。

ウェルビーイングは，経済的豊かさだけではなく「こころ」の充足，生活への評価・感情・価値，健康まで含めて捉える概念です。さらに，自分のことだけを対象とするのではなく，家族や友人，そして自分の住む街・国が，どのようにすれば「良い状態」でいられるのかについて考えることを目指しています（内田・ラプリー，2022）[*9]。

内田・ラプリー（2022）では，「幸福（happiness）」と「ウェルビーイング（Well-being）」の違いは，以下のように表されています。

- **幸福**（happiness）：より短期的で個人的な状況の評価や感情がよい状態であること
- **ウェルビーイング**（Well-being）：より包括的で，個人のみならず個人をとりまく「場」が持続的によい状態であること

上記に示されているように，ウェルビーイングは自分らしく生きることやよりよく生きること，生きる実感や充実感，一人一人の人が存在してよかったと思える居場所や仲間がいる状態です。

また，今が幸せである状態（「今の幸せ」）だけでなく，この幸せな状態が継続して，未来が幸せであること（「将来の幸せ」）も含みます。すなわち，年齢にかかわらず，子どもも成人も高齢者も人生を全うする最後まで幸せであると思えることです。そのためには，単に行動できるか／できないかのように，実現の成否ではなく，現在生きていてよかったと思えることや，自分自身の生き方を決定できることが必要です。さらに，他の人の幸せに寄与し相互的な幸せを含みます（「周囲の他者の幸

---

*9 内田由紀子・J.ラプリー「教育政策におけるウェルビーイング」2022年。

2024年9月13日閲覧

第Ⅰ部　保育内容「健康」の専門的事項

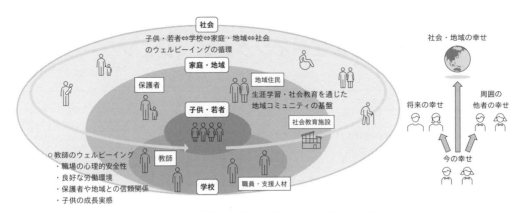

図1-3　学校・地域・社会のウェルビーイング
出典：中央教育審議会「次期教育振興基本計画について（答申）」2023年。

＊10　中央教育審議会「次期教育振興基本計画について（答申）」2023年。

2024年9月13日閲覧

＊11　白井俊『OECD Education2030プロジェクトが描く教育の未来──エージェンシー，資質・能力とカリキュラム』ミネルヴァ書房，2020年。

＊12　下記資料を指す。
OECD. (2019). *OECD Learning Compass Concept Notes.*

＊13　Sokol, B. W., Hammond, S. I., Kuebli, J. & Sweetman, L. (2015). The development of agency. In W. F. Overton et al. (Eds.), *Handbook of child psychology and developmental science : Theory and method* (7th ed.). John Wiley & Sons, pp. 284-322.
（宮下孝広（訳）「8章　エージェンシーの発達」リチャード・M・ラーナー（編集主幹），ウイリス・F・

せ」）。ウェルビーイングは，最終的には，個人の幸せにとどまらず，「社会・地域の幸せ」を目指しています（中央教育審議会，2023；図1-3）。

OECD（経済協力開発機構）の「Learning Compass2030（学びの羅針盤2030）」によると，個人と社会のウェルビーイングは「私たちが望む未来（Future We Want）」であり，社会のウェルビーイングが共通の「目的地」とされています（中央教育審議会，2023）。

(2)「エージェンシー」とは

エージェンシー（agency）は，「行為主体」や「行為主体性」と訳されます（白井，2020）。白井（2020）は「『変化を起こすために，自分で目標を設定し，振り返り，責任をもって行動する能力（the capacity to set a goal, reflect and act responsibly to effect change）』（OECD, 2019）として定義されている」（p. 79），「誰かの行動の結果を受け止めることよりも，自分で行動すること」（p. 80）と述べています。白井（2020）によると，他者が形作るのを待つよりも自分で形作ること，誰かが決めたり選んだりすることを受け入れることよりも自分で決定したり選択することです。

しかし，単に自らの欲求を実現することではありません。エージェンシーは属する社会に対して責任を負うことであり，またそのことを自覚している必要があります。目的意識をもち，自らを振り返ることができる責任あるエージェントになることが必要です。

すなわち，自分の行動に対する個人の自律的な統制と，個人が自分自身で成し遂げることができそうかという感覚，そして自分の行為に責任をもつという感覚を含んでいます（Sokol et al., 2015 宮下訳 2023, p. 409）。

図1-4 日本発の調和と協調に基づくウェルビーイング
出典：中央教育審議会「次期教育振興基本計画について（答申）」2023年。

(3) 日本におけるウェルビーイングと健康

ウェルビーイングは，日本においてもOECDの定義を用いて，身体的・精神的・社会的に良好な状態にあること，さらに短期的な幸せのみならず，生きがいや人生の意義などの将来にわたる持続的な幸せを含む概念であるとされています。[*10]

欧米では，個人が獲得・達成する能力や状態に基づいたウェルビーイングを重視しています。しかし日本では，他者とのつながりや人間関係を保つこともウェルビーイングの要因としています。これは，地域や社会のつながりや支えあうこと，助け合うことなど調和や協調を重視することが，日本社会の特徴であると考えられます。

学校教育においても，「幸せや豊かさを感じられるものとなるための教育の在り方」「幸福感，学校や地域でのつながり，利他性，協働性，自己肯定感，自己実現等が含まれ，協調的要素と獲得的要素を調和的・一体的に育む」ことを挙げています。個人の能力・状態の獲得や達成である獲得的要素と，人とのつながりや関係性を重視する協調的要素のバランスをとりながら一体的に向上させていくことを「日本社会に根差したウェルビーイングの向上」として目指しています[*10]（図1-4）。

乳幼児期は人間の一生涯の最初の時期です。乳幼児期における心身の健康を捉えて理解することが，彼らの生涯にわたる健康を維持する要因を見出し，管理することにつながります。そのためには，直接的・間接的に子どもの保育，幼児教育に携わる大人が，子どもの個人的・集団的健康の保障がウェルビーイング（幸せ）にとっていかに重要かを理解することが求められます。

オーヴァートンほか（編），二宮克美・子安増生（監訳）『児童心理学・発達科学ハンドブック【第1巻】』福村出版，2022年，pp. 409-467

章末問題

第1章で取り上げられている子どもの健康に関する課題から1つを選び，その現状や実態を調べてみましょう。さらに，その課題を解決するためにでき

第Ⅰ部　保育内容「健康」の専門的事項

ることを考えてみましょう。

📖 文献紹介

★ 田中千晶『基礎から学ぶ発育発達のための身体活動――元気な子どもを育む確かな根拠』杏林書院，2019年。

★ 白井俊『OECD Education2030 プロジェクトが描く教育の未来――エージェンシー，資質・能力とカリキュラム』ミネルヴァ書房，2020年。

第 2 章

子どもの発育と発達

子どもは小さな大人ではなく，一人一人がかけがえのない存在です。特に乳幼児期は，子どもの発育・発達が著しく進む時期であり，この時期特有の育ちも多くあります。保育者は，この時期の子どもの心身の成長や健康について，正確に測定・評価・判断し，必要な援助を行わなければなりません。本章では，乳幼児期の発達特性を踏まえ，保育者として子どもの豊かな成長を支えるために必要な知識や技術を学びます。

THINK

考えてみよう

幼児期に育まれる「見通しをもつ力」とは
どのような力だろう？

1．領域「健康」のねらい(3)には「見通しをもって行動する」という表現があります（3歳以上児）。「見通しをもつ力」を他の言葉に言い換えると，どのような力や経験に置き換えることができるでしょうか？

2．あなたがクラス担任だとしたら，子どもの「見通しをもつ力」を育むためにどのような人的・物的・空間的工夫を行いますか？

ヒント

1．「見通しをもつ」というのは，時間的な流れだけでなく，空間・物のありか・関わる人・希望や目標を達成するまでの道筋などが含まれます。あなたが「見通しをもてる状況」に置き換えて考えてみましょう。

2．保育は「環境を通して」行います。子どもたちが，「自ら関わりたい」と思う環境とはどのような環境かを考えてみましょう。

第2章　子どもの発育と発達

第1節 発育発達の観点から深める子ども理解

(1) 発育発達の概念

　人間が二足歩行をできるようになるまでには1年を要します。その間，栄養摂取や環境整備など，周囲の大人の支えがなければ生命を維持することができません。このように人間は未発達の状態で生まれます。しかし，3歳になると，生まれた頃に比べ身長は2倍，体重は6倍にもなります。また，乳幼児期は身長や体重などの量的な変化ばかりでなく，神経系の発達や言語発達など質的な変化も人間の一生の中で最も著しい時期といえます。これらの変化を表す際，発育，発達，成長，成熟など様々な言葉が用いられます。ここでは，これらの用語を理解し，発育発達の概念を理解しましょう。

　「発育（growth）」とは形態的な量的変化の過程を指し，「発達（development）」とは機能や能力，行動などの質的変化の過程を指します。また，この両方の意味をあわせもった表現として，「発育発達」や「成長」という言葉が用いられます。

　発育と発達は相互に作用し合って身体がつくり上げられる関係となっています。子どもにとって最も身近な存在の一人である保育者は，心と身体の発育発達を人間の総体として捉え，その時々に子どもに必要な環境や経験を感じ取る目を養う必要があります。

(2) 乳幼児の形態的発育過程

① 器官ごとに見た身体の発育

　発達は身体の各器官で一様ではありません。アメリカの医学者・人類学者スキャモン（Scammon, 1930）は，身体の各部位や器官の発育型を発育速度に基づき「一般型」「神経型」「生殖器型」「リンパ型」に分類し，20歳を100％とした場合のそれぞれの変化量を示しました（図2-1）。一般型は，乳幼児期に急速に発育し，その後ゆるやかになりますが，思春期に第二次成長期を迎えて発育が再び盛んになります。神経型は，乳幼児期の中でも特に3〜4歳までの発育が顕著であり，6〜7歳で約90％となります。他の発育型と比べて最も乳幼児期の発育が著しいため，乳幼児期に運動能力が発達するように様々な運動経験ができるよう準備するとよいでしょう。リンパ型は，12歳頃までの発育が最も活発になり，

＊1　Scammon, R. E. (1930). The measurement of the body in childhood. In J. A. Harris et al. (Eds.), *The measurement of man*. University of Minnesota Press.

第Ⅰ部　保育内容「健康」の専門的事項

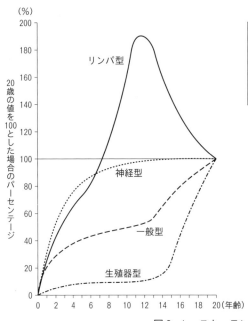

図2-1　スキャモンの発育曲線

出典：Scammon, R. E.（1930）. The measurement of the body in childhood. In J. A. Harris et al.（Eds.）, *The measurement of man*. University of Minnesota Press をもとに作成。

その後落ち着いていきます。生殖器型は，14歳頃まではあまり発育が見られませんが，思春期以降に急激な発育が見られます。

　子どもの発育には個人差があり，スキャモンが示した通りの発育が見られない場合もあります。しかし，身体の部位や器官によって発育する時期や速さが異なっていることを理解することで，それぞれの器官の発育に合わせた経験・栄養・運動・休息などを考えることにつながります。

② 一般的な発育（身長・体重・胸囲・頭囲）を知る指標

　日本では，国が10年周期で乳幼児身体発育調査を行っています[*2]。2023年の調査結果[*3]によると，身長の中央値は出生時の男児49.4cm，女児48.8cmから，1歳の男児76.5cm，女児75.3cmとなり，生後から約1.5倍になっていることが分かります。また，体重の中央値は出生時の男児3.06kg，女児2.95kgから，1歳では男児9.66kg，女児9.12kgとなり，生後から1年間で約3倍になります。この調査では，身長・体重・胸囲・頭囲の数値を測定し，月齢や年齢ごとのパーセンタイル[*4]値で発育の指標を示しています（図2-2）。この身長・体重・胸囲・頭囲の一般的な発育の計測値は母子健康手帳にも記載されています。

　他にも乳幼児の発達を相対的に知る方法として，カウプ指数が挙げら

*2　厚生省・厚生労働省が1960（昭和35）年から行ってきたが，2023年4月にこども家庭庁が発足以降は，同庁が調査を担当している。

*3　こども家庭庁「令和5年乳幼児身体発育調査」2024年。

2025年1月6日閲覧

*4　パーセンタイル値
データを小さい順に並べたとき，ある数値が小さい方から見て何％の位置にあるかを表すもの。

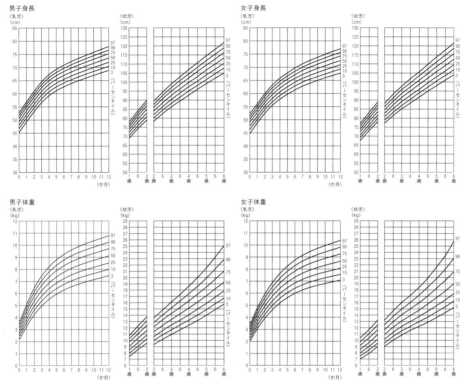

図2-2　体重と身長のパーセンタイル曲線
出典：こども家庭庁「令和5年乳幼児身体発育調査」2024年。

れます。カウプ指数は乳幼児の体格指標の一つで、肥満度や栄養状態を評価するために用いられます。体重（g）を身長（cm）の2乗で割って10倍した数値で表されます。年齢ごとに肥満・非肥満の基準値が調整されていて、体格をより正確に捉えやすい指標といえますが、乳幼児の発育する早さは個人差が大きく、カウプ指数のみで肥満度を評価することがふさわしくない場合もあります。経過をよく観察しながら、生活習慣や環境の改善につなげていきましょう。

　また、子どもの健康を考える上では、身長や体重の数値的な変化だけでなく、体の比率についても注目する必要があります。頭の大きさを1として考えたときに、新生児は4頭身、6歳では6頭身、25歳では8頭身となります（図2-3）。新生児は頭が大きく胴体や四肢が短い特徴がありますが、成人に近づくほど頭が身長に占める割合は小さくなり四肢が長くなるため、体の中心部（重心）が低くなります。子どものプロポーションを考えると、歩き始めた時期に転倒・転落しやすいことや、運動時のバランスがとりにくいことが分かるでしょう。

第Ⅰ部 保育内容「健康」の専門的事項

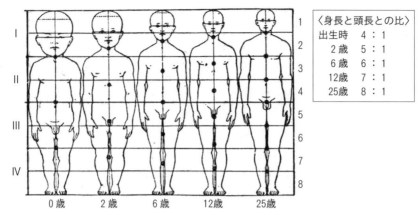

図2-3 シュトラッツ（Stratz, C. H.）による身体部位のつり合いの発達
出典：関寛之『兒童學原論――兒童の身體及精神 増訂版』東洋図書, 1934年。

このように，乳幼児の発育を評価したり発育特性を理解したりすることは，保育の中で子どもの健康や安全を守ったり家庭との連携を行う上で重要な情報源となるのです。

③ 骨や歯の形成

人間の身体を形づくり支えている骨格も，発育と同時に変化していきます。軟骨が硬い骨組織へと変化することを骨化といいますが，乳幼児の骨は成人に比べて軟骨部が多く，発育過程において骨化が進むことで成熟していきます（図2-4）。乳幼児の骨折において，完全には折れずひびが入ったり曲がったりするもの（若木骨折）が多いのはこのためです。また，硬さだけではなく，骨の数や形を変えながら複雑化し成人に近い骨格へと近づいていきます（図2-5）。そのため，乳幼児期に強度の高い運動やスポーツを過度に行うことは骨の形成に悪影響を及ぼすことになります。

また，人間の背骨は湾曲していますが，生まれたときから成人と同じカーブが形成されているわけではありません。立位時の成人の脊椎は頸部・腰部で湾曲し，ゆるやかにＳ字を形成していますが，胎児ではＣ字に近い形を，新生児ではＩ字に近い形を形成しており，十分な湾曲が形成されていません（図2-6）。そのため，乳幼児は重力による衝撃を和らげる力（衝撃緩衝能）が未熟であることや，抱っこやおんぶをするときの乳児が楽な姿勢を理解して支援を考えましょう。

歯は，生後6～8か月頃に乳歯が出始め，1歳頃には前歯の上下4本がそろい，2歳半頃には上顎10本，下顎10本の乳歯20本が生えそろいま

34

第 2 章　子どもの発育と発達

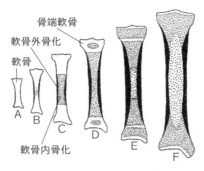

図 2-4　骨の骨化と発育
出典：高石昌弘・宮下充正『スポーツと年齢（保健体育スポーツ指導選書）』大修館書店，1988 年。

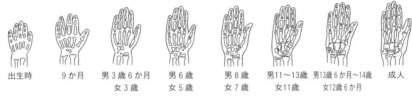

図 2-5　骨年齢の評価基準
注：男子12〜13歳，女子11〜12歳頃に手根骨の骨端核数（正常の最大11）は完成し，それ以降は骨がたくましくなる。
出典：阿部敏明ほか（編）『小児科学・新生児学テキスト（全面改訂第4版）』診断と治療社，2003年。

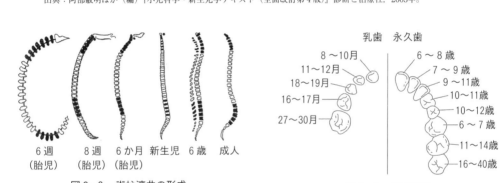

図 2-6　脊柱湾曲の形成
出典：高石昌弘・宮下充正『スポーツと年齢（保健体育スポーツ指導選書）』大修館書店，1988年。

図 2-7　歯の萌出
出典：巷野悟郎『子どもの保健（第7版）』診断と治療社，2016年。

す。また，学童期前後になると乳歯が抜け永久歯が萌出し，12〜13歳頃に28本すべてが萌出します（16歳以降に萌出する親知らずを含めて32本：図2-7）。乳歯は永久歯に比べてエナメル質や象牙質が薄く，虫歯に気付きにくく進行が速い特徴があります。乳歯を健康に保つためには，萌出に必要な栄養素（タンパク質，カルシウム，リンなど）の摂取，糖の摂取への配慮，歯磨きの習慣，歯科医師との連携など，一つ一つ家庭と連携しながら進めていくことが重要です。

骨や歯は発育の順序がある程度決まっているため，骨や歯を見ることでおおよその年齢を知ることができます。

第Ⅰ部　保育内容「健康」の専門的事項

(3) 乳幼児の生理的発達過程

① 体温

　体温は視床下部の体温調節中枢によって調整されており，熱産生と熱放散とのバランスによって一定に保たれています。しかし一日中同じ体温ではなく，測定する時間によって変化します。一般的に食事の摂取や運動などによる熱産生により朝から昼，昼から夕方になるにつれて上昇し，安静に過ごす夜間は体温が低下します。また，乳幼児期は成人と比べて代謝が盛んで体温が高い特徴があります。これは成人の2〜3倍多くの熱量を消費しているためです。腋窩温（腋の下の体温）を見てみると，成人よりも0.6〜1.0℃高くなっています。乳幼児は体温の調整機能が未熟で，環境の影響を受けやすく変動しやすいため，室温の調節や衣服の調節をこまめに行い，熱中症やうつ熱にならないように留意します。一方で，自律神経の発達を促す意味でも，空調が整っている環境ばかりで生活するのではなく，薄着や外気浴を行い汗腺や体温調整機能の発達を促すことも必要です。

② 呼吸・脈拍・血圧

　一度に吸い込める空気の量が少ない乳幼児は，呼吸数を多くすることで必要な酸素を確保しています。呼吸数は，乳児では1分間に40回前後ですが，成人では16〜18回となり，年齢と共に減少していきます。また，呼吸には，肋骨の間の筋肉の働きによる「胸式呼吸」と横隔膜による「腹式呼吸」がありますが，乳児期には肋骨の間の筋肉が未発達なため，腹式呼吸を行っています。

　呼吸数を多くすることで，取り込んだ多くの酸素は心臓から全身に送られますが，乳幼児期は心臓も小さく未熟であるため，血流量を保つために心拍数も成人と比較して約1.5〜2倍多くなっています。乳幼児の血管は柔軟性に富むため，血圧は成人より低くなります。

　発育に伴う生理的発達過程をまとめると，表2-1のようになります。

　このように乳幼児は発育の面で成人と異なるだけではなく，生理的な発達面でも乳幼児ならではの特徴があり，大人が小さくなっただけという感覚で保育にあたることがいかに危険かということが分かります。身体を使った遊びを考える際にも，極端に持久力や筋力を必要とする運動は乳幼児の身体に過度の負荷をかけることになります。

第2章　子どもの発育と発達

表 2 - 1　乳幼児の生理機能の発達

	腋窩体温 （℃）	呼吸数 （回／分）	安静時脈拍数 （回／分）	最高血圧 （mmHg）	最低血圧 （mmHg）
新生児	36.7-37.5	40-45	120-160	60-70	40-50
乳児	36.8-37.3	30-40	120-140	70-80	50-60
幼児	36.6-37.3	20-30	90-120	80-90	60-65
学童	36.5-37.3	18-20	80-90	90-110	60-70
成人	36.0-36.5	16-18	60-70	110-130	70-90

出典：花井忠行・野中壽子（編著）『保育内容　健康［第3版］（新 保育ライブ
ラリ）』北大路書房，2022年，p. 38.

③ 排泄

　乳児の腎機能は未発達であるため，一日の排尿回数は約15回〜20回で
成人の2〜4倍となりますが，成長と共に排尿の1回量が増え排尿回数
が減少します。前述のように，乳幼児期の消費熱量は成人に比べると高
いことから，体内に熱が発生しやすくなり，水分が多く生産されるため
尿の量も多くなります。排泄は神経系の働きによって制御されています。
乳幼児期は神経系が著しく発達して，大脳が尿意を感じるようになるた
め，トイレトレーニングは尿意を自覚することから始めましょう。夜間
の排尿については，4歳頃から抗利尿ホルモンが十分に分泌されて自立
に向かいます。

　トイレトレーニングの中には，ボタンの留め外し，衣服の着脱，トイ
レットペーパーの処理，手洗いなども含まれます。粗大運動や微細運動
の育ちに配慮するとともに，子どもが自分で挑戦しようとする気持ちや
できたときの誇らしい気持ちを大事にしながら，排泄の自立に向かえる
ように支援することが大切です。

④ 睡眠

　新生児期の睡眠は，短い眠りと覚醒を繰り返す多層性睡眠が特徴です。
次第に昼夜の光刺激の違いにより，昼の覚醒と夜の睡眠が確立され単層
性睡眠へと変化しますが，幼児期はまだ昼間に長時間覚醒することがで
きないため，保育時間が長い場合には午睡が必要となります。

(4) 乳幼児の運動的発達過程
① 発達の方向性

　運動機能の発達には，一定の方向や順序があります。生後間もない子
どもは首がすわっていませんが，首がすわると視野が広がり様々な環境

第Ⅰ部　保育内容「健康」の専門的事項

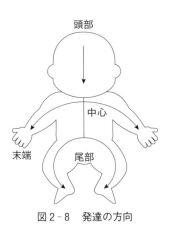

図2-8　発達の方向

に触れることで興味関心が生じます。そして，身体を動かして人やものに関わりたいという欲求から「寝返り」「はいはい」「つかまり立ち」「一人歩き」へと発達していきます。また，生後しばらくは腕や脚を思い通りに動かしたり，手のひらを握ったり開いたりすることが上手にできませんが，次第に目的のものに触ったり握ったりつまんだりすることができるようになります。このように発達は，頭部から脚部へ，そして中心から末梢へと進んでいきます（図2-8）。

② 原始反射

　新生児は脳の発達が未熟なため，行動の大部分はもともと備えている反射によって引き起こされます。原始反射とは，生後すぐの新生児期にみられる反射動作のことで，人間が生命を維持するために必要な反射や，外部の刺激から身体を守る反射，食事や排泄を促すための反射などが含まれます（表2-2）。この原始反射は運動機能の発達とともに消失していきますが，原始反射が残存する場合は，発達障害や神経学的問題の可能性が考えられます。そのため，医療や教育の現場では，原始反射の有無を観察することが重要です。

表2-2　原始反射

哺乳反射	哺乳反射は主に以下の3つの反射から成っている
・探索反射	口角周辺や頬に触れたものを探すように，刺激を受けた方向に顔を向け口を開く運動
・捕捉反射	口角周辺や頬に触れたものを口にくわえるようとする運動
・吸啜反射	捕捉反射によって口にくわえると吸ったり嚥下したりする運動
把握反射	手のひらにものが触れると強く握りしめる運動
バビンスキー反射	足底をかかとから外側に強くこすると足の親指が足の甲に向かって曲がり，足指が扇状に広がる運動
自動歩行反射	新生児のわきの下を支えて足を床につけると，歩行するような足踏みを行う運動
モロー反射	新生児を仰向けに寝かせ頭を起こした上で座位にし，30度ほど急に後ろに倒すとびっくりしたように両腕を前に突き出し抱き着くようにする運動
非対称性緊張性頸反射	仰向けに寝かせた状態で顔を左右一方に回すと，顔が向いた方向の手足が伸展し，逆の方向の手足が屈曲する運動

出典：筆者作成。

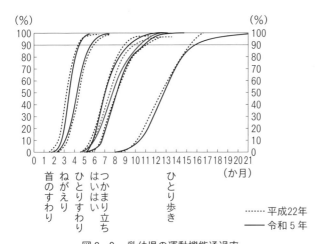

図2-9　乳幼児の運動機能通過率
出典：こども家庭庁「令和5年乳幼児身体発育調査」2024年。

③ 子どもが歩き出すまで

　生後すぐから見られる原始反射と異なり，意志や欲求によって引き起こされる随意運動も発達に伴って出現します。平衡的運動と移動的運動について，乳幼児身体発育調査（こども家庭庁，2024）によるデータを図2-9に示しています。図2-9のデータからは，どの時期にどのような運動ができるようになるかという運動機能通過率が分かります。90%の通過率を見てみると，首のすわり（4か月前後），寝返り（5～6か月），ひとりすわり（9か月前後），はいはい（10か月前後），つかまり立ち（11か月前後），ひとり歩き（15～16か月），となっています。

　また，ハルバーソン（Halverson, 1931）は手指の発達について図2-10のように示しています。子どもが這ったり一人で立ったりして移動ができるようになると行動範囲が広がってきます。それに伴い手や腕が自由に動かせるようになることで，関心があるものに近づき，触れて，自分の身体や目の前のものを操作しようとします。このような経験の積み重ねが次の発達と密接に関わり合っているのです。

　同じ月齢や年齢でも，遺伝的な要因や環境的な要因，または双方の影響を受けて，心理的，身体的，認知的，言語的，社会的な発達に差が生じます。運動発達においても個人差があり，生活をしている環境の文化や周囲の人々の働きかけによって受ける刺激や経験が異なり，発達のプロセスやスピード，またはパターンが異なります。発達に遅れが見られる場合には，専門機関と連携することで早期の介入や治療を行います。発達の遅れが何によるものなのかを探りながら，様々な運動が経験できる環境を整えることが，保育に携わる者の役割といえます。

*5　Halverson, H. M. (1931). An experimental study of prehension in infants by means of systematic cinema records. *Genetic Psychology Monographs*, 10, pp. 107-286.

第Ⅰ部　保育内容「健康」の専門的事項

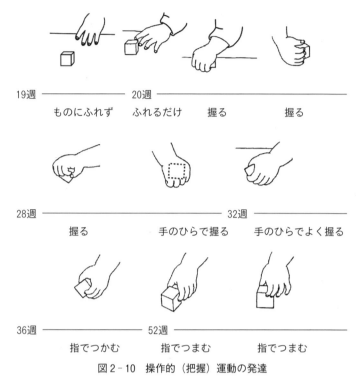

図2-10　操作的（把握）運動の発達

出典：Halverson, H. M. (1931). An experimental study of prehension in infants by means of systematic cinema records. *Genetic Psychology Monographs*, 10, pp. 107-286 をもとに作成。

第2節　乳幼児期の健康管理

(1) 量的にみる・質的にみる

　乳幼児が健やかに成長するためには，日頃から量的・質的に一人一人の健康を評価し，必要に応じて健康管理を行う必要があります。この一人一人の健康を守ることが，集団の健康を守ることにもつながります。健康管理については，2017年改定の保育所保育指針においても「子どもの健康状態並びに発育及び発達状態について，定期的・継続的に，また，必要に応じて随時，把握すること」「健康状態や疾病等の把握のために，嘱託医等により定期的に健康診断を行い，その結果を記録し，保育に活用するとともに，保護者が子どもの状態を理解し，日常生活に活用できるようにすること」などと示されています。子どもの健康状態を把握し保育実践につなげた実践例については，第8章で紹介しています。

　健康管理には，保健調査，保健計画，環境衛生，健康診断，健康相談，

＊6　厚生労働省「保育所保育指針」2017年。

感染症予防などが挙げられます。中でも健康診断は，嘱託医等と連携し，発育発達の様子を量的に測定したり診断したりしていきます。幼稚園においては，学校保健安全法により，毎学年定期に園児の健康診断を行うことが定められています。保育所に関しては，児童福祉施設の設備及び運営に関する基準により，入所時健康診断，少なくとも1年に2回の定期健康診断および臨時の健康診断を，学校保健安全法に基づいて実施しなければならないことが定められています。認定こども園に関しては，認定こども園法（第27条）で，学校保健安全法の規定を準用することが定められています。

　その他，日常の保育の中で行う，例えば送迎時の保護者への聞き取りや，子どもの様子の観察など，実際に保育者が目で見たり，耳で聞いたり，感じたり，触ったりしながら得る質的な情報をもとに，一日の保育を通して子どもの健康状態を把握しています。元気がない，機嫌が悪い，泣き方が違う，食欲がないなど「どこかいつもと違う」ことに気付くことが子どもの健康を守る第一歩ですが，これに気付くためには日常の一人一人の子どもの姿を理解することが欠かせません。保育者は，この気付きをもとに一日の一部または全体の保育の内容や方法を工夫しながら，子どもの健康を守っています。

*7　学校保健安全法

2024年8月7日閲覧

*8　児童福祉施設の設備及び運営に関する基準

2024年8月7日閲覧

*9　認定こども園法（就学前の子どもに関する教育，保育等の総合的な提供の推進に関する法律）

2024年8月7日閲覧

(2) 発育発達の評価
① 発育発達の評価と留意点

　発育や発達の評価にあたっては，ただ法で定められているから実施するのではなく，評価の結果をどのような目的で収集し，どのように保育や家庭や子どもの健康に還元するのかについて考えましょう。保健計画や保育計画を立てる際に必要な子どもの実態を把握するために，発育発達の評価は重要な情報となります。発育発達の評価を，「保育者の願いや想い」や「子どもの主体性」と照らし合わせて保育実践を行うとき，評価が保育の中に生きた情報として還元されたといえるでしょう。また，疾病やその兆候および虐待などを早期に発見し，予防・受診・治療・介入・相談を進める目的もあります。結果のフィードバックに向けて家庭とスムーズに連携を図るためにも，健康診断を行う目的・日時・測定項目等を事前に家庭に知らせるようにしましょう。

　ここでは，健康診断の主な項目の測定方法について見ていきましょう。
　○身長：2歳未満は仰臥位（仰向け），2歳以上は立位で頭頂部から足底までを測定する。2歳未満は測定者のうち1名が頭頂部を固定板

第Ⅰ部　保育内容「健康」の専門的事項

につけ，目と耳を結んだ線が台板と垂直に交わるように優しく固定する。もう1名は台板と垂直に交わるように移動板を足底につけて膝を軽く押さえ，1mm単位まで測定する。

○体重：2歳未満は仰臥位か座位となり，乳児用体重計で測定する。2歳以上は，立位で測定する。計測前には体重計が0になっていることを確認し，衣服を脱がせて準備を行う。おむつは測定した体重から差し引き，少なくとも10g単位（デジタル計を使用の際は表示された数値）まで測定する。

○頭囲：頭囲を測る際には，2歳未満は仰臥位で寝かせ，2歳以上は座位か立位で，眉と，後頭部の一番出ている部分（後頭結節）を通って1mm単位まで測定する。出生時には胸囲より頭囲が大きいが，出生後約3か月で胸囲の方が頭囲よりも大きくなる。

○胸囲：胸囲を測る際には，2歳未満は仰臥位で寝かせ，2歳以上は座位か立位で，乳頭と肩甲骨の真下を通るようにメジャーを通す。呼気と呼気の中間で1mm単位まで測定する。

② 評価結果のフィードバックと連携に向けて

　健康診断が終わったら，結果を健康診断票にまとめます。健康診断票は作成から5年間保存しなければならないと定められています。また，結果を本人および保護者に21日以内に通知する必要がありますが，配慮が必要な情報も含まれるので管理には十分注意しなければなりません。その際，疾病の予防や治療，必要な検査，予防接種について伝えたり，保護者や保育者の気にかかる点をすり合わせながら健康相談につなげたりするなど家庭とコミュニケーションをとりながら連携していくことが大切です。さらに，子どもが自分の育ちについて肯定的に捉え，喜びをもって変化に気付くためには，子どもへのフィードバックも欠かせません。

第3節　心身不可分な子どもの発育と発達

(1) 乳幼児期の精神的・社会的な発達

　新生児期の子どもを観察すると，ふと微笑することがあります。これは「生理的微笑」と呼ばれるもので反射的に行われています。しばらく

第2章　子どもの発育と発達

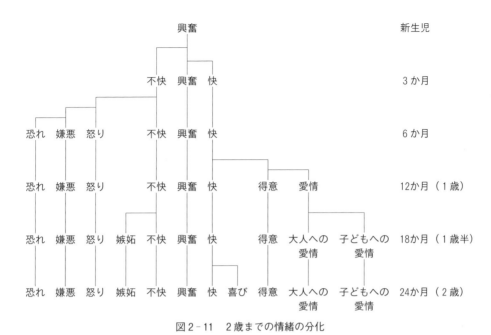

図2-11　2歳までの情緒の分化

出典：Bridges, K. M. B.（1932）. Emotional development in early infancy. *Child Development*, 3, pp. 324-341 をもとに作成。

すると視覚や聴覚を通した刺激に微笑するようになりますが，生後3～4か月の時期には特に，身近な存在の働きかけによく反応するようになり，この時期に「社会的微笑」へと変化していきます。

　喜怒哀楽愛憎で表出されるような情緒の発達について，ブリッジス（Bridges, 1932）[*10]は，子どもの感情はかなり早い時期に分化発達するとしています（図2-11）。新生児から2～3か月頃に興奮が快・不快に分化し始め，6か月頃には不快が怒り・嫌悪・恐れに分化します。さらに1歳頃には快が愛情・得意に分化し，2歳頃には基本的な情緒が獲得され，5歳頃までにほぼ大人の情緒に近い分化を遂げます。

　また，精神分析学者のエリクソン（Erikson, 1963）[*11]は，人生を8つの段階に分け，それぞれで解決すべき課題があることを示しています（表2-3）。乳児期から幼児期にかけては，母親や他の家族，そして長い時間を共に過ごす身近な存在によって愛着や信頼感が育まれます。

　人間の赤ちゃんは生理的早産で，誕生時から長期間にわたり親に保護されながら生きています。その過程において，親は子どもにほほえみかけ，抱きとめ，言葉をかけたり働きかけたりしようとします。その働きかけに対して，子どもも模倣したり，ほほえみ返したり，身体反応を示したりします。このような，相互の反応を繰り返しながら心の結び付きや絆が形成されます。ボウルビィ（Bowlby, 1969）[*12]はこれを「愛着（at-

*10 Bridges, K. M. B. (1932). Emotional development in early infancy. *Child Development*, 3, pp. 324-341.

*11 Erikson, K. (1963). *Childhood and society* (2nd ed.). Norton.

*12 Bowlby, J. (1969). *Attachment* (Attachment and Loss, Vol 1.). Basic Books. (J.ボウルビィ，黒田実郎ほか（訳）『母子関係の理論 ①愛着行動』岩崎学術出版社，1976年。)

第Ⅰ部　保育内容「健康」の専門的事項

表2-3　エリクソンの心理社会的発達段階

段階	心理的危機	有意義な対人関係	好ましい結果
乳児期前期 （0～1歳）	信頼 対 不信	母親またはその代わりとなる者	信頼と楽観性
乳児期後期 （1～3歳）	自発性 対 疑惑	両親	自己統制と適切さの感じ
幼児期 （4～6歳）	積極性 対 罪悪感	基本的家庭	目的と方向：自分の活動を開始する能力
児童期 （6～12歳）	勤勉性 対 劣等感	近隣：学校	知的・社会的・身体的技能の有能さ
青年期	同一性 対 同一性の拡散	仲間集団と外集団 リーダーシップのモデル	自己を独自な人間として統合したイメージをもつこと
成人期初期	親密さ 対 孤立	親友：性，競争，協同	親密で永続する関係を形成し，生涯を託するものを決める
壮年期	生殖性 対 沈滞	労働を分けもつことと家事を分けもつこと	家族・社会・未来の世代への関心
老年期	統合性 対 絶望	人類，わが子	充足と自分への生の満足感：死を従容として受け入れること

出典：Erikson, K. (1963). *Childhood and society* (2nd ed.). Norton をもとに作成。

tachment)」と呼びました。子どもの主体的行動に対して，タイミングよく愛情をもって社会的・心理的な反応をしてくれる大人に対して，ある一定の時間をかけて愛着が形成されます。

精神機能の発達の評価を行う場合，子どもの発達を固定したものとして捉えず，個人差をよく考慮することが大切です。乳幼児の発達の評価は発達指数（Development Quotient: DQ）で表され，発達年齢を生活年齢で割って100をかけた式で算出されます。[*13] また，発達を評価する検査法には，デンバー発達判定法（DENVER Ⅱ），WPPSI 検査，WISC 検査,[*14] 津守・稲毛式乳幼児精神発達診断法，KIDS 乳幼児発達スケール，新版K式発達検査，遠城寺式乳幼児分析的発達検査などがあります。これらは，精神運動発達の理解を深め，乳幼児発達の傾向を全般にわたって分析し，一人一人の発達の個性を見出す手段として有効です。発達につまずきが見られる領域や程度を一見して把握でき，保育実践や指導にも役立てやすい特徴があります。

＊13　発達年齢は発達が何歳相当かを示す指標，生活年齢は実年齢のこと。

＊14　WISC 検査は，2024年現在，WISC-ⅣやWISC-Ⅴが使用されている。

(2) 子どもの生活と心身の健康

乳幼児の生活は遊びにあるといわれます。自由で主体的な遊びの中で，自己を表現しながら適度に欲求が満たされたり，日常生活の中の葛藤や満たされない欲求などを解消したりしています。また，欲求に対して自

ら環境に働きかけ，満足感を味わうことで自己充実感を獲得し情緒を安定させます。さらに幼稚園，保育所，認定こども園には，子どもたちの生活や活動を見守る保育者や，生活や遊びを通して関わる友達がいます。幼児期になると，友達との遊びを通して感じられる感情（喜び，怒り，悲しみ等）を共有し合うことにより，精神的発達に応じて情緒は豊かに発達していきます。そうしてさらに言語を介して能動的に環境に関わり，ものを見立てたり性質に気付いたりするようになります。園生活は，様々な他者との関わりを通して社会性を発達させていくための重要な環境の一つです。子どもがそれぞれの人間関係を築くとともに，ルール・約束事を守る姿勢や態度，役割や責任の重要性を学びながら，集団生活のあり方を理解していきます。

　これらの乳幼児の心身の健康は，安定した生活の中で育ちます。保育者が，子どもの生理的欲求（食事・睡眠・排泄）を十分に満たし，子どもが安心・安全に心地よく過ごせる環境を整えながら（養護的側面），子どもの言動や表情から欲求や情動を推し量り，主体的に活動に取り組める保育内容の構成を行うこと（教育的側面）によって，心身の健康が育まれていくのです。このようにして保育者が子どもの安全基地となり，子どもがたとえ保育者にとって望ましくない言動をした場合でも，人格や感情（どのような気持ちだったか，なぜそうしようとしたのか）を肯定的に受け止め，励まし，時には行動を見守る態度をとることは，家庭から集団生活の場へのスムーズな移行にもつながります。

(3) 運動発達を支える自発的遊び

　これまで述べてきたように，子どもは日常生活における様々な遊びを通して，身体的にも精神的にも社会的にも人間らしく健康に発達を遂げていきます。それぞれが置かれた文化・社会の中で人間らしく生きていくためには，すべての子どもにとって欲求と達成の間に生じる身体活動が不可欠といえます。例えば，ある動作の習得のためには繰り返し継続して行うことが必要ですが，目的のためにトレーニングすることは乳幼児の発達にはそぐいません。「楽しい，面白い，やってみたい」という気持ちに支えられた遊びの中の経験が必要となるのです。そのため，自発的な遊びを行うことの意味や必要性に気付きながら，根気よく愛情をもって関わることが乳幼児期には大切なのです。特に乳幼児にとっての遊びは，身体全体に対して生理的な刺激を生じます。遊びを通して，楽しさや喜びを感じながら，無自覚に子どもは身体全体を使っており，そ

第Ⅰ部　保育内容「健康」の専門的事項

の結果，様々な運動能力を発達させることができます。これは，身体的な機能を向上するという目的をもって運動ができる学齢期・青年期・成人期とは大きく違うところです。

　このように乳幼児期の発育発達は，単に身体機能が向上するだけで成立しているのではありません。心の動きが身体の動きを誘発し，身体の動きが習得されると，さらに周囲の環境に対して興味・関心が高まるなど，心と身体の成長には双方向性があるのです。さらに重要なのは，これらの発達は，子どもが「これをしたい」と能動性を発揮したときに周囲に受容してもらえるという，人への信頼感によって支えられるということです。乳幼児期に適切な人的・物的・社会的環境に出会うことによって，子どもは面白いという情動につき動かされて遊び，そのプロセスにおいて身体機能が発達したり思考力が培われたり，人と関わる力が養われていきます。乳幼児期にふさわしい生活とは，大人が一方的に何かを教えたり決めたりする生活ではなく，子どもの主体性を大切にし，子どもの心と身体の成長の双方向性を大切にする保育です。子どもが安全で情緒の安定した生活の下で，何かができるようになった達成感や，喜びや誇り，満足感などの感情を大切にしながら自己を十分に発揮して遊べる環境を整える能力が，保育者には求められます。

章末問題

1．子どもの成長について，発育と発達に分けてまとめてみましょう。

　「発育」にあたる成長：

　「発達」にあたる成長：

2．グループで保育者役と子ども役（乳児と幼児）に分かれて，身長・頭囲を測ってみましょう。測った後で，測られた人と測った人，それぞれが感じたことを話し合ってみましょう。

文献紹介

★安川美杉『赤ちゃん──成長の不思議な道のり（NHK スペシャル）』NHK出版，2007年。

★文部科学省「幼児期運動指針」2012年。

★外山紀子・中島伸子『乳幼児は世界をどう理解しているか──実験で読み解く赤ちゃんと幼児の心』新曜社，2013年。

第 3 章

子どもの安全

子どもが生活する上で，安心して安全に過ごすことはとても大切です。とはいえ，安全に過ごすことを優先しすぎて子どもへの禁止事項が多くなることは，子どもの育ちにとっては望ましくないといえるでしょう。

本章では，子どもたちが伸び伸びと楽しく過ごすことができる環境を整えつつ，安全面への配慮も同時に行うためにはどうしたらよいか，その双方について学んでいきます。

THINK

考えてみよう

子どもの怪我，どう対応する？

次の事例は，異年齢保育をしている園での出来事です。子どもの怪我に遭遇したとき，保育者としてどのような対応をしたらよいでしょうか。

EPISODE

1　机に頭をぶつけてしまったＡちゃん

5歳児

　　夕方の時間帯の保育室でのことだった。部屋の中では，異年齢の子どもたちがそれぞれ自分の好きな遊びをしながら楽しく過ごしていた。

　　1歳児のＢちゃんは，先生がつくってくれた小さな固いペットボトルの手づくりおもちゃが大好きで，シャカシャカ音を立てながらよく遊んでいる。その日もそのおもちゃが，座っているＢちゃんの近くの床に置いてあった。

　　5歳児のＡちゃんは，Ｂちゃんが遊んでいるすぐ近くの机でお絵描きをしていた。そのとき，お友達がＡちゃんに，「パパがお迎えに来たよ」と言いながら勢いよく部屋に入ってきた。Ａちゃんは嬉しくなって思わず立ち上がり，お友達のいる方に向かって走り出そうとした。そのとき，Ｂちゃんお気に入りのおもちゃが床にあることに気付かず，Ａちゃんはうっかりそれを踏んでしまい，足を滑らせて転んでしまった。その拍子に，Ａちゃんは，机に頭を強くぶつけてしまった。あまりの痛さにＡちゃんはぶつけたところを押さえながらうずくまってしまった。近くにいたＣ先生は急いでＡちゃんに「大丈夫？」と声をかけ，Ａちゃんの全身状態をよく見た。Ａちゃんは「うん」としっかり受け答えすることができている。Ｃ先生はＡちゃんが痛がっている頭頂部をよく観察した。特に出血等はなかったが，強くぶつけてしまったことから，同じ部屋にいたＤ先生にお願いして，ぶつけたところを冷やすための氷を持ってきてもらい，冷やした。

1．あなたがＣ先生だったら，どのように行動しますか？

2．同じような怪我が起きないために，その後どのような対策をすればよいでしょうか？

ヒント

　子どもの怪我への対応だけでなく，保護者への報告も含め，その場にいる保育者がとるべき行動について，まずは考えてみましょう。

　そして，今後，子どもたちが同じような怪我をしないためには，この怪我についてどのように情報を共有していくとよいでしょうか。その際に気を付けるとよい視点について考えてみてください。

第3章 子どもの安全

第1節 保育・幼児教育施設での事故

(1) 日常で起こりうる事故とその対応

　保育・幼児教育現場においては，子どもたちが遊びを通して様々な経験をすることができるよう，子どもたちが興味・関心をもち，主体的に遊び込める環境を整えています。日頃十分に安全に配慮しながら過ごしていても，様々な状況下で子どもたちが共に過ごすうちに，思いもよらぬ怪我をしてしまうことは多々あります。こうした怪我を100%防ぐことはできませんが，同じような怪我を繰り返さないためには，情報を整理しながら保育者間で共有し，環境を改善していくことが重要です。また，可能であれば子どもたちも交えて，どのような点に気を付けていけばよいのかについて一緒に考えていく機会をつくっていくことも大切です。

　冒頭の事例[*1]をもとに，どのように対応すればよいかについて考えてみましょう。子どもの怪我が起きてしまったときには，怪我をした子どもの状況をまずは確認し，必要であれば他の保育者に応援を頼み，怪我をした子どもが一人にならないようにします。基本的には第一発見者は，様子を切れ目なく観察するために，怪我をした子どものそばにいることが大切です。この事例では，Aちゃんは頭をぶつけましたが，C先生がすぐに声をかけ，ぶつけたところを観察して出血がないことを確認しています。またAちゃんがC先生としっかり対話することができているので，意識に問題ないことが分かります。ただし，強くぶつけてしまったことには変わりないため，C先生は同じ部屋にいるD先生にお願いしてこぶを冷やすための氷を持ってきてもらったのでした。このように，体のどこかをぶつけてしまったときには，患部を確認し，出血があれば止血をし，基本的には冷やすことが大切です。

　そして，ちょうどお迎えに来たAちゃんの父親に状況を伝え，現状では医療機関にただちに行く必要はなさそうだけれども，首から上（特に頭部）の怪我は最も気をつけなければならないため[*2]，少なくとも24時間は安静にして，自宅でも様子を見てほしいことを伝えました。

　実際，頭をぶつけたときは，受傷直後には症状が出にくいことがあります。もちろん，ぶつけた直後にぐったりして泣かなかったり，反応がなく意識がなかったり，けいれんを起こしている場合は，すぐに救急車

*1　本事例は上町しぜんの国保育園（東京都世田谷区）の青山誠先生にご協力を得て作成した。また，本書への掲載にあたって事実を一部変更している。

*2　日本学校保健会「特集『養護教諭のお仕事』」第3回「学校での応急処置・対応」

2024年3月23日閲覧

を呼ぶ必要があります。また，そのような緊急性がない場合でも，その後しばらくは安静にして様子を見ます。もし，名前や場所などが分からずにつじつまの合わないことを話したり，ものが見えづらかったり，あるいは二重に見えたり，手足に力が入らずしびれが出たり，歩行が不安定であったり，頭痛がだんだんひどくなったり，繰り返し吐いたり，眠気が強くて普段寝る時間帯ではないのによく眠ったり，あるいは眠りから覚めなかったり……といったことがあったら，すぐに受診する必要があります。[*3]

幸い，Ａちゃんは上記のような症状はなく，翌日には元気に登園してきました。しかし，今後同じような事故が起きないよう，園ではその対応策を考える必要があります。

保育・幼児教育施設では，このような事例が発生した際には，事故報告やヒヤリハット報告などを行い，環境の見直しを行ったり，子どもへの事故防止のための声掛けをするなど，同じような事故が起きないための方策をとっています。ヒヤリハットとは，文字通りヒヤリとしたり，ハッとするようなことが起きたが，幸いにも重大な事故を回避できた事例のことをいいます。アメリカの労働安全衛生研究者であるハインリッヒ（Heinrich, H. W.）が1931年に提唱した「ハインリッヒの法則」[*4]では，「1件の重大事故の背後には，29の軽傷の事故と300の無傷の事故がある」としています。この「300の無傷の事故」のことをヒヤリハットと呼び，これらのヒヤリハットを十分に検証することで重大事故を防ぐことが大切である，といわれています。

実際，多くの保育・幼児教育施設では，事故報告書やヒヤリハット報告書などの書式等を用いて職員間で情報共有をし，危ない点などを見つけ出して対策を講じていますが，事例の園では，可能な限り，子どもたちとも情報共有をしています。つまり，Ａちゃんが経験したヒヤリハットを，大人だけが情報共有して子どもに単に「ここが危ないから気を付けてね」と伝えるのではなく，Ａちゃんの心情に配慮しながら，可能な限りＡちゃんから直接話を聞いたり，可能な範囲で再現してもらうことにしています。そうすることで，そのときのＡちゃんの状況を，Ａちゃん自身も振り返ることができ，また他の子どもたちも，「何に気を付けたらいいのか」について，共に考えることができるようになります。

このときも，普段ならお部屋の中で走り回ることなどはしないＡちゃんですが，パパがお迎えに来たと聞いて嬉しくなり，思わず走り出し

[*3] 佐久医師会「教えて！ドクター　こどもの病気とおうちケア」

2024年8月19日閲覧

[*4] Heinrich, H. W. (1931). *Industrial accident prevention : A scientific approach.* McGraw-Hill.

てしまったこと，また，もうすぐお迎えの時間であると思い，普段は室内でははだしで過ごしているけれどもそのときは靴下を履いていたこと，そして，1歳児のBちゃんの大好きなペットボトルのおもちゃが，Bちゃんがすぐに遊べるように，そばの床に置いてあったことなど，様々な状況が見えてきました。保育者としては，1歳児の大好きなおもちゃではありますが，置き場所を決めて，子どもがその場で遊んでいないときは，床に固いペットボトルが置いてある状況にならないようにすることを決めました。そして，Aちゃんも「パパが来たと思って，いつもは走らないところで走っちゃったからな」と振り返ったり，他の子どもたちも「靴下を履いているときは滑りやすいから気を付けないといけないんだね」といったことを感じたようでした。

　日常で起こりがちな小さな怪我については，再度同じようなことが起きないように保育者が環境を整えていくことは大変重要です。それと共に，子どもたち自身も「何に注意すればいいのか」ということを，主体的に考えられるようになることを支えていくことも大切です。その際，怪我は誰でもしうるものなので，「○○ちゃんはいつも危ないことばかりする」といったマイナスイメージを子どもたちがもたないように配慮するとよいでしょう。

　そして，こうしたヒヤリハットの情報を共有していく際に，もう一つ大切な視点があります。それは，その現場に居合わせた保育者，つまり事故報告者やヒヤリハット報告者を「責めない」ことです。事故が起きた事実はしっかり共有し，次に同じことが起きないように適切な情報共有がなされなければなりません。こうした報告をしたことで保育者が責められる風潮があると，保育者が事実を伝えることに抵抗を感じたり，必要以上に自分を責めてしまうこともあり，本来共有しておくべき情報がスムーズに共有できなくなります。保育者同士でヒヤリハット等の情報を共有する際は，あくまでもその「事実」を淡々と共有し，「人」を責めるのではなく，対応すべき「方策」を速やかに立てて共有することが大切です。そして，園にいるすべての職員（非正規職員も含む）に，今後注意すべき内容について周知していくことが重要です。園全体でどのように対応していけばよいかを考える機会にしていきましょう。

　保育者を含む全職員が，いつでもお互い安心して子どものことを語り合うことができる場をつくっておくことが求められます。安全のことだけを取り出すのではなく，日頃から子どもと関わる中での面白さを楽しく共有できる環境をつくっておくことで，ヒヤリハット等に関する情報

も共有しやすくなります。子どもをまんなかにして語り合える風土，風通しのよい関係性，同僚性を築いておくことが，実は子どもの安全を守ることにつながっていることを認識しておく必要があります。

⑵ 保育・幼児教育施設における事故の特徴

　園生活の中では，事例で挙げたような「転ぶ，ぶつかる……」といった出来事は，十分注意していても起こりがちではありますが，絶対に避けなければならないのは，生命に危険が及ぶような事故や，重篤な後遺症が残るような事故です。しかしながら残念なことに，死亡事故を含む重大事故は毎年発生しています。

　表３−１は，2020〜2022（令和２〜４）年の「教育・保育施設等における事故報告集計」より，認定こども園・幼稚園・保育施設等（放課後児童健全育成事業［放課後児童クラブ］は除く）で起きた重大事故の件数を表したものです。2020〜2022年では，３年連続して５人の子どもが保育・幼児教育施設で命を落としています。実は年間で５人の死亡というのは，過去最低の人数にとどまってはいるのですが，０にすることができていない現状があります。また，この15人の死亡時の年齢の内訳を見ると，０歳児４人，１歳児５人，２，３歳児はそれぞれ１人，４，５歳児がそれぞれ２人となっており，０，１歳児の死亡数が多いことが一つの特徴ではあるものの，それ以外の年齢においても死亡事故がないわけではありません。また，０〜５歳へと年齢が上がるにつれて，死亡事故を含まない重大事故の件数は多くなる傾向があります。その背景には，年齢と共に子どもたちが活発になり，行動範囲が広がることがあると考えられます。どの年齢においても，子どもの発達に応じた対策が必要であることが分かります。

　特に重大事故が発生しやすい場面としては，睡眠中，プール活動・水遊び中，食事中等が挙げられます。2016（平成28）年に，内閣府・文部科学省・厚生労働省によって作成された「教育・保育施設等における事故防止及び事故発生時の対応のためのガイドライン【事故防止のための取組み】〜施設・事業者向け〜」（現在はこども家庭庁ウェブサイトを参照）においては，それぞれの場面において気を付けるべきことが細かく記されています。各園では，このガイドラインをもとに，これらの場面に即した事故防止マニュアルを作成し，園内の環境の配慮や，子どもや職員への声かけの工夫等をすることが求められています。

　子ども主体の保育を実践していくためには，こうしたガイドラインを

＊５　こども家庭庁「教育・保育施設等における事故報告集計」

2024年３月23日閲覧

＊６　ここでの重大事故とは，死亡事故，治療に要する期間が30日以上の負傷や疾病を伴う重篤な事故等（意識不明［人工呼吸器を付ける，ICUに入る等］の事故を含む）としている。ただし，2024（令和６）年１月１日からは，報告の対象となる重大事故の範囲が変更され，死亡事故，意識不明事故（どんな刺激にも反応しない状態に陥ったもの），治療に要する期間が30日以上の負傷や疾病を伴う重篤な事故としている。

＊７　内閣府・文部科学省・厚生労働省「教育・保育施設等における事故防止及び事故発生時の対応のためのガイドライン【事故防止のための取組み】〜施設・事業者向け」2016年。

2024年３月23日閲覧

表3-1　認定こども園・幼稚園・保育所等における重大事故の報告件数

認定こども園 幼稚園 保育所等	負傷等				死亡	計
		内訳				
		意識不明	骨折	火傷	その他		
2020（令和2）年	1,581	14	1,281	6	280	5	1,586
2021（令和3）年	1,867	14	1,480	7	366	5	1,872
2022（令和4）年	1,891	19	1,445	6	421	5	1,896

注：放課後児童健全育成事業（放課後児童クラブ）以外の施設・事業。
出典：こども家庭庁「教育・保育施設等における事故報告集計」（令和2年～令和4年）をもとに筆者作成。

参考にし，これまでのヒヤリハットから得た教訓を生かしつつ，目の前の子どもの発達状態やそのときの心の状況なども勘案しながら，職員間でよく連携をとり，重大事故防止に努めることが大切です。

また，2021（令和3），2022（令和4）年に，2回にわたって起きた園バス内置き去りによる熱中症が原因の死亡事故を受けて，2022年10月には「こどものバス送迎・安全徹底マニュアル」[*8]が策定されました。これによって，園バスには安全装置を設置することが義務付けられ，これまで見過ごされがちであった園バスでの送迎に関する安全対策が促進されました。このマニュアルの中では，同乗職員の確実な点呼の重要性について示されているほか，子どもたちが自ら緊急時には外部に助けを求めるための行動がとれるよう，子どもの発達に応じた支援を行うことにも言及されています。

園生活においては，子どもたちが事故への不安を必要以上に感じることは避けなければなりませんが，子どもたちへの伝え方は慎重にしつつ，子ども自身も自分を守ることができるようになるための働きかけをしていくことも大切です。

(3) リスクとハザード

子どもは遊びを通して様々な経験をしていきます。その中で，冒険をしたり，挑戦をしたりしながら，心身の能力を向上させていきます。保育・幼児教育現場では，事故は防止しなければなりませんが，無事故を目指して刺激の皆無な環境を用意することが求められているわけではありません。子どもが冒険したり，挑戦したりできるような，ワクワクする環境をつくることが大切です。子どもは，ある程度危険性が内在している遊びを好む傾向があり，こうした遊びに挑戦しながら身体能力や事故回避能力を身に付けているともいえます。しかしながら，子どもの身

*8　内閣官房・内閣府・文部科学省・厚生労働省「こどものバス送迎・安全徹底マニュアル」

2024年3月23日閲覧

第Ⅰ部　保育内容「健康」の専門的事項

体能力や事故回避能力は同じ年齢・月齢であっても一人一人異なるため，一律に禁止事項を定めることは，子どもの育ちを支える環境としては好ましくないでしょう。

では，子どもの遊ぶ環境について，どこまでを安全とし，どこからを危険として排除するのがよいのでしょうか。

子どもの遊びにおける危険性と事故について考える際に参考になるのは，2024（令和6）年に国土交通省が策定した「都市公園における遊具の安全確保に関する指針（改訂第3版）」で掲げられている「リスクとハザード」という考え方です（第6章第3節(2)も参照）。この指針によると，リスクは「事故の回避能力を育む危険性あるいは子どもが判断可能な危険性」であり，ハザードは「事故につながる危険性あるいは子どもが判断不可能な危険性」であるとされています。

そしてリスクは，「遊びの楽しみの要素で冒険や挑戦の対象となり，子どもの発達にとって必要な危険性は遊びの価値のひとつである」とされており，この考え方に従えば，リスクは保育・幼児教育現場にあることが許容される危険性ということになるでしょう。そして，リスクは適切にマネジメントしていく必要があります。

一方ハザードは，「遊びが持っている冒険や挑戦といった遊びの価値とは関係のないところで事故を発生させるおそれのある危険性である」とされています。子どもが予測できず，判断不可能な危険性などはハザードとなるため，保育・幼児教育現場からは排除しておかなければならない危険性ということになります。

ハザードの一例としては，遊具等の構造的な欠陥や故障などが含まれます。こうしたハザードは，大人による十分な管理が必要です。このように大人が事前に確認することによって回避できる危険性については，必ず回避しておけるよう環境整備を行う必要があります。また，絡まりやすいひものついた衣服の着用など，人に起因するものもハザードとなるとしています。こうした注意点についても，事前に危険な服装で遊ばないよう周知することで，排除しておくことが必要です。

なお，これらのリスクとハザードの考え方については，新たな提案がなされるなど，必ずしも国土交通省が定義した意味で用いられるとは限らないので注意が必要です。いずれにしても，保育・幼児教育現場においては，遊具等の点検を確実に行うなどの環境整備を行う一方で，子どもたちが思い切り遊べる環境を工夫しながらつくっていくことが大切になります。それと同時に，自分たちでどのように危険を回避していけば

＊9　国土交通省「都市公園における遊具の安全確保に関する指針（改訂第3版）」2024年。

2025年1月6日閲覧

＊10　松野敬子『子どもの遊び場のリスクマネジメント』ミネルヴァ書房，2015年。

＊11　松野敬子・安部誠治「欧州の遊び場のリスクマネジメント：「リスク・ベネフィットアセスメント」の活用に関する一考察」『社会安全学研究』13，2023年，pp. 111-133。

よいかについて考えていけるような声かけをしていくことも心がけていきましょう。

　例えば，同じ園庭の中でサッカーをしたい5歳児が，おにごっこをしたい3歳児と共に過ごすとしたら，どうしたらよいでしょうか。エリアを分けて子どもたちがお互いに衝突しないように環境を整えることが必要になります。そのようなときも，可能であれば，すべて保育者が事前にエリアを決めるのではなく，5歳児たちの「サッカーをしたい」という気持ちを尊重した上で，子どもたちと一緒に情報の整理をしていくことが大切です。「このあたりで3歳児さんがおにごっこしてるよね。5歳児さんはどうしたらいいかな？」こうした保育者の声かけから5歳児たちも考え，「ぼくたちはサッカーをしたいから場所を変えよう」と考えられるようになっていきます。その前段階として，園庭にエリア分けしやすいような目印があるとよいでしょう。「この芝生のエリアまではおにごっこだから，自分たちはこっちの広いところでやろう」というように，子どもたちが視覚的にもエリアが分かるように環境を工夫しておくことも一案です。遊びそのものをできるだけ禁止することなく，どのようにしたら思い切り遊び込める環境をつくることができるか，エリアや時間を区切ることで実現可能にする手立てを子どもと共に考えていきましょう。

第2節　食物アレルギー等への対応

(1) 食物アレルギー疾患のある子どもへの対応

　昨今，食物アレルギー疾患のある子どもは増加傾向にあり，東京都健康安全研究センターの調査では，実に8割以上の保育・幼児教育施設において食物アレルギーのある子どもが在籍していることが明らかになっています（図3-1）。[*12]

　食物アレルギーは，誤ってアレルゲン[*13]を体内に摂取してしまうと，場合によっては命が危険にさらされることもあります。よって，保育・幼児教育施設の安全対策を考える上で，食物アレルギー児への配慮は欠かせない事項といえます。「教育・保育施設等における事故防止及び事故発生時の対応のためのガイドライン」でも，重大事故が発生しやすい場面の一つとして，「食物アレルギー」に関する詳細な記載がなされてい

*12　東京都健康安全研究センター「アレルギー疾患に関する施設調査（令和元年度）報告書」2020年。

2024年3月23日閲覧

*13　アレルゲン
アレルギーの原因となる抗原（生体に過剰な免疫反応を引き起こす物質）。

第Ⅰ部　保育内容「健康」の専門的事項

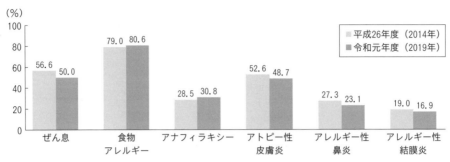

図3-1　アレルギー疾患のある子どもが在籍する施設の割合
注：東京都の調査対象施設（学童保育を除く）における統計（n＝4,207）。
出典：東京都健康安全研究センター「アレルギー疾患に関する施設調査（令和元年度）報告書」2020年。

*14　厚生労働省「保育所におけるアレルギー対応ガイドライン（2019年改訂版）」2019年。現在はこども家庭庁ウェブサイトで閲覧可能。

2024年8月19日閲覧

*15　消費者庁「令和6年度食物アレルギーに関連する食品表示に関する調査研究事業報告書」2024年。

2024年11月20日閲覧

ます。また，保育・幼児教育施設においてアレルギー対応を行う際は，厚生労働省が策定した「保育所におけるアレルギー対応ガイドライン（2019年改訂版）」*14等を参照するとよいでしょう。

また，最近の傾向として，木の実類のアレルギーが増加しています。2024年度の消費者庁「食物アレルギーに関連する食品表示に関する調査研究事業報告書*15」によると，図3-2にあるように，即時型食物アレルギーの原因食物は，全体で1位が鶏卵，2位が木の実類，3位が牛乳で，木の実類が2位に食い込んできています。また，年齢別原因食物を品目別に見てみると，3～6歳ではクルミが1位，1～2歳でも1位の鶏卵に続いてクルミが2位となっていますので，特に幼児のアレルギーとして，近年ではクルミが多いことを認識しておくとよいでしょう。おやつなどを提供する際には十分注意しておく必要があります。

基本的に，アレルギー対応が必要な場合は，「生活管理指導表」を保護者から提出してもらい，食物の除去が必要な場合は，医師の診断に基づいた同表をもとに対応を行います。2022年4月から，この「生活管理指導表」が保険適用になったため，保育・幼児教育施設からも，保護者に対して生活管理指導表の提出を求めやすくなりました。生活管理指導表に記載されている内容を十分に理解し，保護者とも十分にコミュニケーションをとりながら，事故防止に努めていきましょう。

園生活においては，食の場面だけに注意を払っていればよいわけではありません。日ごろの保育活動の中でも，仮に乳アレルギーの子どもがいる場合には，牛乳パックを扱うことが難しくなるため，廃材を使う際は牛乳ではない飲み物（麦茶など）の紙パックを使用するなどの工夫も必要になります。昼食後に手を洗わずに友達と触れ合っていて，友達の手についていた卵が卵アレルギーの子どもにもついて，赤くはれてしま

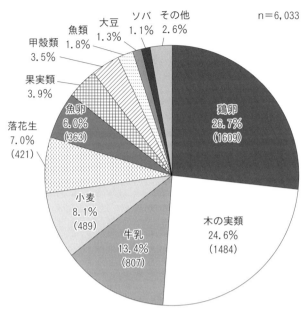

図3-2　即時型食物アレルギーの原因食物
出典：消費者庁「令和6年度食物アレルギーに関連する食品表示に関する調査研究事業報告書」2024年。

うこともあります。園のベランダに，カラスがくわえていた卵の殻が落ちてきて，危うく卵アレルギーの子どもが触れてしまうところだった，といったヒヤリハットを経験することもあります。食物アレルギーのある子どもを保育する際は，食事場面以外であっても，アレルゲンに触れないよう注意しながら過ごしましょう。

(2) 食物アレルギー対応時の大切な視点

　安全に気を配るあまり，常に気を張ってピリピリした雰囲気をつくり出してしまうことは避けたいものです。食物アレルギー対応に関しても大切な視点があります。食物アレルギーのある子どもが安全に過ごすことができるよう十分に気を配ることが大前提ですが，同時に，彼らが，楽しく園生活を送れることも大切にしていきたいものです。

　幼稚園教育要領解説[*16]では，「食物アレルギーなどをもつ幼児に対しては，家庭との連携を図り，医師の診断など必要な情報を得て，適切な対応を行うなど，十分な配慮をする必要がある。また，同じ物を食べる活動を取り入れる場合，その食べ物を食べることについて配慮を要する幼児もその活動を楽しいと感じることができるよう工夫することが大切である」（下線筆者）としています。

　給食を提供しない園であっても，食育活動を園で行う際などに，子ど

＊16　文部科学省「幼稚園教育要領解説」の「第2章　ねらい及び内容」の「第2節　各領域に示す事項」の「1　心身の健康に関する領域『健康』」の「内容の取扱い(4)」2018年。

もたちと共に食材を取り扱うこともあるでしょう。そのようなときに、食物アレルギーの子どもも一緒に活動できるよう、可能であれば、食育活動で使う食材には、アレルゲンのないものを選び、全員が同じものを調理し食べられるメニューにしておくことも一案です。このような工夫をすることで、保育者も子どもも緊張しすぎずに活動を楽しむことができます。

なお、保育所保育指針解説の中でも、誤食事故防止のために、食器の色を変えたり、座席を固定したり、食事中に保育士等が個別的な対応を行うことができるようにする等、環境を整えることが記されています[*17]。食事の受け取りの際に、お互いに声をかけ合い、二重三重に確認するなど、確実にアレルギー疾患児に、その子ども用の食事が届くよう、配膳時には十分に気を付けます。

このような背景の中、誤食事故防止の観点から「頻度の多い食材（鶏卵・牛乳・小麦等）を給食に使用しない献立を作成する」といった提案もなされています。つまり、アレルギー疾患児も、それ以外の子どもも、全員が同じものを食べる給食を提供するということです。全員が同じ給食を食べることを実践している園では、アレルギー疾患児も保育者も、食事の際に緊張せずに楽しく食べることができるようになったと報告しています[*18]。毎日、園の子どもたち全員が同じ給食を食べられるようにすることが難しくても、月に数回だけでも全員が同じ食事をするメニューがあるとよいのではないでしょうか。給食が難しくても、例えば、子どもたちの誕生会のおやつだけは、該当する子どもと他の子どもが同じものを食べることができるよう、メニューを工夫するといったことも考えられます。アレルギーの有無と関係なく、全員が楽しいと感じる時間をどのようにつくり出していくか、考えてみるとよいでしょう。

第3節 感染症対策

新型コロナウイルス感染症の未曾有のパンデミックを経験し、保育・幼児教育現場においては、子どもの育ちを支えながら感染症対策をするという、非常に難しい局面を乗り切ってきました。もともと、保育・幼児教育現場は、感染症に対する免疫が未熟な乳幼児が集団で過ごす場ということもあり、ひとたび感染症が発生すると、感染拡大しやすい状況

[*17] 厚生労働省「保育所保育指針解説」の「第3章 健康及び安全」の「1 子どもの健康支援」の「(3)疾病等への対応」の「③アレルギー疾患への対応【安全な給食提供環境の整備】」2018年。

[*18] 友愛福祉会おおわだ保育園監修『おおわだ保育園 卵・乳製品除去の「なかよし給食」』小学館, 2013年。

第3章　子どもの安全

にあるといえます。そのため，これまでも「保育所における感染症対策ガイドライン（2018年改訂版）[*19]」などを参考にしながら，各施設が十分に感染症対策を行ってきました。

感染症が発生するには，感染症成立のための三大要因といわれる，「感染源」「感染経路」「感受性が存在する宿主（病原体が体に入ってきたときに防御する免疫が弱く，感染した場合に発症してしまう人や動物など）」が必要であり，これらの要因のうち一つでも取り除くことが重要といわれています。新型コロナウイルス感染症を含む多くの感染症は，飛沫感染や接触感染などによって拡大していきます。しかしながら保育・幼児教育現場においては，子どもと密接に関わりながら日常の保育を行っているため，飛沫や接触を避けて生活をすることは容易なことではありません。

そのような中，子どもを感染症から守るために，様々な工夫をしてきました。例えば，子どもたちと一緒に「どうして手を洗う必要があるのか」について考え，楽しく手を洗う工夫をしていくうちに，それが日常となり，子どもたちも率先して手洗いをするようになりました。こうした衛生習慣が身に付いたことは，コロナ禍における産物ともいえるでしょう。

また，コロナ禍で制限のある保育をする中で，何が子どもにとって大切なものなのかを今一度再考し，本当に大切なことは，感染症対策をしながらも行っていく工夫をしてきました。例えば，卒園式のような，子どもにとっても保護者にとっても大切にしたい行事は，風通しのよい屋外で行ったり，空間を空けて子ども同士が密にならないよう工夫をし，短時間で切り上げるなどの工夫をしながら行った園もあります。

遊びの中でも，子どもたちが大勢で集まりすぎないように，コーナー保育を充実させたことで，一人一人の子どもたちにとって好きな遊びを選ぶ環境ができ，子どもたちが生き生きと遊べるように工夫した園もあります。子どもからの「やりたい」という発信を逃さず，実現可能な範囲を子どもと共に探っていくことが求められているともいえるでしょう。

保育・幼児教育現場において，感染症対策は，免疫の未熟な子どもたちの安全を守る上では欠かせないものではありますが，それによって単に保育に制限をかけるのではなく，どのように子ども主体の保育を実現させられるかという視点をもちながら対策を考えていくことが重要です。

新型コロナウイルス感染症は，2023（令和5）年5月に感染症法の位置付けの見直しが行われ，5類感染症[*20]に移行したことで，保育・幼児教育現場においても制限のない生活が戻りつつあります（2024年現在）。コ

*19　厚生労働省「保育所における感染症対策ガイドライン（2018年改訂版）」2018年。実際にはこのガイドラインも，新型コロナウイルス感染症の蔓延の状況に応じて複数回の改訂および修正を繰り返し，2023（令和5）年5月に新型コロナウイルス感染症が感染症法における位置付けの見直しにより5類感染症に移行したことを受け，現在はこども家庭庁より「保育所における感染症対策ガイドライン（2018年改訂版，2023（令和5）年5月一部改訂，10月一部修正）」が発出されている。

2024年8月19日閲覧

*20　5類感染症
感染症の予防及び感染症の患者に対する医療に関する法律（感染症法）で定める感染症の類型の一つ。1類・2類は感染力や重篤性の（きわめて）高いもの，3類は特定の職業への就業によって集団発生しうるもの，4類は動物や飲食物等を介して感染するもの，5類は国が発生動向を調査・公開して発生やまん延を防止するべきものとされている。

ロナ禍での感染症対策の経験を十分に生かし，今後も必要な感染症対策をしながら子どもの健康と安全を守りつつ，子どもが主体的に遊び込める環境をどのように整えていけばよいのか，模索し続けていくことが大切です。

章末問題

1. 小麦アレルギーのある2歳児のEちゃん。小麦の入ったおやつをみんなで食べるときに，Eちゃん用に別のおやつが渡され，「私もみんなと同じおやつを食べたい」と言って泣き出してしまいました。Eちゃんは強いアレルギー症状が出るので，他の子どもと同じ小麦の入ったおやつを食べさせるわけにはいきません。あなたならその場でどのように対応しますか？ どのような対応が考えられるか，ディスカッションしてみましょう。

2. 園庭の遊具が故障してしまったため，その遊具で子どもが遊べないように縄で縛って固定し，先生たちも子どもたちに「直るまでは使えない」ことを説明しました。その遊具で遊ぶのが大好きなFちゃんは，園に来た実習生に対して「この縄外して。私，これで遊びたいの」と伝えてきました。あなたが実習生だったら，どのように対応しますか？ どのような対応が考えられるか，ディスカッションしてみましょう。

文献紹介

★鈴木美枝子（編著）『これだけはおさえたい！保育者のための「子どもの保健」［改訂版］』創成社，2024年。

★佐久医師会「教えて！ドクター」アプリ（側注のQRコード）

iPhone 版

2024年3月23日
閲覧

Android 版

2024年3月23日
閲覧

第 4 章

生活リズムと
生活習慣

本章では，乳幼児期の生活リズムと生活習慣の獲得について学びます。まず，食事，睡眠，排泄，清潔，衣類の着脱の各場面での子どもの育ちと保育における配慮を考えます。次に，保育者の関わりを考える上で重要な，子どもの最善の利益，子どもの意見表明権，関係性の中での生活習慣の獲得等の考えを学びます。一人一人の子どもが幸せな経験を積み重ねながら生活習慣を獲得するために，何が大切かを一緒に考えていきましょう。

THINK 考えてみよう

生活場面のいろいろな子どもの姿について考えてみよう

1. 以下の①と②それぞれの状態について、あなたはどのように感じますか？　下の図のどのあたりだと感じるかを書き入れましょう。
   ① 0歳10か月の子どもが、手づかみ食べをしていて、口の周りや手に食べ物がついたり、皿の周りに食べ物がこぼれたりしている状態。
   ② 1歳児クラスのままごと遊びの場所で、おもちゃがたくさん床に転がっている状態。

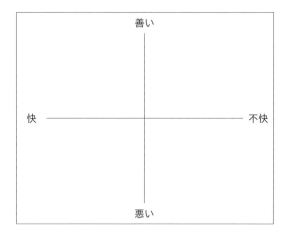

2. 上の質問で、あなたがそう感じた理由は何ですか？　他の人とどう感じたかとその理由を共有しましょう。

   他にも園での生活習慣に関して色々な場面を考えて、上の図でどのあたりだと感じるかを、他の人と話し合いましょう。

   同じ場面でも、人によって快・不快や善悪の感じ方が異なると思います。その違いについても考え、話し合ってみましょう。

> ヒント
> 「快」「不快」の感覚は、あなたの今の状態とも関連しているかもしれません。「善い」「悪い」の感じ方も、その場面を取り巻く状況によって判断が分かれそうですね。なぜ自分がそう思うのかも深掘りして考えてみると面白いと思います。

第4章　生活リズムと生活習慣

第1節　日々の暮らしと生活習慣

　睡眠，食事，排泄などの営みを「基本的生活習慣」といいます。私たちはいつ頃，どのようにして基本的生活習慣を身に付けたのでしょうか。

　乳児期には，親や保育者などの大人が子どもの欲求を汲み取りながら，彼らの睡眠，食事，排泄などの営みを支えています。赤ちゃんが泣いたら「眠いのかな？　お腹がすいたのかな？　おむつがぬれたのかな？」と，その理由を探します。眠くてむずがるときには，心地よく入眠できるように手伝い，お腹がすくタイミングなら授乳してみます。おしっこやウンチが出たら，そのままでいては気持ちが悪いし不衛生なので，きれいにふいて新しいおむつに替えます。共に暮らす大人が子どもが心地よい状態でいられるように支えたり，大人自身が心地よい状態にある姿を見せたりする中で，子どもたちは生活習慣を身に付けていきます。

　やがて，子どもは大人の手を借りずに，自ら食事や排泄などをするようになります。多くの教科書では，発達のおおよその目安として，何か月頃，何歳頃に何ができるようになるかが示されています。しかし実際に子どもたちと暮らしていると，一人一人，生活習慣を身に付けていくタイミングは異なり，その道のりも異なります。どのような環境でどのように暮らしているかによって，また，大人が子どもたちに何を期待し，行動として求めているかによっても異なるでしょう。

　「生活習慣の獲得」というと，とかく子ども個人の問題へと矮小化され，大人がその獲得の過程をどう導くかという観点から考えがちです。しかし生活習慣は，子どもと共に暮らす人々（大人たちや他の子どもたち）との間で生み出されるものであり，生活習慣を身に付ける道のりを大人がどう意味付けているかによっても，現れ方が異なります。子どもの発達のおおまかな道筋を理解しながらも，その道筋に子どもを乗せようと必死にがんばるのではなく，共に暮らしていくうちに，子どもも大人も「嬉しい思い」の中で「いつのまにやらやっている」（第10章第2節参照）ようなものとして，肩肘張らずに身に付けられたらと思います。

　以下では，まず第2節で，睡眠や食事等の生活習慣が獲得されていく過程やその意義について学びます。その上で，第3節で，生活習慣の獲得を支える保育者の関わりについて考えていきましょう。最後に第4節で，事例の考察と本章のまとめをします。

63

第2節　乳幼児期の生活習慣の獲得

　まず，乳幼児期に重要な睡眠，食事，排泄，清潔，衣服の着脱に関する習慣について，おおよその育ちの流れを見ていきましょう。

(1) 睡眠に関する発達と保育

　赤ちゃんは，生後間もなく呼吸，哺乳，消化，排泄などを行います。いずれも生まれつき備わっている基本的な機能です。同様に，睡眠も胎児期から見られる重要な生命維持機能であることが分かっています。生活習慣を獲得していく上で重要な「生活リズム」の基本となるのが，睡眠です。胎児期には，母親の睡眠や食事のリズムと同調しながら生命を育んでいきます。誕生すると，生後1か月頃までは2〜3時間おきに睡眠と覚醒を繰り返しますが，徐々に昼間の覚醒時間と夜の睡眠時間が長くなり，日中の活動量が増えてくると夜にぐっすり眠るようになっていきます。人の睡眠のリズムは，胎児期から乳児期にかけて急速に発達し，2歳頃までに定着するといわれています。

　睡眠は疲労回復やストレスの緩和のために欠かせません。乳幼児は大人以上に多くの刺激や情報を外から得ているため，休息や大脳の情報整理などのために，特に十分な睡眠が必要です。長時間の保育を行う園で午睡の時間が設けられているのは，そのためです。ただし，夜間の睡眠が9〜11時間程度とれていれば，4，5歳頃には午睡は不要です。2018（平成30）年施行の保育所保育指針には，「在園時間が異なることや，睡眠時間は子どもの発達の状況や個人によって差があることから，一律とならないよう配慮すること」と明記されています[*1]。午睡しない子どもがいる場合は，寝ている子どもの妨げにならないように静かな遊びをするなどの配慮をします。

　なお，睡眠と起床のリズムのことを「生活リズム」と呼びます。これは，「概日リズム（サーカディアンリズム）」とも呼ばれ，生後4か月頃から現れ始め，5〜6歳頃に完成するといわれています。一方，「生体リズム」という言葉もあります。これはホルモンの分泌，体温の変化，消化器系の活動，大脳の働きなどのリズムを意味します。十分な睡眠，規則正しい起床などで生活リズムを整えることで，子どもの未熟な生体リズムも健康に発達し，心身の働きをコントロールする自律神経が強くな

＊1　厚生労働省「保育所保育指針」の「第1章　総則」の「3　保育の計画及び評価」2017年。

り，成長のためのホルモンの分泌が盛んになります。家庭と園の睡眠を総合的に考え，規則的な生活リズムを整えていくことが大切です。

(2) 食事に関する発達と保育

　睡眠や食事等の生活リズムは連鎖しています。睡眠とあわせて，食事のリズムや習慣も整う必要があります。

　食事の生活習慣の獲得は，食の自立のプロセスと共にあります。人は生まれた直後，しばらくは哺乳により栄養をとりますが，器官や機能の発達に応じて離乳食を摂食するようになります。咀嚼や嚥下が十分に発達すると固形食へと移行し，やがて食べ物の大きさや硬さ，味付けなどが大人の食事に近づく幼児食に移行します。離乳食のはじめは大人が食物を子どもの口に運びますが，子どもが保育者の手や食具に自分の手を添えるようになり，さらに自ら手づかみで食べたり，食具を持って食べようとしたりするようになります。1〜2歳頃には，大人が食事の介助をしようとすると「じぶんで」と言って手助けを嫌がるようになる子どももいます。このように，大人に食べさせてもらう食事から，自分で食べようとする食事へと移行していきます。食物を口に運ぶ動作や，咀嚼や嚥下が発達するだけでなく，食べるときの姿勢や食べ方などのマナーを身に付け，食事の準備や片付けなども自ら行うようになっていきます。

　子どもが「主人公として生活する」(第10章第1節参照)ために，食事に関わる生活習慣をどのように支えていったらよいでしょうか。例えば，昼食を食べる時間を，その子の食べるものや量を，誰がどのように判断するのでしょうか。幼児期の子どもたちには，自分で判断し行動できる余地をなるべく多くもたせたいものです。例えば，クラス全体で一斉に食事をするのではなく，11時半から12時半までといった時間帯で，子どもが自ら遊びに区切りをつけて食事を開始する時間を決められるようにしている園もあります。食事の配膳も，子どもが自分で料理をよそったり，一定量の料理から減らしたりできるようにしている園もあります。年齢の低い子どもたちでも，一人一人の生活リズムを考慮して食事開始時間を定めたり，食べたいものや量，食事の終わりなど，その子自身の意思を尊重して食事の介助や援助をするなど，できる限り，その子自身が選択したり決められるようにしたりしています。乳幼児期にこそ，子ども自身が身体の内側から必要だと感じて動き，食事するという経験を積み重ねることで，生涯にわたる幸せな食事の経験の基礎となると考えます。その中で，食事への意欲や喜びが生まれ，食事に関する生活習慣

第Ⅰ部　保育内容「健康」の専門的事項

も育っていくのではないでしょうか。

　なお，食事は様々な生活習慣の中でも，大人自身の生育歴やそこで培われた価値観が最も反映されやすい場面の一つです。例えば，食事中はほとんどしゃべらずに食後に団欒する家庭で育った人と，食事中におしゃべりを楽しむ家庭で育った人とでは，食事中の会話への感じ方が異なるでしょう。また，食べ物が口に入った状態でおしゃべりすることや肘をテーブルについて食べることなどを注意されて育った人と，気に留められずに育った人とでも，それらの行為に対する反応は異なるでしょう。同じクラスの保育者同士が全く異なる価値観をもって食事の介助や援助をしているかもしれません。食事場面について同僚と話す中で，そうした価値観の違いに気付き，自分が何を大切にし，何にこだわっているかを知ることも，多様な感性や生活経験をもつ子どもたちと食事する上で必要なことだと思います。

⑶　排泄に関する発達と保育

　おむつ替えの時間は，子どもと保育者が一対一で丁寧に関わることのできる特別な時間です。

　生後間もなくは，昼夜を問わず，頻回に排泄を行います。膀胱が小さく，少したまると反射的に尿が出るためです。膀胱は成長に伴って大きくなり，尿をためられるようになります。また，大脳が発達するため，膀胱に尿がたまったことや尿を出すことについて，大脳から指令が出されるようになります。「おしっこが出そう」という感覚を脳で感じるようになると，膀胱の括約筋を使って，少しずつ自分で排泄できるようになります。この状態が続くと，トイレで排泄できるようになります。

　排泄の自立について，以前は保育者が子どもに積極的に指導するものと捉えられていましたが，最近は，子どもの膀胱などの器官と大脳の成長によって，自然に行われるという考え方が主流になりつつあるようです。おむつがはずれる目安として，①排尿の間隔が空いてきたこと，②立って歩くことができること，③単語やしぐさで排尿のサインを出すようになることが挙げられています（小西，2020，p. 108）。①については，例えば午睡の前におむつを替えて，午睡後におむつがぬれていなければ，膀胱に尿がたまっているので，午睡から目覚めたときがよいタイミングです。③については，子どもが尿意を感じたときに，言葉で訴えたり，表情が変わったり，部屋のすみに隠れたりするなど，何らかのサインを出すようになります。それらを見計らってトイレに誘ってみます。

＊2　小西行郎（2020）「第3章　生活の基本」一般社団法人日本赤ちゃん学協会（編），三宅輝久ほか（著）『睡眠・食事・生活の基本（赤ちゃん学で理解する乳児の発達と保育　第1巻）』中央法規出版，pp. 89-134。

第4章　生活リズムと生活習慣

　排泄の自立は，家庭と相談しながら進めていきます。他の生活習慣と同様，自分でできたという嬉しさや，生理的な心地よさを子ども自身が感じられることが大切です。大人の都合や期待で無理にがんばらせるのではなく，子どもが発するサインを丁寧に捉えながら，子どもの「やりたい」という意欲や「できて嬉しい」気持ちを尊重しましょう。

　尿意や便意をもよおすタイミングは人それぞれ異なります。少なくとも乳幼児期には，なるべく個々のタイミングで排泄できるようにして，無理やりトイレに連れて行って排泄を強制したり，逆にトイレに行きたいという子どもに我慢を強いることがないようにしましょう。膀胱の発達に遅れが認められる場合などを除き，身体の発達とともに，徐々に排泄の間隔が広がっていきます。やがて，遊びや活動の合間のよいタイミングで排泄できるようになっていきます。

⑷ 清潔に関する発達と保育

　清潔に関する習慣は，睡眠や食事，排泄とは異なり，子どもの意欲を待つというよりも，大人が機会を捉えて言葉がけをしながら自立を支えていきます。例えば，顔や身体をふく，衣類の汚れをふく，手洗い，うがい，口腔の手入れ（歯磨き），耳や鼻，爪の手入れなどがあります。

　赤ちゃんの頃から顔や身体が汚れたらきれいにふいて，「さっぱりして気持ちがよい」と感じられるようにしていきます。子どもは新陳代謝がよく，身体や顔が汚れやすいのが特徴です。また，０歳代，１歳代は口にものを入れることが多く，頻繁に風邪を引いて鼻水もよく出ます。手指や口の周り，鼻を優しくふいて清潔にしましょう。ただし，清潔にすることに神経質になりすぎると，子どもはたびたび遊びを中断されることになり，集中をそがれてしまいます。子どもが嫌がっているのに，無理に押さえつけて行おうとするのも好ましくありません。子どもの様子を見ながら，タイミングを捉えて清潔を保てるようにしましょう。

　手洗いは，つたい歩きを始める頃から，水道の前に立ってできるようになります。外遊びから室内に戻ったときや食事の前など，「おててゴシゴシ」「きれいきれい」など言葉をかけながら手洗いの援助をしましょう。手をふくタオルは，衛生上，個人のものを使います。うがいも同じ頃から始められます。口に水を含ませて，そのまま下向きに吐き出します。やがて，ブクブクうがいやガラガラうがいができるようになります。乳歯が生え始めたら，口腔の手入れも始めます。ガーゼを巻いた指で優しく乳歯をふいたり，歯ブラシでこすったりします。保育者が手本

第Ⅰ部　保育内容「健康」の専門的事項

を見せたり，食後に水やお茶を口に含んで，口の中を清潔に保つように
したりすることもあります。

(5) 衣服の着脱に関する発達と保育

　乳児期の着替えは，子どもとスキンシップを図ることのできる大切な
機会です。子どもの首がすわって体幹が安定してきたら，寝たままの状
態であっても，子ども自身の腕や足の力を利用して着替えを手伝います。
言葉をかけながら，丁寧に着脱を援助しましょう。

　子どもが一人で座れるようになると，子ども自身も着脱を楽しむこと
が増えていきます。例えば，シャツやトレーナーなどに頭を通すときに，
「いないいない……」とこちらが言葉をかけると，子どもも「ばあ！」
と言って頭を出すなど，着替えの行為が遊びになったりします。他の子
どもが着替えている姿を見て，自分もやってみたいと意欲が湧くことも
あるでしょう。自分で着たい服を選べると，着替えが楽しみになるとい
ったこともあります。着替えることが子どもにとって気持ちのよいこと，
嬉しいことになるような援助を心がけましょう。

　着脱の自立の過程では，大人の手助けを嫌がる時期があります。自分
で着替えたいという気持ちが強い場合もあれば，気分が乗らなくて今は
着替えたくないという場合もあります。次の予定が押し迫っていると，
つい子どもを急かしたり，大人が手を出してしまったりします。着替え
の時間や次の活動への移行の時間を十分に確保したり，大人の手が必要
な時間帯に保育補助に入ってもらったりすることで，子どもの「した
い」を保障しようと工夫している園もあります。子どもの「したい」と
いう意欲や「できた」という満足感を大切にしたい場面です。

　本節で取り上げた睡眠，食事，排泄，清潔，衣服の着脱などは，園生
活で，毎日繰り返されています。時間や環境の安定性と，その中で子ど
もの裁量で決められることの柔軟性とのバランスが大切だと思います。

第3節 生活習慣の獲得を支える保育者の関わり

　生活習慣は，子ども自身の行動として育つだけでなく，子どもがお世
話遊びをする中でも見られます。お気に入りの人形やぬいぐるみを抱っ

こしたり，ごはんを食べさせたり，寝かせたりする姿は，0歳児クラスでも見られます。手先が器用になれば，人形やぬいぐるみの着替えをさせたりします。ある園では，1歳児クラスの子どもたちと保育士が人形遊びをしていて，保育士が慈しむように人形を抱っこしている姿がありました。その姿を見て，そのクラスの子どもたちはきっと，自分も先生から大切にされていることを感じていたことでしょう。

　生活習慣を身に付ける場面は，どの園でも必ず，毎日生じます。環境の豊かな園でも乏しい園でも，人が多い園でも少ない園でも，そこに子どもたちと大人たちが暮らしている以上は，どこでもです。子どもも大人も互いを大切にして丁寧に暮らす中で生活習慣が形成されている園が多くある一方で，「人が足りない」「時間がない」などの理由を挙げて，機械作業のように食事の介助をしたり，子どもの意思とは関係なく子どもを物のように持ち上げてトイレに移動させたりする園もあります。しかし，相手が子どもだから，ぞんざいに扱ってよいということは決してありません。日々の繰り返しの中で流れ作業になりがちな生活場面だからこそ，今一度，子ども一人一人が大切にされながら，幸せに生活習慣を身に付けていけるような保育を考えていきましょう。

(1) 権利主体である子どもの最善の利益

　保育の営みには，保育者として備える専門的な知識や技術に加えて，保育者がそれまでの人生で培ってきた価値観が大きく影響します。中でもその人の子ども観は，子どもへの関わり方や環境構成の仕方に影響します。特に生活習慣に関わる場面では，「何歳だから，これができないといけない」「時間がないから大人がやってしまおう」といった大人の思いや事情が前面に出てきやすいのではないでしょうか。

　子どもの権利条約[*3]の4つの原則の一つに，「子どもの最善の利益」という考えがあります。英語では "the best interest of child" といいます。「利益」と訳されている "interest" には，「興味」や「関心」の意味もあります。そのように考えると，私たち大人は子どもの興味や関心に応じた環境を構成し，関わりを考える必要があるということができます。子どもの権利条約では，子どもを保護の対象として捉えるだけでなく，権利の主体として捉えることに力点が置かれています。第12条には「その子どもに影響を与えるすべての事柄について自由に自己の見解を表明する権利を保障する」とあります。いわゆる「子どもの意見表明権」の保障です。生まれたばかりの子どもであっても，意見表明権をもっています。

＊3　子どもの権利条約については，下記ウェブサイトなどでくわしく知ることができる。
ユニセフ「子どもの権利約」

2024年7月20日閲覧

第Ⅰ部　保育内容「健康」の専門的事項

　生活習慣は，子どもの生理的欲求と深く関わるものであり，子ども自身の感覚が何より大切です。集団生活を円滑に進めるために個人を集団に合わせることを求める前に，まず，一人一人の欲求や思いに沿っているか，心地よい仕方を配慮できているかを考えましょう。乳児期から一人一人の興味や関心，意見表明権を尊重した暮らしを紡いでいく中で，集団生活においても互いに心地よい生活習慣が築かれていくのではないでしょうか。共に暮らす人たちとのやりとりの中で意欲が湧いたり，自分だけでなく周りの人たちも心地よくいられるようにと動いたりする，そのようなものとして生活習慣の獲得の道のりを捉えたいものです。

(2) 関係性の中の生活習慣

　日々の暮らしの中で，一人一人の生活習慣の獲得の道のりを共にするのが，私たち大人であり，周りの子どもたちです。生活習慣の獲得は，個人の能力の問題にとどまるものではありません。私たちは，常に周りの人々と影響し合いながら，日々変化する関係性の中で生きています。

　第10章第1節では，1歳9か月の海くんと保育者のあけさんとまさえさんが一緒にほうきで落ち葉をはく姿を紹介しています。そして，「主人公であるということは，（中略）その選択や決定が，常に周囲に影響を与えている手応えを感じることでもあります。さらに，周囲から影響を受けながら選択や決定が変化していく感覚を味わうことでもある」とし，このことを「生活を乗りこなす」という言葉で表現しています。同じく，第10章第2節では，「個人の生活習慣ではなく，人と人とが寄り集まって暮らすときに考えられる生活習慣」について問うていて，そのことを考えることは，ひいては「人がいかに一緒に生きるかを考えることにもつながりそうです」と大きな問いを投げかけています。生活習慣を睡眠，食事，排泄といった個別の生活場面から捉えるのではなく，そもそも人と人とが共に生きるという営みの中で生まれていくものとして捉える。第2節は最初の事例として，じんくんが，えまちゃんを名前で呼んだ場面，つまり自分を固有名詞として捉えてくれたことへの歓喜を捉えた事例から考察が始まっています。

　生活習慣の獲得は，一般化され抽象化された「1歳9か月の子ども」ではなく，「あけさんとまさえさんを見ていて一緒にほうきで落ち葉をはきたくなった海ちゃん」「えまちゃんのことが大好きなじんくん」というように，固有名をもつ存在である他者や環境との関係性の中で現れるものです。

第4章　生活リズムと生活習慣

> ### 第4節　生活習慣の獲得が幸せな経験の中にあるように

5月のさわやかな晴れの日，ある保育園の2歳児クラスでのことです。

┌ EPISODE ▶

1　おむつ替えの再現遊び

2歳児クラス

- -

　すみれが鏡台の前に座ると，はるかがハイハイで，すみれのそばへ来た。すみれは鏡を見ながら髪の手入れをしている。はるかがすみれに何か話しかける。

　すみれ「おむつもれちゃった？」

　はるか「おむつもれちゃった」

　すみれ「じゃあ，かえようか。ちょっとまってね〜」（鏡台の引き出しを閉める）

　はるか「ウンチでたー」

　すみれ「ウンチはちょっとね。ウンチでちゃったね，じゃ，かえようね」

　すみれは立ち上がり，はるかの足元にしゃがんで「ゴロンして〜」と言う。はるかは床に仰向けに寝そべり，両足を上げる。すみれはおむつ替えシートに見立てた布をはるかのお尻の下に敷き，はるかの足を持ってお尻をふく仕草をする。

　すみれ「いいよ，おろして」

　はるか（足をおろして）「おむつない？」

　すみれ「おむつない〜。わすれちゃった。ちょっと，かいにいこうか」

　すみれがその場を離れる。はるかは両足を上げて，待っている。すみれが「おむつかってきたよ〜」と戻ってきて，「チョキチョキチョキ」とおむつの袋を開ける。テープタイプのおむつを履かせる仕草をして，「はい，どうぞ。おむつもうかえたよ，ウンチもういないよ」と言って立ち上がり，はるかと目を合わせてから鏡台のところへ戻る。はるかも起き上がり，嬉しそうにハイハイですみれの後を追う。

　日々の何気ない遊びのひとこまですが，この2人の姿に私は心をつかまれました。すみれもはるかも，0歳児クラスの4月からこの保育園に通っています。2人は園でも，おそらく家庭でも，丁寧におむつを替えてもらってきたのでしょう。はるかは母親役のすみれに全幅の信頼を寄せているように見えました。すみれも，はるかの発する遊びのアイデアに細やかに応じ，優しく言葉をかけ，お尻をふく仕草もおむつを履かせる仕草も丁寧でした。この当時，2人ともすでに日中はパンツで過ごしていて，寝転んでおむつを替えてもらう機会はありませんでした。その

71

第Ⅰ部　保育内容「健康」の専門的事項

　2人がおむつ替えごっこをしている姿からは，ウンチが出ること，おむつを替えてもらうことが彼女たちにとって心地よい経験で，幸せな時間であったことが伝わってくるようでした。2人の姿を見ながら，日々の暮らしの中で，子どもたちがどれだけ心満たされる生活経験をできているだろうか，私たち大人が彼女たちの心地よさを大切にして，育ちを支えられているだろうかと，思いを巡らせました。

　子どもが生活習慣を身に付けていく道のりは長く，時間がかかります。はじめのうちは，大人の期待通りにはいかないことがほとんどです。その日のその子の体調や気分によっても，いつもはできることが今日はできなかったりします。大人の期待を一方的に押し付けず，その子が今，何を感じているのか，何を欲しているのかに耳を澄ませ，共に過ごす時間を味わいたいものです。そして，子どもが「自分はこの世界に歓迎されている」と感じられる幸せな記憶と共に，生活経験を積み重ねていってほしいと願います。

章末問題

本章では，乳幼児期の生活リズムと生活習慣の獲得，それを支える大人の関わりなどについて学びました。

1．食事，午睡，排泄，清潔，衣服の着脱の各場面について，どのようなことを配慮して保育を行うとよいかを具体的に書き出しましょう。

2．書き出したことをもとに，感じたことや考えたことをペアやグループで話し合いましょう。

文献紹介

★一般社団法人日本赤ちゃん学協会（編），三宅輝久ほか（著）『睡眠・食事・生活の基本（赤ちゃん学で理解する乳児の発達と保育 第1巻）』中央法規出版，2016年。

★水野佳津子（著），秋田喜代美・中坪史典（解説），ネモトトモヨ（イラスト）『エピソードでたどる排泄の自立と保育——近道・まわり道』ひとなる書房，2019年。

第 5 章

子どもの運動発達

本章では，乳幼児期の発達のうち，運動に焦点を当てて理解を深めます。その際，どのような動作ができるようになるかという「運動発達」の視点と，ある運動がどれくらいできるか（運動能力テストなどで測定されるパフォーマンス）という「運動能力の発達」の視点から考えていきます。第 2 章の子どもの体の発育や発達に関する内容も思い出しながら，学んでいきましょう。

THINK

考えてみよう

日常動作を見直してみよう

1．あなたが朝起きてから今までに行った動作について，①全身を使った動き（歩く，自転車をこぐなど），②手や指先を使った動き（ペンを使って書く，箸で食べ物をつまむなど）に分けて，思いつく限り書き出してみましょう。

2．1で挙げた中からいくつかの動作を選び，乳幼児と大人の動き方にどのような違いがあるか考えてみましょう。また，子どもがその動作を身に付けるためには，どのような経験が必要だと思いますか。

ヒント

1．移動や身支度，食事などの場面では，いろいろな動きをしている可能性があります。

2．日常生活の中の動作であれば，大人はほとんど意識しなくてもできるようになっています。しかし，乳幼児期の子どもたちにとって，自分の体を思い通りに動かしたり，道具を使ったりするのは簡単なことではありません。昔の自分の姿を思い出したり，周囲の子どもの様子を観察したりしながら，子どもが動きを身に付けていく過程やその特徴などについて学んでいきましょう。

第5章 子どもの運動発達

第1節 乳幼児期の運動発達

(1) 運動の仕組み

　私たちが運動する際，体の中ではどのようなことが起きているのでしょうか。サッカーボールを蹴るときを例に，その仕組みをごく簡単に確認します（図5-1）。まず，目（感覚器官）でボールを見てその位置や大きさなどを確認すると，その情報が感覚神経を通って脳に伝達されます。脳ではこのボールを蹴るために，どの筋肉をどのように動かせばよいかを判断し，運動神経を通じて足の筋肉に命令を伝えることで運動をコントロール（制御）し，ボールを蹴ることができます。

　このように，運動には神経系の働きが必要なため，運動コントロール能力と神経系の発達には深い関連があります。

(2) 運動発達の段階

　ガラヒュー（Gallahue, 1999）[*1]は，人間の運動発達を大きく4つの段階に分けて説明しています（図5-2）。胎児期から1歳頃までは反射的な運動の段階とされ，新生児では生まれつきもっている原始反射など意思を伴わない不随意運動が見られます。それと並行して出生後〜2歳頃までの初歩的な運動の段階では，「触りたい」「行きたい」など子どもの意思や欲求をもとにした随意運動が徐々に出現してきます。

　2〜7歳までの基礎的な運動の段階では，走・跳・投を含む様々な種類の基本動作を身に付けていきます。3歳くらいまではぎこちない動き方ですが，4，5歳になり経験を積むにつれて，体の使い方や力の入れ

*1　D. L. ガラヒュー，杉原隆（訳）『幼少年期の体育──発達的視点からのアプローチ』大修館書店，1999年，p. 69.

図5-1　運動が起こる仕組みのイメージ
出典：筆者作成。

第Ⅰ部　保育内容「健康」の専門的事項

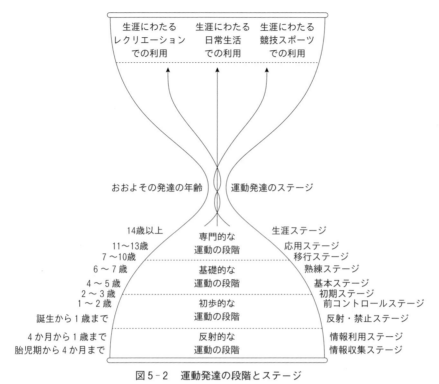

図5-2　運動発達の段階とステージ
出典：D. L. ガラヒュー，杉原隆（訳）『幼少年期の体育――発達的視点からのアプローチ』大修館書店，1999年，p. 69.

方などを調整し，スムーズに動けるようになってきます。さらに，走りながら跳ぶなど，基本的な動きの組み合わせもできるようになります。

　7歳頃からは専門的な運動の段階となり，それまでに修得したスキルをスポーツやレクリエーションなどに応用していきます。基本動作が身に付いていないと，スポーツなどのスキルの習得が妨げられてしまうことがあるため，基礎的な運動の段階で十分な経験を積んでおくことが重要です。

(3) 幼児期の運動発達の特徴

　宮下（1980）は，子どもの運動能力には発達しやすい時期があり，年齢に応じた体力づくりが必要性であると述べています。図5-3に示されている通り，10歳くらいまでの間は，主に神経系の発達に伴い，動作の習得が顕著な時期です。そのため，低年齢のうちに遊びの中で様々な動きを経験し，基本動作を身に付けておくことが望ましいといえます。その後，12歳頃にねばり強さ（持久力），15歳頃に力強さ（筋力）の発達がピークを迎えるなど，体力・運動能力の種類によって発達の傾向が異なります。そのため，子どもの年齢や発達段階を考慮した活動を取り入

*2　宮下充正『子どものからだ――科学的な体力づくり』東京大学出版会，1980年，p. 163.

第5章　子どもの運動発達

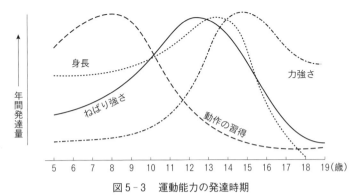

図5-3　運動能力の発達時期
出典：宮下充正『子どものからだ――科学的な体力づくり』東京大学出版会，1980年，p. 163.

れることが大切です。

　幼児期の運動発達の特徴に着目すると，いろいろな種類の動きを獲得する「動きの多様化」と，動作を繰り返すことで上手になっていく「動きの洗練化」の2つが挙げられます。

① 動きの多様化

　幼児期に獲得する動きにはどのような種類があるのでしょうか。幼児期運動指針ガイドブックによると，基本的な動きは，立つ，座る，回る，ぶら下がるなどの「体のバランスをとる動き」，歩く，走る，跳ぶ，這うなどの「体を移動する動き」，運ぶ，投げる，こぐ，押すなどの「用具などを操作する動き」の3つに分類されています（図5-4）。走る・

＊3　文部科学省「幼児期運動指針ガイドブック」2012年，p. 9.

図5-4　幼児期に経験する基本的な動きの例
出典：文部科学省「幼児期運動指針ガイドブック」2012年，p. 9.

第Ⅰ部　保育内容「健康」の専門的事項

	「投げる動作」の動作発達段階の特徴	動作パターン	得点（点）
パターン1：	上体は投射方向へ正体したままで，支持面の変化や体重の移動は見られない		1
パターン2：	両足は動かず，支持面の変化はないが，反対側へひねる動作によって投げる	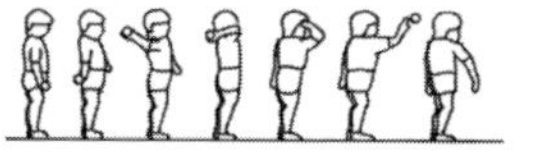	2
パターン3：	投射する腕と同じ側の足の前方へのステップの導入によって，支持面が変化する		3
パターン4：	投射する腕と逆側の足のステップがともなう	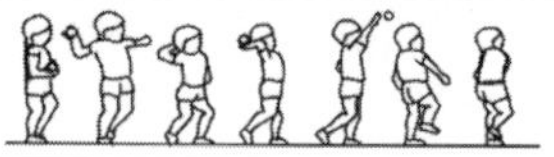	4
パターン5：	パターン4の動作様式に加え，ワインドアップ動作が見られる		5

図5-5　「投げる」動作の発達段階の特徴と動作パターン

出典：文部科学省「体力向上の基礎を培うための幼児期における実践活動の在り方に関する調査研究」2011年，p. 147.

跳ぶなどは，運動遊びで経験しやすい動きですが，這う，回る，投げるなどは意識的に取り入れないと少なくなる傾向があります。そのため遊びの中でできるだけ多くの動きを経験できるように工夫する必要があります。

② 動きの洗練化

　獲得した動きは繰り返すことで，洗練化され，スムーズな動作ができるようになります。例えば，図5-5は投げる動作の発達段階の特徴と動作パターンを示したものです[*4]。最初のパターン1では体を使わずほとんど手だけで投げていますが，パターン2〜4では，徐々に体のひねりや足のステップ（投げる腕と同じ側から逆側へ変化）が見られるようになります。最終的なパターン5では，腕を後ろに引いて反動をつけてから，頭の上に振りかぶる予備動作（ワインドアップ）が見られ，よりダイナミックに全身を使って投げることができるようになります。投げる動作は日常生活では経験しづらく，左右非対称で難易度も高いため，大人でもパターン5に達しない場合もあります。自分自身がうまく投げられるかどうかに関わらず，子どもの動きを観察し，よい点と改善点を読み取る力をつけておきましょう。

　なお，動作の習得は10歳頃までにしておくことが望ましいことから，小学校低学年・中学年の体育科で行われる「体つくり運動系」においても「多様な動きをつくる運動（遊び）」が含まれており，基本的な動作

*4　文部科学省「体力向上の基礎を培うための幼児期における実践活動の在り方に関する調査研究」2011年，p. 147.

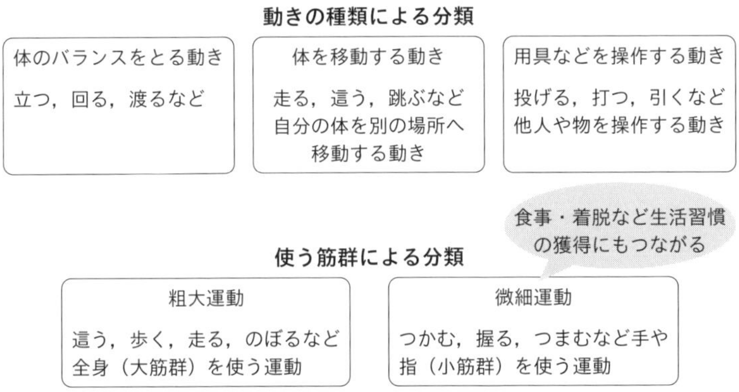

動きの種類による分類

体のバランスをとる動き	体を移動する動き	用具などを操作する動き
立つ，回る，渡るなど	走る，這う，跳ぶなど自分の体を別の場所へ移動する動き	投げる，打つ，引くなど他人や物を操作する動き

使う筋群による分類

食事・着脱など生活習慣の獲得にもつながる

粗大運動	微細運動
這う，歩く，走る，のぼるなど全身（大筋群）を使う運動	つかむ，握る，つまむなど手や指（小筋群）を使う運動

図5-6　動きの分類の例

出典：筆者作成。

を身に付けやすくするためのカリキュラムが編成されています。

(4) 動きを分類する視点

(3)では，動きの種類に着目して「体のバランスをとる動き」「体を移動する動き」「用具などを操作する動き」に分けて考えましたが，運動の分類には様々な視点があります（図5-6）。ガラヒュー（Gallahue, 2012）は，使う筋群の大きさによって，立つ，歩く，跳ぶなど全身を使う「粗大運動」と，つかむ，つまむ，はがすなど手や指先を使う「微細運動」の分類も用いています。一般的に運動というと粗大運動のイメージが強いですが，微細運動は，食事（スプーンや箸を使う）や衣服の着脱（ボタンをはめる，靴ひもを結ぶ）などを含めた生活習慣の自立にもつながります。そのため，お絵描き，ブロック，折り紙など指先を多く使う遊びを経験することも，乳幼児期の子どもの運動発達にとって重要な活動といえます。

＊5　Gallahue, D. L. (2012). Muscular Aspects of Movement. In D. L. Gallahue, J. C. Ozmun, & J. Goodway. *Understanding motor development* (7th ed.). McGraw-Hill, p. 16.

第2節　乳幼児期の運動能力の発達

(1) 幼児期の運動能力の発達

前節では乳幼児期に身に付ける運動の発達について学びましたが，動きが洗練化されていくにつれて，「速く」走る，「遠くへ」投げるといった運動能力テストなどで測定されるパフォーマンスも向上してきます。ここでは，森ら（2018）による幼児の全国調査の中から，25m走，立ち

第Ⅰ部　保育内容「健康」の専門的事項

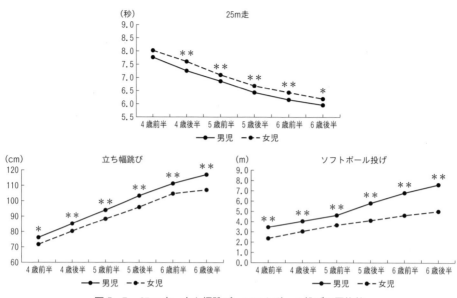

図5-7　25m走，立ち幅跳び，ソフトボール投げの平均値

注：＊＊：p＜.01　＊：p＜.05（性差）
出典：森司朗ほか「幼児の運動能力の現状と運動発達促進のための運動指導及び家庭環境に関する研究」（平成27～29年度文部科学省科学研究費補助金（基盤研究B）研究成果報告書），2018年。

＊6　森司朗ほか「幼児の運動能力の現状と運動発達促進のための運動指導及び家庭環境に関する研究」（平成27～29年度文部科学省科学研究費補助金（基盤研究B）研究成果報告書），2018年。

幅跳び，ソフトボール投げの結果を例に，幼児期の運動能力の発達傾向について確認します（図5-7）。

　25m走の平均値は，4歳前半では男児7.8秒，女児8.0秒，6歳後半では男児6.0秒，女児6.2秒になっており，いずれも1.8秒ほど速くなっています。

　立ち幅跳びは，4歳前半では男児76.7cm，女児72.4cm，6歳後半では男児117.5cm，女児107.2cmとなっており，いずれも35～40cmほど向上しています。

　ソフトボール投げは，4歳前半では男児3.5m，女児2.4m，6歳後半では男児7.7m，女児5.0mであり，それぞれ倍以上の距離を投げられるようになっています。

　また，どの種目・年齢においても，女児よりも男児の記録が上回り，特にソフトボール投げでは，5歳後半以降に男女差が大きくなる傾向が見られました。運動能力は経験による影響を受けやすいため，個人差にも配慮が必要です。

(2) 運動能力の年代変化

　文部科学省（スポーツ庁）は小学生以上を対象とした全国体力・運動能力，運動習慣等調査を毎年実施し，その結果を公表しています。一方，

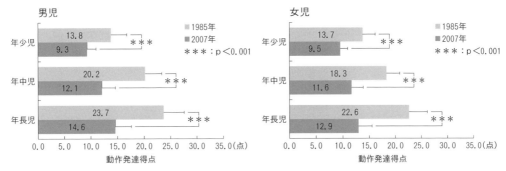

図5-8 年齢性別ごとの1985年と2007年の動作発達得点
出典：中村和彦ほか「観察的評価法による幼児の基本的動作様式の発達」『発育発達研究』(51), 2011年, p. 14.

　幼児を対象とした全国規模の調査は5～10年ほどの間隔で研究者によって行われてきました。森ら（2018）によると，幼児の運動能力は1986年から1997年にかけて低下が見られましたが，それ以後はそのまま安定していることが報告されています。しかし，投能力については低下傾向が続いており，ボール遊び禁止の公園が増えていることもその理由の一つとされています。そのため，保育現場や学校において，ボールを使った活動を意識的に取り入れることが重要です。

　中村ら（2011）は，1985年と2007年の幼児の基本的動作を観察し，動作発達得点を比較しています（図5-8）。いずれも年少児から年長児にかけての得点は伸びているものの，2007年の年長児と1985年の年少児の得点はほぼ同じであり，以前に比べて動作の発達が遅れていることがうかがえます。前回の調査からかなりの年数がたち，コロナ禍の影響も踏まえると，現在の子どもたちはさらに動きの質が低下している可能性があります。それぞれの時代の生活環境等も考慮した対策が求められるでしょう。

(3) 幼児の運動能力や運動に対する意識に関連する要因

　文部科学省（2011）の調査結果によると，運動能力調査の体力総合評価が高い（ABC判定）幼児は，「活発に体を動かす遊びの頻度が高い」「自由な遊びのときに一緒に遊ぶ友達の数が多い」「家庭でも戸外遊びが多い」などの傾向があることが分かりました。また，活発に体を動かしている幼児はやる気がある傾向があり，幼児の意欲と運動は関係があることがうかがえました。

　一方，文部科学省（2014）の調査によると，小学校5年生で運動が嫌

＊7　中村和彦ほか「観察的評価法による幼児の基本的動作様式の発達」『発育発達研究』(51), 2011年, p. 14.

＊8　動作発達得点
走・跳・投・前転などの動きのパターンを5段階（5点満点）で評価し，各年齢の平均値を算出したもの。

＊9　文部科学省「体力向上の基礎を培うための幼児期における実践活動の在り方に関する調査研究報告書」2011年。

2024年2月28日閲覧

リーフレットは下記より閲覧可能。

2024年2月28日閲覧

＊10　文部科学省「平成26年度全国体力・運動能力，運動習慣等調査結果報告書」2014年。

2024年2月28日閲覧

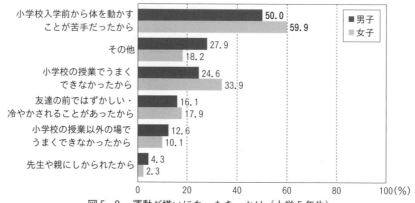

図5-9 運動が嫌いになったきっかけ(小学5年生)
出典：文部科学省「平成26年度全国体力・運動能力，運動習慣等調査結果報告書」2014年。

いな児童は，嫌いになったきっかけとして，「小学校入学前から体を動かすことが苦手だった」という回答が最も多い結果となっていました（図5-9）。また，就学前に体を動かす遊びを行っていた子どもは，体力総合評価が高く，身体活動時間も長い傾向にありました。そのため，幼児期から運動に親しみ，できるだけ運動に対する苦手意識をもたないようにする工夫が求められるといえるでしょう。

(4) 幼児期運動指針について

上記のような子どもの運動に関する課題等を踏まえて，文部科学省は2012年に「幼児期運動指針」を策定しました。ここでは，「幼児は様々な遊びを中心に，毎日，合計60分以上，楽しく体を動かすことが大切です」と示されています。この時間には，体を動かす遊びだけでなく，散歩や手伝い等，生活の中での動きも含まれています。

また，幼児期運動のポイントとして，「多様な動きの経験ができるように様々な遊びを取り入れること」「楽しく体を動かす時間を確保すること」「発達の特性に応じた遊びを提供すること」の3つが挙げられていることから，運動の量だけでなく質についても考慮する必要があるといえます。そのため，日常生活の中で体を動かす活動を取り入れることはもちろん，子どもが主体的に体を動かしたいと思える環境づくりも大切です。

幼児期運動指針のガイドブックや指導参考資料がオンラインで公開されており，保育者や保護者に向けた具体的な活動例も示されていますので，ぜひ参考にしてください（本章「文献紹介」も参照）。

＊11 文部科学省「幼児期運動指針」2012年。

2024年2月28日閲覧

「幼児期運動指針普及用パンフレット」（下記）も参照。

2024年2月28日閲覧

章末問題

1. 「走る」動作と「跳ぶ」動作の発達（図5-10）について，それぞれパターン1からパターン5にかけて変化していると思う箇所に○をつけ，動きの違いを具体的に説明しましょう。
2. 今の子どもたちの運動に関する状況を踏まえて，どのような対策をしようと思いますか。

問1，2ともに，まずは自分で考え，その後，他の人と意見交換をしてみましょう。

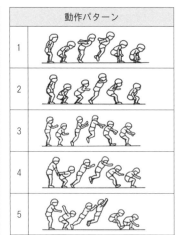

図5-10 「走る」・「跳ぶ」動作のパターン

出典：文部科学省「体力向上の基礎を培うための幼児期における実践活動の在り方に関する調査研究」2011年，pp. 145-146.

文献紹介

- ★ 文部科学省「幼児期運動指針ガイドブック」2012年。（QRコード①）
- ★ スポーツ庁「幼児期の運動に関する指導参考資料［ガイドブック］第一集」2015年。（QRコード②）
- ★ スポーツ庁「幼児期の運動に関する指導参考資料［ガイドブック］第二集」2016年。（QRコード③）

①

2024年2月28日閲覧

②

2024年2月28日閲覧

③

2024年2月28日閲覧

第 6 章

子どもの遊びと健康

本章では，乳幼児教育の根幹を成す遊びがどのように子どもの心身の諸発達に関わっているのか，遊びを通して育まれる子どもの身体発達や体の動きについて学びます。子どもの遊びを大きく室内遊びと戸外遊びの2つに分け，それぞれの特徴と子どもの動きに与える影響について実践事例もあわせながら見ていきます。そして，保育現場において重要な課題の一つである子どもの安全について，遊びの楽しさと安全の確保の両立のためのポイントを考えます。

遊ぶと動く？

1．あなたが子どもの頃（幼児期から小学校低学年頃まで）を思い出してみてください。好きだった遊び，よくやった遊びにはどんなものがありましたか？ 室内の遊びと戸外の遊びを，それぞれ1〜2つ挙げてみましょう。

〈室内の遊び〉　　　　　　　　　　　〈戸外の遊び〉

2．問1で挙げた遊びの中では，どのような身体的活動が見られるでしょうか？ 例を参考に，思いつくだけ（できるだけ多く！）書き出してみましょう。

例：かくれんぼ…走る，しゃがむ，じっとする　など
　　お絵描き…ペンをつかむ，紙を手で押さえる，手首を回す　など

> **ヒント**
> 　遊びと一口に言っても，その中にはたくさんの種類があります。体をめいっぱい使う遊びもあれば，静かにじっくり楽しむ遊びもあるでしょう。では，そうした様々ある遊びの中で私たちの体はどのように動いているのでしょうか。一見すると動きのないように思えるものでも，細かく意識してみると，「こんな動きもしていたのか」と気付くものがあるかもしれません。できるだけ具体的に考えてみましょう。

第6章 子どもの遊びと健康

第1節　遊びと身体発達

　2017（平成29）年に告示された幼稚園教育要領および幼保連携型認定こども園教育・保育要領[*1]の総則には、「幼児の／乳幼児期における自発的な活動としての遊びは、心身の調和のとれた発達の基礎を培う重要な学習であることを考慮して、遊びを通しての指導を中心として……」と記されています。したがって、これまでの章で学んできた子どもの心身の諸発達についても、保育の現場においては遊びを通して育まれていくことが肝要になります。ここでは特に、身体的発達や体の動きと、子どもの遊びとのつながりについて見ていきましょう。

(1) 遊びながら体を動かす

　保育者は目の前の子ども一人一人の個性や特性、現在の発達段階と今後の見通しなどを総合的に踏まえながら、指導の計画を立てたり必要な援助を考えたりしていかなければなりません。これらは何か一つの部分的なことにのみ焦点を当ててなされるものではなく、複合的・総合的なものとして考えられる必要があります。そして、保育の基本は遊びを通しての指導です。つまり、保育者として子どもに何かを学んでほしい・身に付けてほしいと願うとき、まず遊びを第一に考える姿勢が求められるということです。

　このことを、体の動きという点に注目して考えてみましょう。幼稚園教育要領等の領域「健康」の内容(2)には、「いろいろな遊びの中で十分に体を動かす」と記されており、遊ぶことと体を動かすこととに密接なつながりがあることが示されています。ここで留意したいのは、"遊びの中で"体を動かす、という点です。体を動かすことを目的として何か特定の活動を行ったり、ある動きを身に付けさせるために練習をさせたりなどすることは、本来の保育の営みからは外れたものになってしまいます。こうした活動を子どもに提示した場合、はじめは興味をもって取り組むかもしれませんが、長く続かなかったり嫌がったりすることにつながってしまうおそれがあります。そうではなく、子どもが自らの興味に従って、主体的・能動的に遊びを選んで取り組んでいくことができるようにしていくことが、保育者には望まれます。そして、その遊びの中で存分に体を動かしながら楽しむことが、子どもの心身の健康な発達へ

*1　文部科学省「幼稚園教育要領」2017年。

*2　内閣府・文部科学省・厚生労働省「幼保連携型認定こども園教育・保育要領」2017年。

第Ⅰ部　保育内容「健康」の専門的事項

とつながっていくのです。そのためにも，日常の様子から子どもがどんな遊びをしているのかをよく把握しておくことが非常に重要になります。

(2) 子どもの遊びの実際

　子どもたちはどのようにして遊びの中で体を動かしているのでしょうか。次の事例を見てみましょう。

EPISODE

1　ひも遊び

0歳児

　一人の子どもが小さな箱に紐が通されたおもちゃを手にとっている。そのうちに，右手でひもの片側をつかんで引っ張る。すると，引っ張られた側のひもは長く伸び，もう一方のひもは短くなる。その様子をしばらく眺めていたが，今度は左手を伸ばし，短くなった側のひもを引っ張る。同様に，引っ張られたひもは長くなり，反対側のひもは短くなる。その様子をまたじっと眺める。その後，引っ張っては眺めることを何度も繰り返す。

　ここで見られる体の動きには次のようなことが挙げられます。まずひもに向かって腕を伸ばしたり，引っ張るために縮めたりしています。次に，ひもをつかむことと離すことを繰り返しています。そして，これらの動きを左右の手で行っています。ひもの伸び縮みを目で追うために，首を左右に回すこともしているでしょう。また事例内では書かれていませんが，このおもちゃを手にとるためにハイハイで移動をしたかもしれません。手にとった後は，腹這いのままではなくお尻を床につけて座る姿勢になったことも考えられます。このように，0歳児の何気ない遊びにも多様な体の動きがあることが分かります。一つの遊びに一つの動きというわけではなく，一つの遊びに複数の動きが含まれ，それらが同時に獲得されているのです。

　このひも遊びに初めて取り組むときには，子どもはいきなりひもを引っ張ることはしないでしょう。よく分からないまま手でいじっているうちに，たまたまひもを引っ張ったことで面白さに気付くのではないでしょうか。こうした遊びの偶発性を楽しめるように保育者が遊具や環境を用意することで，子どもが自ら遊びに取り組むことにつながっていきます。しかし，すべての遊びが子ども自らの働きかけによって進むというわけではありません。何にでも興味をもって触ってみる子もいれば，慎重になってなかなか自分から動き出せない子もいます。そのような子に対しては，保育者がまず遊ぶ様子を子どもに見せたり，遊び方を示して

第6章　子どもの遊びと健康

一緒に取り組んだりすることが必要です。このひも遊びの場合，保育者がひもを引っ張って見せることで，子どもは遊び方に気付きます。一度ではなく何度も引っ張って見せることで，自分もやってみたいという意欲にもつながっていくでしょう。また，遊んでいる近くで保育者が見守ってくれていることで，子どもは安心を感じ，繰り返し取り組む気持ちをもてるようにもなります。そうして，多様な体の動きを経験し，獲得することへとつながっていくのです。

第**2**節 室内遊びと戸外遊び

(1) 室内遊び

　遊びは，室内遊びと戸外遊びの大きく2つに分けることができます。室内遊びには，描画や折り紙，空き箱などの素材を組み合わせて武器をつくるなどの製作遊び，ままごとなどのごっこ遊びなどが主なものとして挙げられます。またその他にもブロック遊びや粘土遊び，正月の時期であればカルタやこま回しなども考えられます。いずれも落ち着いてゆったりと過ごす遊びといえるでしょう。室内でのこうした遊びでは，指先を使うなどの微細な動きが喚起されやすいという特徴があります（くわしくは第12章を参照）。体を動かすという場合には戸外での遊びがイメージされやすいかもしれません。しかし，室内遊びにおいても多様な体の動きを見ることができます。次の事例を見てみましょう。

EPISODE
2　階段をつくろう*3

4歳児

　保育室内でウレタン製の積み木を使い，数名の女児がお家ごっこと称してごっこ遊びをしている。はじめは積み木で囲いをつくって家に見立てていたが，一人の子が「ねえ，階段つくろうよ」と言う。他の女児たちも賛成し，積み木を積み上げようとしていく。しばらく試していたがうまくつくることができず，「階段つくりたいから，一緒にやって」と保育者のところへ来る。保育者は子どもたちのつくりたい階段のイメージを聞きながら，1段ずつ高くなるように積んでいくとよいことを知らせる。子どもたちは必要な積み木を選びながら運んできて，保育者と一緒に積み上げていく。階段が完成すると，子どもたちは「やったー，できた！」「いいのができたね」と喜ぶ。

　家の囲いにしていた積み木も階段に使ってしまったため，「お家はどうする？」と保育者が尋

第Ⅰ部　保育内容「健康」の専門的事項

ねると,「階段だけで大丈夫」と答え,階段を上り始める。上り下りを数回繰り返した後,一人の子が一番上からジャンプをして飛び降りる。それを見た他児もまねをし,次第に一人ずつ飛び降りる遊びになっていった。周囲にいた子も「やってもいい？」と遊びに加わり,いつの間にか順番待ちの列ができていた。

写真6-1　ウレタン積み木でつくった階段
出典：筆者撮影。

写真6-2　階段からジャンプ
出典：筆者撮影。

＊3　EPISODE2のカラー写真は以下。

　ここでは積み木を使って遊ぶ子どもたちの姿があります。はじめはままごとのようなごっこ遊びを楽しんでいました。積み木を平面に並べることで囲いをつくり,その中で落ち着いてじっくりと遊んでいました。しかし,"家"のイメージから階段が連想され,一人の子の提案から階段づくりが始まります。ここから,子どもたちの体が大きく動き始めます。積み木の置き場と階段づくりの場を何度も行き来しながら,積み木を運んでいきます。積み木はウレタン製とはいえ,ある程度の大きさと重さがあるため,子どもたちにとっては一仕事です。積み上げる際にはしゃがんだり立ったりを繰り返すことで,屈伸運動に近い動きになります。階段ができあがると,上り下りの動きが加わり,最後にはジャンプをして飛び降りるという大きな動きが遊びの中心になりました。お家ごっこという動きの少ない遊びだったものが,いつの間にか"家"のイメージはどこかへ行ってしまい,最後には体を大きく動かす遊びへと変化していることが分かります。この変化は偶発的なものであり,子どもも保育者もはじめから意図していたものではありませんでした。
　室内だから体を動かす遊びができないということではありません。たとえ室内の遊びであっても,環境を整えて遊び方を工夫することによって,子どもが体を動かす場を保障することができます。しかし,よりダイナミックに体を動かすという視点から考えると,戸外に比べて室内では制限があるのも事実です（十分な広さが確保できない,子ども同士の距離が近く接触の危険がある,など）。この事例の遊びの翌日以降も子どもたち

は声をかけ合って階段づくりをし，同様の遊びを繰り返し楽しんでいました。もしも，子どもたちの動きがさらに大きくなったり，規模が広がって人数が増えたりした場合には，保育者が戸外へと誘導していくことも必要になるでしょう。遊びによって，室内と戸外のどちらがより適しているか，子どもが十分に体を動かすことができるのかを安全に配慮しながら見極めていくことが大切です。

(2) 戸外遊び

① 戸外へ出ること

　領域「健康」の内容(3)には「進んで戸外で遊ぶ」とあり，戸外遊びの重要さが記されています。なぜ，室内ではなく戸外で遊ぶことが大切なのでしょうか。幼稚園教育要領解説においては「室内とは異なり，戸外では，幼児は解放感を味わいながら思い切り活動することができる」と示されていることから，解放感という心の動きと思い切り活動するという体の動きが相互に呼応していることが分かります。心身の動きが密接であることを鑑みると，室内遊びではなかなか感じることのできない解放感が子どもの健康において大きな意味をもつといえるでしょう。また，社会情勢や地域環境の変化などにより，公園で気軽に遊べなかったり，遊び方が制限されることで楽しさを感じられなかったりなどし，「近年，地域や家庭において戸外で遊ぶ経験が不足している」という問題もあります。そうした様々なことを踏まえ，保育の場において子どもが戸外での遊びに触れられるよう，保育者が働きかけることの重要性が示されているのです。そのために，まずは保育者が率先して戸外に出ていき，体を大きく動かして楽しそうな雰囲気をつくったり，戸外ならではの遊びに誘いかけたりなどして，戸外への興味をもたせることが大切になります。

＊4　文部科学省「幼稚園教育要領解説」2018年。

② 思い掛けない出来事との出会い

　戸外では子どもが「思い掛けない出来事と出会*4」うことが多くあることも示されています。すなわち，遊びの偶発性が室内よりも高まるのです。その要因は様々考えられますが，まず第一に自然環境が挙げられます。戸外には生き物や植物，気象現象など，人が完全にコントロールすることのできない対象が多く存在します。そのため，時として予想外の事象を見かけることがあります。今まで見たことのない昆虫をつかまえられることもあるでしょう。思わぬ強風にあおられて驚くこともあるか

第Ⅰ部　保育内容「健康」の専門的事項

もしれません。そうした一つ一つの事象に出会うとき，子どもは興味や関心をもち，主体的に関わりながら活動を展開していくのです。

　第二に，人的環境が挙げられます。縦割りなどのクラス編成をしている場合などを除き，基本的には保育室内で遊ぼうとすると，人との関わりは必然的に担任保育者・クラスの友達との関わりに収斂していきます。一方，戸外に出ると，例えば園庭のある園では異年齢の子どもたちに出会うことができます。一緒に遊ぶなどの直接的な関わりだけでなく，年上の子どもたちの遊びを見てまねようとしたり，年下の子どもたちを見て自分の成長を感じて自信を深めたりなど，間接的に関わることもあります。また，園外に散歩に出かけるなら，道中で様々な人とすれ違ったり，公園で地域の方々に声をかけてもらったりなどすることもあるでしょう。こうした様々な人との直接的・間接的な関わりを通して，子どもは自らが取り組む遊びに影響を受けていくのです。

③戸外遊びの実際

　では，子どもはどのように戸外へと出ていき，自らの主体的な遊びを見つけていくのでしょうか。次の事例は，入園して間もない3歳児についての事例です。

EPISODE

3　ミミズ探し[*5]
3歳児

　登園後，母親から離れたことにより泣いている一人の男児。保育者が抱きかかえ，慰めながら身支度を一緒に行う。「何して遊ぼうか？」と保育者が尋ねるも，泣き続けて答えない。すると保育者は「じゃあ，お外には何があるかここから見てみよう」と言い，男児を抱えたままテラスに出て園庭を眺める。

　「あ，あそこのお友達たちは何をしてるのかな〜？」と，園庭の奥まったところで他の保育者としゃがみ込んでいる子どもたちを指さす。男児も泣きやんで，そちらをじっと見る。「ねえ，あそこ気になるから一緒に行ってみよっか」と投げかけると，男児は黙ってうなずく。

　支度を整え，保育者と一緒に園庭の奥へと向かう。そこではミミズ探しをしていた。「ミミズ，つかまえたことある？」という保育者の言葉に，男児は「ないけど，見たことはあるよ」と答える。一緒に土を掘ったり落ち葉をめくったりしてミミズを探していると，次第に男児が自分の手で探し始める。見つけたミミズはバケツに入れ，園で飼っているニワトリにあげることにした。ニワトリがミミズを食べると，男児は「もう一回ミミズつかまえたい」と言って保育者の手を引き，園庭の奥へと再び向かった。

写真6-3　ミミズを探している様子
出典：筆者撮影。

写真6-4　ニワトリにミミズをあげる
出典：筆者撮影。

　園という場に不安を感じている男児に対して，保育者はいきなり戸外へと連れて行くことはせず，保育室と園庭との中間であるテラスへと連れて行きました。そして男児が落ち着いたところで，一緒に戸外へ出るように誘いかけました。もしもいきなり戸外へと連れ出そうとした場合，子どもが戸外へ出ることに拒否反応を示すことも考えられます。そうなると，戸外に対するイメージが悪くなってしまい，より一層戸外へ出ることのハードルが高くなってしまうでしょう。事例のように，子どもが徐々に戸外へと気持ちが向けられるようにすることも必要だと考えられます。

　戸外に出て解放感を感じたり，ミミズやニワトリといった生き物に触れたりした男児は，泣いていたことなど忘れて再びミミズ探しに向かいました。"ミミズを探す"という遊びは，この男児にとって自らの手で土を掘り，自らの脚で園庭を歩き，面白さや楽しさを感じる，まさに心と体を動かす主体的な遊びになったといえるのではないでしょうか。

＊5　EPISODE 3のカラー写真は以下。

第3節　遊びの中での安全を考える

　領域「健康」の内容(10)には，「危険な場所，危険な遊び方…（中略）…が分かり，安全に気を付けて行動する」と記されています。このことは，室内遊び・戸外遊びのどちらにもいえることですが，こうした安全に対する感覚はどのように育まれていくのでしょうか。

(1) 遊びの中で身に付く動き

　子どもは遊びの中で体を動かし，様々な動きを複合的に獲得していき

第Ⅰ部　保育内容「健康」の専門的事項

ますが，動きを獲得するということには2つのレベルがあると考えられます。投げるという動きを例にして考えてみましょう。

　まず1つ目のレベルは，「その動きができるようになる」ということです。何かを投げるためには“（ものを）つかむ・握り込む”→“腕を振り上げる”→“腕を振り下ろす”→“（ボールを）離す・手を開く”という一連の動作が必要になります。これらの動きがそろったときに初めて投げるという動きが成立します。すなわち，「投げられるようになった」ということです。

　2つ目のレベルは「その動きが熟達する・上手になる」ということです。投げるということができるようになった子どもは，投げる行為に楽しさを感じて繰り返し遊ぶようになります。はじめのうちは手当たり次第にただ投げるだけですが，玉入れや的当てといった遊びにすることで次第にどこか対象を定めて投げるようになっていきます。また，直立の状態で腕だけを使う投げ方から，上半身・下半身を腕の動きに合わせて動かし，体全体を使う投げ方になることで飛距離が伸び，近くにも遠くにも投げることができるようになります。同じ投げるという動きでも繰り返すことにより，意識的に体を動かして行う，すなわち体をコントロールできるようになっていきます（第5章第1節(3)も参照）。

　様々な動きが上手になることは，自らの体を意識的にコントロールすることにつながっています。体をコントロールする感覚が身に付けられることで子どもは状況に応じて体を動かし，危険を避けたり安全な行動をとったりすることができるようになると考えられます。

(2) “安全”をどう考えるか

　前述のように，子どもが危険を避けたり安全な行動をとったりするためには，様々な状況を経験し，それに応じた体の動きを獲得することが必要になります。しかし，一切の危険のない安全な環境に身を置いたとしたら，そうした経験を重ねることは難しいと考えられます。では，保育の場における“安全”はどのように考えるべきなのでしょうか。

① “安全”のために“危険”を考える

　保育の場における“安全”を考える前に，“危険”について考えてみましょう。100％安全な環境では子どもが安全に対する感覚を養うことができないのだとすれば，反対に子ども自身が「これは危ない」「気を付けよう」と感じる必要性があるということになります。しかし，危険

表6-1 リスクとハザードの比較

	リスク	ハザード
遊びとの関連	あり	なし
危険かどうかの判断	可能	不可能
危険性の予測	可能	不可能

出典：国土交通省「都市公園における遊具の安全確保に関する指針（改訂第3版）」2024年をもとに筆者作成。

があると分かっているものをそのままにすることはできません。

　保育者は，安全のために子どもが"危険"を感じる経験を保障しようとしつつ，怪我や事故につながる"危険"を取り除かなければならない……ここに矛盾と葛藤が生じてしまいます。それを解決するための一つの方策として，遊びに関する"危険"を2つの要素に分けて考えてみましょう。

② リスクとハザード

　子どもの遊びに含まれる危険性はリスクとハザードという2つに区分することができます（第3章第1節(3)も参照）。「都市公園における遊具の安全確保に関する指針（改訂第3版）」によれば，リスクとは「事故の回避能力を育む危険性あるいは子どもが判断可能な危険性」であり「遊びの楽しみの要素で冒険や挑戦の対象」であるとしています。一方のハザードは「事故につながる危険性あるいは子どもが判断不可能な危険性」であり「冒険や挑戦といった遊びの価値とは関係のないところで事故を発生させる」ものであるとされています。表6-1に両者の比較を示します。

　"危険"をリスクとハザードに分けて考えることで，保育者がとるべき"安全"が見えてきます。保育者には，子どもが自ら判断できる危険性であるリスクに直面し，その回避や対応を学ぶ経験を保障しつつ，大きな事故や怪我につながる可能性のあるハザードを取り除いていくことが求められます。すなわち，リスクを残してハザードをなくした環境こそが，保育の場における"安全"な環境といえるのではないでしょうか。

　このリスクとハザードを判断するにあたり，実は明確な基準は設けられていません。同じ遊びであっても，子ども一人一人の発達段階によってリスクにもハザードにもなりうるということに留意する必要があります。3歳以上児にとってはリスクを感じられる遊びも，3歳未満児にはハザードとなる場合があるのです。また，同じ年齢の子ども同士であっ

＊6　国土交通省「都市公園における遊具の安全確保に関する指針（改訂第3版）」2024年。

2025年1月6日閲覧

第Ⅰ部　保育内容「健康」の専門的事項

ても，それまでに取り組んできた遊びの中で獲得してきた動きの経験差によって，リスクであるかハザードであるかが変わることも考えられます。

　そのため，保育者は一律に子どもの遊びや育ちを捉えるのではなく，一人一人の遊びの好み，性格，これまでの経験や現在の発達段階などを総合的に判断し，これから取り組もうとしている遊びがもつ意味を考えていく必要があります。そのような保育者の援助を受け，子どもは遊びの中で様々な動きを獲得し，リスクへの対応を積み重ね，危険や事故を回避する方法を学び，安全に対する感覚を養っていくのです。

章末問題

1．あなたの身の回り（家・いつも通る道など）を思い起こしながら，以下の3つのことについて書き出してみましょう。

　自然環境：

　リ　ス　ク：

　ハザード：

2．書き出したものを踏まえ，①子どもの遊びに自然環境をどのように提示できるか，②挙げられたリスクに対応することで子どもにどんな力が身に付くと考えられるか，③ハザードをリスクに変えるにはどうしたらよいか，具体的に考えてみましょう。

3．問1および問2の回答を他の人とシェアし，よりよいアイデアがないか話し合ってみましょう。

文献紹介

★森口佑介『おさなごころを科学する──進化する乳幼児観』新曜社，2014年。

★渡邉正樹（編著）『学校安全と危機管理　三訂版』大修館書店，2020年。

第Ⅱ部

保育内容「健康」の
指導法

第 7 章

保育における
領域「健康」

領域とは，幼児期の発達を 5 つの視点で整理して示したものです。保育者が，子ども
を援助したり指導したりする上でのめあてとなるものであるともいえます。ここでは，
幼稚園教育要領，保育所保育指針，幼保連携型認定こども園教育・保育要領の領域
「健康」に関して，具体的な子どもの姿と結び付けて，ねらい・内容，そして内容の取
扱いを説明していきます。

充実感を味わう姿って？

　領域「健康」のねらいの一つに，「明るく伸び伸びと行動し，充実感を味わう」（3歳以上児）があります。充実感を味わうとは，子どものどのような姿を示すのでしょうか。具体的な保育場面を想像したり，思い出したりして考えてみましょう。

> **ヒント**
> 　幼少期の頃，どんな遊びが好きでしたか？　その遊びをしていたときの自分の姿も思い出してみるとよいでしょう。楽しく遊んでいるときは笑顔で，そして伸び伸びと行動していたことでしょう。保育場面ではどんな遊びが展開され，子どもたちが楽しんでいるのか，想像力を働かせてみましょう。

第7章 保育における領域「健康」

第1節　保育・幼児教育の基本と領域について

　保育・幼児教育の基本は，生涯にわたる人格形成の基礎を培う重要なものであり，環境を通して行われます。幾度の改定を経て，2018（平成30）年4月より適用された保育所保育指針では，保育所保育における幼児教育の積極的な位置付けがなされました。保育所の役割は，「環境を通して，養護及び教育を一体的に行う」こととされています。また，教育に関わる面のねらい及び内容では，幼児教育の要素が含まれ，幼稚園教育要領や幼保連携型認定こども園教育・保育要領との整合性が図られています。

　保育・幼児教育において育みたい資質・能力については，「知識及び技能の基礎」「思考力，判断力，表現力等の基礎」「学びに向かう力，人間性等」の三つの柱を一体的に育むことが示されました。個別に取り出し指導するのではなく，遊びを通した総合的な指導の中で一体的に育むよう努めるものとしました。

(1) 環境を通して行う保育・幼児教育

　「環境」とは何でしょうか。「環境を説明しよう」という問いが出たとき，あなたはどのように答えますか。

　「環境」は「自分を取り巻くすべてのもの」となります。乳児・幼児も自分を取り巻くすべての環境から多くの刺激を受けています。こうした環境には，物的環境，人的環境，社会環境，自然環境，時間，空間，雰囲気などが含まれています。社会環境には，地域の行事，社会の流行のみならず，規範（ルール）や習慣も入ります。例えば，おにごっこなどの遊びでのルールもこの社会環境に入るでしょう。

　環境との関わりは，乳幼児期の発育発達に影響を与えます。保育・幼児教育の中では，保育者が意図して設定した環境の中で子どもたちが過ごすことも少なくありません。子どもたちの「生きる力」を育むために，環境をどのように捉え，構成していくのか，保育者は十分に考えていくことが重要でしょう。

(2) 遊びを通しての総合的な指導

　幼稚園教育要領解説には，遊びについて，「遊びは遊ぶこと自体が目

---

*1　厚生労働省『保育所保育指針』フレーベル館，2017年。ウェブでは下記QRコードより閲覧可能。

*2　文部科学省『幼稚園教育要領』フレーベル館，2017年。ウェブでは下記QRコードより閲覧可能。

*3　内閣府・文部科学省・厚生労働省『幼保連携型認定こども園教育・保育要領』フレーベル館，2017年。ウェブでは下記QRコードより閲覧可能。

*4　文部科学省『幼稚園教育要領解説』フレーベル館，2018年。ウェブでは下記QRコードより閲覧可能。

第Ⅱ部　保育内容「健康」の指導法

的であり，人の役に立つ何らかの成果を生み出すことが目的でない」と書かれています。遊びは子どもの自発的な活動ともいえるでしょう。遊びを通して周辺の環境に関わり，その中で多くの発見をし，様々な側面の発達が促されていきます。遊ぶことを通じて，子どもは心身全体を働かせて，喜び，楽しさ，達成感，充実感，満足感のほか，挫折感や葛藤なども味わい，精神的にも育っていきます。遊びを通して心身の発育発達の基礎を築いていくのです。

　遊びを展開していく中で，心身の発達に必要な経験が相互に関連し合っていきます。例えば，おにごっこなどを行う際には，体の動き，瞬発力が作用することはもちろんですが，友達と会話をしたり，どのように逃げたらつかまらないか考えたり，時には友達と作戦を立てたりとコミュニケーション能力も必要になります。このような社会性や道徳性なども培われていきます。遊びの中で複数の経験が重なり合い，心身の総合的な発達につながっていきます。

　総合的な指導について，「具体的な指導の場面では，遊びの中で幼児が発達していく姿を様々な側面から総合的に捉え，発達にとって必要な経験が得られるような状況をつくることを大切にしなければならない」と幼稚園教育要領解説[*4]には記されています。いろいろな経験を得て，様々な能力や態度を身に付けることができるように，保育者は一人一人が遊びの中でどのような経験を積んでいるのかを把握し，さらにどのような経験が必要なのか見極めることが求められます。そして，遊びを通して総合的に保育・幼児教育を行うために，どのような援助が必要か考えることが大切になるでしょう。

(3) 領域の考え方

　幼稚園教育要領解説[*4]では，領域に関して，「教師が幼児の生活を通して総合的な指導を行う際の視点」と「幼児の関わる環境を構成する場合の視点」であると記されています。幼児期の発達を「領域」という5つの窓を通して見るともいえます。

　領域はそれぞれが関連し合っています。健康，人間関係，環境，言葉，表現のねらい及び内容は，保育者が子どもの遊びや生活を通して総合的な指導を行う際の視点となり，環境をどのように構成したらよいのか見極める視点でもあるといえます。

第7章 保育における領域「健康」

第2節 要領・指針における領域「健康」

2018年4月より適用された保育所保育指針[*1]，幼保連携型認定こども園教育・保育要領[*3]では，乳児保育，1歳以上3歳未満児の保育，3歳以上児の保育に区分されました[*5]。区分のうち，乳児については5領域ではなく，3つの視点でねらいが定められており，1歳以上3歳未満児の保育および3歳以上児の保育は5領域でねらいと内容が示されています。

(1) 乳児保育において

乳児については3つの視点でねらいが定められています。

・身体的発達に関する視点「健やかに伸び伸びと育つ」

・社会的発達に関する視点「身近な人と気持ちが通じ合う」

・精神的発達に関する視点「身近なものと関わり感性が育つ」

発達過程の最も初期にあたる乳児期は，発達が未分化な状態です。この時期は，生活や遊びが充実することを通して子どもの身体的・社会的・精神的発達の基盤を培うという考えに基づき，各視点が相互に重なり合っているという捉え方となっています。

この3つの視点の中で，「健やかに伸び伸びと育つ」は，「健康な心と体を育て，自ら健康で安全な生活をつくり出す力の基盤を培う」ものとして，1歳以上3歳未満児の保育，3歳以上児の保育の領域「健康」につながるものとなっています。

ねらいは，身体感覚，運動，生活リズム（基本的生活習慣）に関しての3つが挙げられ，内容は，生理的・心理的欲求，体を動かすこと，食に対する欲求，生活のリズム，清潔になることの心地よさの5つが挙げられています。

＊5　幼保連携型認定こども園教育・保育要領では，「乳児期の園児の保育」「満1歳以上満3歳未満の園児の保育」「満3歳以上の園児の教育及び保育」と表記されている。

〈ねらい〉

①身体感覚が育ち，快適な環境に心地よさを感じる。

②伸び伸びと体を動かし，はう，歩くなどの運動をしようとする。

③食事，睡眠等の生活のリズムの感覚が芽生える。

〈内容〉

①保育士等／保育教諭等の愛情豊かな受容の下で，生理的・心理

第Ⅱ部　保育内容「健康」の指導法

> ②的欲求を満たし，心地よく生活をする。
> ②一人一人の発育に応じて，はう，立つ，歩くなど，十分に体を動かす。
> ③個人差に応じて授乳を行い，離乳を進めていく中で，様々な食品に少しずつ慣れ，食べることを楽しむ。
> ④一人一人の生活のリズムに応じて，安全な環境の下で十分に午睡をする。
> ⑤おむつ交換や衣服の着脱などを通じて，清潔になることの心地よさを感じる。

　乳児期の子どもは心身の発達が未分化な状態であるといえ，身近な環境との関わりを通して身体感覚を得ていきます。そして，生きていくための基本的な欲求である生理的欲求と，人と関わりたい，自分を見てほしい，認めてほしいといった心理的欲求が満たされることで心地よさを感じることができます。

　また，この時期の子どもの発達は個人差が大きく，保育士等／保育教諭等は一人一人の発達過程を踏まえ，はう，立つ，歩くなど体を動かす楽しさを経験できるような機会を確保し，周囲の環境を整えていくことが求められます。よく寝て，よく飲み，よく食べることで，情緒も安定し，周りの環境に対しての探索も始まります。一人一人の個人差にも配慮しながら生理的なリズムを尊重し，食事，睡眠，排泄，清潔，衣服の着脱といった基本的生活習慣の形成を支えていくことが求められるでしょう。

⑵　1歳以上3歳未満児の保育において

　1歳以上3歳未満児の保育および3歳以上児の保育は，保育所保育指針[*1]，幼保連携型認定こども園教育・保育要領[*3]では，幼稚園教育要領[*2]と同じく，5領域でねらいと内容が示されています。

　領域「健康」は「健康な心と体を育て，自ら健康で安全な生活をつくり出す力を養う」という，心身の健康に関する領域です。

　ねらいは，「情緒の安定」「運動」，そして「基本的生活習慣に関するもの」となっており，内容は，ねらいを達成するための具体的な経験が7つ挙げられています。

104

〈ねらい〉
①明るく伸び伸びと生活し，自分から体を動かすことを楽しむ。
②自分の体を十分に動かし，様々な動きをしようとする。
③健康，安全な生活に必要な習慣に気付き，自分でしてみようとする気持ちが育つ。

〈内容〉
①保育士等／保育教諭等の愛情豊かな受容の下で，安定感をもって生活をする。
②食事や午睡，遊びと休息など，保育所／幼保連携型認定こども園における生活のリズムが形成される。
③走る，跳ぶ，登る，押す，引っ張るなど全身を使う遊びを楽しむ。
④様々な食品や調理形態に慣れ，ゆったりとした雰囲気の中で食事や間食を楽しむ。
⑤身の回りを清潔に保つ心地よさを感じ，その習慣が少しずつ身に付く。
⑥保育士等／保育教諭等の助けを借りながら，衣類の着脱を自分でしようとする。
⑦便器での排泄に慣れ，自分で排泄ができるようになる。

　１歳以上３歳未満児の姿は，歩くことから始まり，走る，跳ぶなどの基本的な運動機能の発達が見られるようになります。そして行動する範囲も広がっていきます。また，食事，衣類の着脱や排泄など自分でできることも増え始め，自分の意思を伝えようとする姿も多くなります。ねらいには，自分からしようとする能動的な姿が示されています。
　ねらい①は「情緒の安定」に関わるものであり，内容①が具体的な事項にあたります。留意することとして，「心と体の健康は，相互に密接な関連があるものであることを踏まえ，子ども／園児の気持ちに配慮した温かい触れ合いの中で，心と体の発達を促すこと。特に，一人一人の発育に応じて，体を動かす機会を十分に確保し，自ら体を動かそうとする意欲が育つようにすること」と内容の取扱いに示されています。保育者は，子どもが自分でしようとする姿を認めながら温かく見守り，応答的な関わりをする中で，情緒の安定を図ることが大切です。
　ねらい②は「運動」に関わるものになっていて，内容③には具体的な

第Ⅱ部　保育内容「健康」の指導法

全身を使う遊びについて示されています。保育者は「体を動かす機会を十分に確保」し，個々の発達に応じた安全な環境を整え，「自ら体を動かそうとする意欲が育つ」ようにすることが重要です。

食事，排泄，睡眠，衣服の着脱，身の回りを清潔にすることなど基本的生活習慣に関するものは，ねらい③となり，具体的な経験については内容②④⑤⑥⑦に示されています。内容の取扱いでは，食習慣の形成について，「ゆったりとした雰囲気の中で食べる喜びや楽しさを味わい，進んで食べようとする気持ちが育つようにすること」と記されています。生活に必要な基本的な習慣については，「一人一人の状態に応じ，落ち着いた雰囲気に中で行う」ことが挙げられています。共に自分から進んでしようとする上での雰囲気づくりの重要性が示されています。

また，「一人一人の発育に応じて」「一人一人の状態に応じ」など，発育発達の個人差やそれぞれのペースを配慮しながらの関わりも大切になります。自分でしようとしてできたときに自信や達成感を味わうことができるよう，保育者は子どもの気持ちを尊重しながら，温かい関わりをしていくことが大切です。

(3) 3歳以上児の保育において

保育所保育指針，幼稚園教育要領，幼保連携型認定こども園教育・保育要領において，3歳以上児の保育は幼児教育として共通したものとなりました。

各領域の「ねらい」は，「保育を通じて／幼稚園教育において／幼保連携型認定こども園の教育及保育において育みたい資質・能力を子ども／幼児／園児の生活する姿から捉えたもの」となります。

そして「内容」は，保育所保育の場合，「子どもの生活やその状況に応じて保育士等が適切に行う事項と，保育士等が援助して子どもが環境に関わって経験する事項を示したもの」であり，幼稚園教育と幼保連携型認定こども園の教育及び保育の場合は，「ねらいを達成するために指導する事項」です。

領域「健康」は1歳以上3歳未満児の保育と同じく，「健康な心と体を育て，自ら健康で安全な生活をつくり出す力を養う」領域です。

ねらいは，「内面的な心情の育ち」「身体機能の発達」「健康で安全な土台づくり」について挙げられており，内容は，具体的な経験や指導する事項が示されています。

第 7 章　保育における領域「健康」

〈ねらい〉
①明るく伸び伸びと行動し，充実感を味わう。
②自分の体を十分に動かし，進んで運動しようとする。
③健康，安全な生活に必要な習慣や態度を身に付け，見通しをも
　って行動する。

〈内容〉
①保育士等／先生／保育教諭等や友達と触れ合い，安定感をもっ
　て行動する。
②いろいろな遊びの中で十分に体を動かす。
③進んで戸外で遊ぶ。
④様々な活動に親しみ，楽しんで取り組む。
⑤保育士等／先生／保育教諭等や友達と食べることを楽しみ，食
　べ物への興味や関心をもつ
⑥健康な生活のリズムを身に付ける。
⑦身の回りを清潔にし，衣服の着脱，食事，排泄などの生活に必
　要な活動を自分でする。
⑧保育所／幼稚園／幼保連携型認定こども園における生活の仕方
　を知り，自分たちで生活の場を整えながら見通しをもって行動
　する。
⑨自分の健康に関心をもち，病気の予防などに必要な活動を進ん
　で行う。
⑩危険な場所，危険な遊び方，災害時などの行動の仕方が分かり，
　安全に気を付けて行動する。

　ねらい①は，「内面的な心情の育ち」について書かれています。明る
く伸び伸びと行動することは表面的な動きや活発さだけではなく，内面
的な満足度合いにも関係します。子どもが満足感や達成感，そして充足
感を味わう様子は，安心安全な環境の下でこそ実現します。
　ねらい②では，「身体機能の発達」について示しています。鉄棒にチ
ャレンジしたり，砂場に水を運んで池をつくったりと体を動かすことで
いろいろな経験を積み，多くのことを学んでいきます。意欲的に自分の
体を動かし，進んで運動しようとする姿は，身体機能を調和的に発達さ
せることにつながります。
　ねらい①②を達成するための経験や指導について，具体的に示して
いるのが内容①②③④です。子どもは，安全な環境で周囲の大人との

107

関わりから，自分が受け止められているのだという安心感を抱きます。それに伴い，もっと遊びたい，もっと動きたいという意欲も湧いていきます。集団での生活を送る中で保育者に親しみ，友達との触れ合いも通して，安定して自己発揮できる，そのような環境づくりが必要でしょう。

　子どもが様々な環境に触れることは大切です。近年，地域や家庭での戸外で遊ぶ経験は不足しています。戸外で遊ぶ気持ちよさや楽しさを味わうことができるよう，そうした機会は十分に確保したいものです。保育現場での園庭は貴重な戸外の環境といってよいでしょう。戸外には様々な刺激があります。自然物に触れるという刺激はもちろんのこと，気温や気象などを体感することで，暑い・寒いといった感覚や，風が心地よいといった気持ちよさなどが味わえます。保育者は，子どもの興味関心が戸外へ自然と向き，高まるよう関わることが重要になっていきます。また，園庭が限られている保育現場では，園から外に出て散歩や遠足などに行き，近隣の自然に触れる機会を設けている場合もあります。子どもにとっての戸外の捉え方など，現場の環境に合わせて工夫していくことが必要でしょう。

　心身の調和的な発達を目指す上では，特定の活動に偏ることなく，様々な活動に親しみながら取り組むことも大事です。保育者は，子ども一人一人の姿から個々の興味関心を捉え，繰り返している活動に変化を与えたり，新たな活動を提案したりします。様々な活動の楽しさを味わうことで，子ども自身が新しいことにチャレンジする面白さを感じ，子ども自ら主体的に選択して遊ぶことにつながっていくでしょう。

　ねらい③は「健康で安全な土台づくり」について示されています。基本的生活習慣や安全に関する習慣・態度は，健康で安全な生活を築く上で重要です。習慣や態度の必要性を知ることで，何が大事なことか，何をすればいいのかなど見通しをもつことができるようになり，自立の基礎にもつながります。

　内容⑤⑥⑦は，「食」「生活リズム」「個人生活に必要な生活習慣」「集団生活に必要な習慣」について，ねらい③を達成するための具体的な経験や指導が示されています。

　近年，「食」に対しての関心が少ない子どもの姿が見られます。家庭での食事場面も多様になり，食事内容も様々です。園での食事場面は，家庭とはまた異なります。家族と料理を囲み，食べる楽しさを味わうことと同じように，園で保育者や友達と食べる楽しさ，嬉しさを味わうことも「食」に対しての気持ちを育てることにつながります。食べている

ものの名前や形，色を話したり，味や食感を聞いたり伝えたりすることで，「食」への意欲も湧いてくることでしょう。

　寝て，食べて，動く（運動する）ことは子どもにとって当たり前のことであり，この一連の流れ「生活リズム」を整えることが子どもの健康を保つことにつながります。十分に体を動かすことでお腹がすき，食欲が湧きます。また，適度な運動や調和のとれた食事が，快適な睡眠へとつながります。この「生活リズム」を整えることは園だけでは成り立ちません。家庭とも連携をとり，一人一人の状態や家庭での姿なども把握しながら，生活リズムについて考えていくことが重要です。

　基本的な生活習慣は生活リズムを整えるために大切な習慣であり，幼児期に形成されていくことが大事です。保育者の姿をまねしたり，友達の様子を見たりしながら「自分でやってみよう」と繰り返し，習慣化することで身に付いていくことでしょう。その子どもなりに「自分でできた」という喜びや満足感は，自立にもつながっていきます。

　内容⑧⑨⑩では，「生活の場を整える」「自分の健康に関心をもつ」「安全に気を付ける」ことについて，具体的な指導が示されています。園での生活では，自分の持ち物を管理したり，使った道具やおもちゃを片付けたりと，集団で過ごす上で必要な生活の仕方があります。今の状態からその先はどうなるのか，先の見通しを考え，集団の中での生活の場を一緒に整えていくことが大切です。

　「自分の健康に関心をもつ」では，園での健康診断などで身長が伸びたり，体重が増えたりすると，嬉しそうに自分の体の成長を保育者に報告する姿があります。歯科検診では，歯磨きの大切さや手洗い・うがいの重要性にも気付いたりします。時には，怪我をした友達や風邪で休んだ友達を心配する姿も見られます。一人一人の健康状態を踏まえ，健康への関心を通して病気などの予防につなげることも考えましょう。

　内容の取扱いでは，安全教育について「安全に関する指導に当たっては，情緒の安定を図り，遊びを通して安全についての構えを身に付け，危険な場所や事物などが分かり，安全についての理解を深めるようにすること」と示されています。園によっては，入園時や進級時に園内を探検し，遊具の使い方や園での約束事などを伝えている場合もあります。特に，年齢が低い子どもは大人が予想しない行動をとることがあります。「ここは登らないだろう」「ここには入らないだろう」「ここからは出ないだろう」など，大人が「しない／できないだろう」と思うことでも，子どもは行動に起こしてしまうことがあります。保育者は，子どもの安

第Ⅱ部　保育内容「健康」の指導法

全能力を高めるべく，危険な場所や事物などの安全について日々の生活や遊びを通して分かりやすく伝えていくことが重要です。

　また，「交通安全の習慣を身に付けるようにするとともに，避難訓練などを通して，災害などの緊急時に適切な行動がとれるようにすること」も大切です。交通安全について具体的な場面を示しながら分かりやすく伝えたり，避難訓練では様々な災害を想定して災害時の行動を理解しやすいように伝えたりすることが必要です。危険な場所は子どもを取り巻く環境すべてにあると考えられます。園内だけではなく，登降園時の徒歩通園やバス通園時，さらに交通安全教育や避難訓練などにおいて，家庭や時には地域，専門機関とも連携をとることが必要です。

　さて，本章では要領・指針の「第1章　総則」における記述と関連させつつ，領域「健康」のねらい，内容，内容の取扱いについて述べました。

　「明るく伸び伸びと行動し，充実感を味わう」ために，どのようなことに配慮しながら子どもと関わっていくべきなのか，領域「健康」のねらいと内容を思い返しながら，子どもとの楽しい生活をつくっていきましょう。

章末問題

1．幼稚園，保育所，幼保連携型認定こども園，それぞれの役割について整理し，話し合ってみましょう。
2．「明るく伸び伸びと行動し，充実感を味わう」ために，どのようなことに配慮しながら子どもと関わっていくべきなのか，具体的な事項を挙げてみましょう。

文献紹介

★森司朗・青木久子『領域研究の現在〈健康〉（幼児教育　知の探求15）』萌文書林，2020年。

★安部孝ほか『子どもの健康と遊びの科学——からだと心を育む術』講談社，2022年。

本章の執筆にあたり，側注の＊1〜4で示したもの以外に下記の資料を参照した。厚生労働省『保育所保育指針解説』フレーベル館，2018年。ウェブでは下記QRコードより閲覧可能。

内閣府・文部科学省・厚生労働省『幼保連携型認定こども園教育・保育要領解説』フレーベル館，2018年。ウェブでは下記QRコードより閲覧可能。

第 8 章

子どもの健康支援

　乳幼児にとって健康は，生活の基盤を成すきわめて重要な要素です。まだ自分で健康管理が難しい段階にある子どもたちにとって，保育者は健康を支える重要な役割を果たす身近な大人です。保育者は，日々の健康管理を計画し，記録をとりながら，子どもたちの健康をサポートします。また，保育の中で子どもたちが自らの健康に関心をもち，積極的に健康的な生活を送ろうとする姿勢を育むために，適切な関わりをもつことが求められます。本章では，これらの取り組みについて具体的な方法や実践例から学び，子どもたちの健やかな成長を支えるための実践的な知識を深めましょう。

毎月行う身体測定，どう保育に生かしたらよいの？

1. 保育施設では，毎月身体測定を行う必要があります。それは，何のためでしょう？そして，誰のためでしょう？
2. あなたは製作活動が大好きな4歳児クラスの担任です。身体測定の結果を子ども主体の保育実践に生かすとすれば，あなたはどのような保育の展開を考えますか？

> ヒント
1. 保育施設に通う子どもたちとは，どういった子どもたちでしょうか？ そして，その子どもたちに対して，保育者が果たす役割とはどういったものでしょうか？ 成長の継続的観察，栄養状態の評価，健康問題の早期発見，子に応じた保育，保護者との連携，保育・教育の機会という観点から考えてみてください。
2. 子どもたちが主体的に関わろうとする環境構成を思い描いてみてください。身体測定の結果を子どもの身近なものやことにたとえたり，視覚的に表現したりするなどして，子どもが自分の成長に関心をもてるような展開を考えてみましょう。

第1節 保育における健康状態の把握

　保育現場では，子どもの健康状態や発育・発達状態を把握するために，健康診断の項目がいくつも定められています（第2章参照）。子どもの健康状態を把握する上で大切なことは，「きまりだからする」のではないということです。例えば，体温について考えてみましょう。子どもの健康状態を知る上で体温は重要な指標です。もし，体温がいつもより高ければ，子どもの全身状態を把握したり保護者へ連絡をとったり，時には専門医に相談するなどして体調の変化に対応します。ところが，毎朝の検温で平熱のときはどうでしょうか。毎日の作業のように，検温しては記録するだけの繰り返しとなってしまうことも考えられます。睡眠不足，その日の機嫌，朝食の喫食状況，外気温，着衣など，様々な状況を踏まえて，Aちゃんのことを把握する必要があります。その上で，得られた健康に関する情報を「何に生かすか」「どう生かすか」を考え保育に還元していくことが，子どもの発育発達に大きく作用します。本節では，健康状態の評価をすることが子ども・保護者・保育者にとってどのような意味をもつのかについて考えてみたいと思います。

(1)「評価する」ことの意味

　子どもの健康状態を「評価する」のは，端的には「大人の都合」ともいえます。子どもの健康状態や発育発達について，一定の指標を使って現状を知り，それを次の保育に生かすためにすることだからです。

　では，乳幼児期の教育・保育は何を目的として行われ，どのように評価をすればよいのでしょうか。それは，保育所保育指針や幼稚園教育要領の「保育の内容」の中の「ねらい」として示されています。例えば，保育所保育指針を見てみると，「健康，安全な生活に必要な習慣や態度を身に付け，見通しをもって行動する[*1]」と記されています。では，子どもが「健康，安全な生活に必要な習慣や態度を身に付け，見通しをもって行動する」ことができたかどうかを，どのようにして「評価」するとよいでしょうか。

　乳幼児期の子どもにとって，生活や遊びは何らかの目的のために行うものではなく，生活することや遊ぶことそれ自体が目的です。だからといって，「評価」をしないのもまた問題です。「ねらい」を「健康，安全

＊1　厚生労働省「保育所保育指針」の「第2章 保育の内容」の「3 3歳以上児の保育に関するねらい及び内容」の「(2)ねらい及び内容」の「ア 健康」の「(ア)ねらい」の③，2017年。

第Ⅱ部　保育内容「健康」の指導法

な生活に必要な習慣や態度を身に付け，見通しをもって行動する」とする以上，保育者は子どもの育ちがそのねらいに向かって進んでいるかを確認する必要があります。まずは保育者が子どもの健康状態の把握を行い，健康や安全な生活に必要な習慣・態度がどの程度身に付いているかを診断的に評価します。次に，保育者はそのねらいが保育の中で達成できたかどうかを，保育を行いながら形成的に評価し，もしくは保育実践後に総括的に評価をする必要があります[*2]。

　また，自身の保育の評価を行う際，主観や経験則ばかりが先行すると，保育者としての視野が広がらず，独断的な保育に陥る危険性があります。特に健康状態の把握を行う場合については，科学的な知見や客観的データをもとに議論を行う必要があります。

　「評価」を行う際に最も大切なのは，保育への還元（評価結果をどのように生かすか）を明確にしておくことです。さもなければ，その評価を何にも生かすことができず，子どもにただ不必要な評価を下すことになってしまいます。

*2　診断的評価：必要な対処を考えるために，子どもの健康状態やリスクを評価する方法。
形成的評価：日々の子どもの様子や保育者の経験に基づいて行う評価。
総括的評価：一定期間後の健康状態を総合的に捉える評価。

(2) 保育場面における健康管理

　保育場面で健康管理をする際には，健康診断のように測定・検査を行い数的なデータを用いて評価したり，保育者の専門性を発揮しながら見たり聞いたり触ったりして健康状態を把握しています。特に毎日欠かさず行われている乳幼児の健康状態の把握では，短い時間でより精度の高い情報を得るために，保育者は様々な工夫をしています。ここでは，保育実践の中で行われている工夫について紹介します。

┌─ EPISODE ┐

1　子どもの健康管理のための保育者の工夫 [*3]

Y保育園

Y保育園では，毎朝子どもたちが登園する前に，家庭連携アプリで家庭での様子を保護者から送ってもらい，園内でチェックしている。保護者と一緒に登園してくる子どもの顔色（特に目：体調不良のときは潤むことが多い）を見ながら挨拶をし，子どもの様子に違和感があればその場で保護者に心当たりがないか，昨夜からの様子などを尋ねる。保育中に気を付けて観察するために，場合によっては睡眠時間なども聞く。ここで，保育者が目を光らせているのは，次のような点についてである。それは，「目が潤んでいる（一重まぶたの子が二重になっている）」「顔が赤い（火照っている）」「手が熱い」「普段より動きが少ない」「普段より口数が少ない」「寝転んで気だるそうにしている」「普段と違う違和感（経験からくる感覚）」などである。この「視診」をもとに，必要に応じて健康指標を確認することで，より早く子どもの異変に気付くことができる。さらに，そ

114

の日の園生活で異常がなくても，降園時には保護者に違和感を丁寧に伝える。その際の保護者との会話の中にも，体調の変化に気付くヒントが隠れていることがある。例えば，「最近旅行に行った」「虫が多いところに行った」「寒がっている」「暑がっている」「きょうだい児の体調不良」など，保護者と様々な情報交換をすることで，早めの気付きにもつながる。

写真8-1　登園時に一人一人の子どもと挨拶をしながら視診を行う様子

出典：事例園提供。

　保育現場において，子どもの健康状態を把握するにあたり最も大切なことは，日頃から，園での様子，食事，睡眠，家庭での生活など一人一人の特性や性格を知り，園児や保護者らとコミュニケーションをとることです。その上で，体調が悪いとき，子どもが自ら「調子が悪い」と言えるような信頼関係と温かな環境を築くことも重要です。

*3　EPISODE 1のカラー写真は以下。

(3) 多職種が連携した健康支援

　乳幼児期の子どもの健康・安全にとって，家庭は非常に大きな影響をもちます。例えば，朝食の喫食や夜の睡眠をとってみても，子どもはそれぞれの家庭の状況に大きく影響を受けます。そのため，この時期の子どもたちの健康を考える際には，家庭の状況も踏まえることが基本です。このような捉え方を「生態学的システム論*4」といいますが，この視点で子どもたちの課題解決を図る際，保育・幼児教育施設内だけでは解決できないことが多く，他の専門職と協働する必要があることが見えてきます。これを「多職種連携」といいます。ここでは，実際の子どもの健康支援について，多職種連携を行った事例を紹介します。

*4　U.ブロンフェンブレンナー，磯貝芳郎・福富護（訳）『人間発達の生態学（エコロジー）――発達心理学への挑戦』川島書店，1996年。

EPISODE
2　先生，保育園が好きになったよ*5
Y保育園

　Aくん（4歳6か月）は，音と皮膚の感覚が過敏傾向にあり，聞き慣れない音や声を嫌がったり，同じ服しか着ないなどの特性があった。そのためか，年中クラスに進級して担任が変わると，

保育園への行き渋りが始まり，登園しても一人で遊ぶことが多くなった。2～3か月で担任には慣れたが，担任の声にしかなじめず，担任以外の保育者を避ける傾向が続いていた。

市の保健師が家庭訪問をしたときに，担任も園での様子を家庭にこまめに伝えていたため，母親から保健師に家庭や保育園の様子について相談があり，作業療法士B先生と個別相談を行うこととなった。

11月より，市の母子保健施設で月に1度のペースで，母親，保健師，担任が見守る中，Aくんの個別指導が行われることになった。担任もAくんの課題を理解して関わることができるように，母親の許可をもらい毎回同行させてもらうことになった。個別指導の内容は，巧技台やブランコなどを使った身体を動かす遊びが中心で，Aくんのペースで進められる。開始初日は，表情もかたく恐る恐る取り組んでいたが，B先生の明るく前向きな誘導もあって，2回目からは徐々にかたさがほぐれ，Aくん自身が楽しくチャレンジしているように感じられた。大好きなお母さんや担任の先生のまなざしをひとり占めできるひとときは特別に嬉しい時間だったのかもしれない。

「Aくん，すごく上手になったね！」

作業療法士B先生の明るい声が室内に響き，「もう一回やりたい」とAくんが笑顔で答えた。Aくんが訓練を受け始める半年前には見られなかった光景だ。こうして，回を重ねるごとに，運動遊びの上達と並行して，Aくんの笑顔と会話が増え，心も体も元気になってきていることが実感できた。

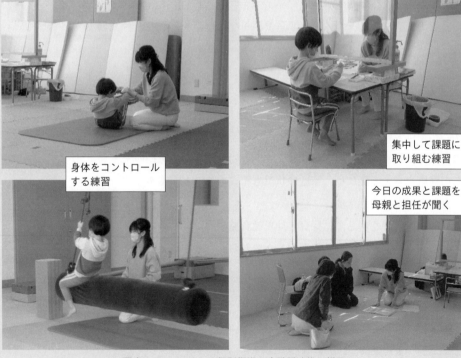

写真8-2　Aくんの個別指導と多職種連携の様子

出典：事例園提供。

保育者は，困っている子どもの気持ちに共感することはできますが，具体的にどのような手助けをすべきか分からずに悩むことがあります。本事例において，保健師や作業療法士との連携で子どもの課題が整理され関わり方を学ぶことができたのは大きな成果です。そこには，

・担任が，Aくんのありのままを受け止め，その状況を否定せずに関わったこと
・園での様子を保護者にくわしく丁寧に伝え続けたこと
・保健師が気軽に相談できる身近な存在であったこと
・市の支援事業が充実しており，すぐに個別相談につなげてくれたこと

などの要因が考えられます。これらは，Aくんと母親の意向と状況を把握した上で，行政，保健師，作業療法士，保育者という専門機関と専門職同士の連携がうまく機能した結果といえます。

後日，Aくんは「もう保育園が好きになった。明日もお休みせんで（お休みしないで）くる」と笑顔で園長に言いに来てくれました。振り返ってみると，Aくん自身が周りの友達との感覚の違いに一番戸惑っていたのかもしれません。

一人一人の子どもと家庭に丁寧に寄り添い，困り感に気付いたらいろいろな専門職と協働して，その子に合う解決策を探っていくことが重要です。

*5 EPISODE 2 のカラー写真は以下。

*6 巧技台
高さ10〜40cmの木枠とふた，および様々なパーツを組み合わせることによって，アスレチックのような遊び環境をつくることができる可動式の室内遊具。日本の幼稚園・保育所・こども園において一般的に見られる遊具である。

第2節 発達過程の記録と計画

第1節で述べたように，健康状態の把握は日常の保育の中で常に行われていることです。健康状態の把握の中には，「疾病や怪我があるかないか」だけではなく，どのように成長しているのかという発達過程を記録することも含まれます。また，それは，保育者だけが把握していればよいものではなく，家庭と保育施設が情報を共有し，両輪となって子育てを行うことが重要となります。本節では，家庭への情報発信・情報共有をしながら保育に記録を生かす方法について考えてみたいと思います。

(1) 子どもの育ちを把握する

みなさんは毎日顔を合わせている子どもの変化に，どれくらい気付くことができるでしょうか。顔を合わせるだけで，昨日と今日の身長の変

化や語彙数の増加に気付くのは難しいものです。だからといって，毎日身長を測ったり，発話を記録するのも現実的ではありません。そこで保育場面では，毎日計測する指標（例：体温など）と定期的に計測する指標（例：身長など）に分けて記録を行います。

加えて，第2章で述べたように，「発達（機能や能力，行動などの質的変化）」についても把握する必要があります。子どもの発達を把握するための検査としては，新版K式発達検査や遠城寺式乳幼児分析的発達検査，デンバー式スクリーニング検査等の発達検査がよく知られています。これらの子どもの発達を客観的に把握することができる検査では，発達の様相がカテゴリごとに把握でき，必要な支援の検討や，個別の保育計画作成から園内の環境構成に至るまで，非常に有効に結果を活用することが可能です。一方で，検査の実施には専門的知識と専用の検査器具，個別の空間，検査によっては検査者のトレーニングや資格が必要なものもあります。そのため，集団生活を行う保育場面において，日常的に発達検査を実施するのは困難です。そこで，福岡県保育協会保育士会調査研究部会の先生方は，保育者が日常的に利用でき，保育に生かすことが可能な，子どもの育ちを把握するツールを開発しています。当初は気になる子どもとその保護者の支援への活用を目的に調査・検討が行われましたが，すべての子どもに活用可能なツールとして，「発達経過記録シート」「げんきっこシート」「個別計画」「マニュアル」，そして「活用事例」まで整備され，福岡県保育協会加盟の全園に配付されています。写真8-3は，発達経過記録シートの一部です。園の文化や地域の特性に応じて発達の指標を改変できるように考慮されています。日常の保育の中で子どもの発達の過程を把握し，個別の記録に反映したり，必要に応じて保護者や他の専門職と共有したりすることが可能なこのツールが，保育現場のニーズから生まれたことには，非常に大きな意味があります。

しかし，発達を把握する指標があるだけでは十分に保育に生かすことはできません。次項以降で事例を紹介するB保育園では，子どもの発達を把握しようとした保育者から主任の保育者に対して，「合図に合わせて動くとはどのような子どもの姿を指すのでしょうか？」「はさみを使う項目が達成されるためにはどのような遊びの環境が考えられますか？」など，評価項目の意味理解や保育内容に関する質問が出るそうです。発達経過の記録を行う中で，ベテラン保育者と経験の浅い保育者の間に，一人一人の子どもを中心に話し合う機会が生まれているそうです。

第 8 章 子どもの健康支援

写真 8-3 発達経過記録シート（一部）[*7]

出典：福岡県保育協会保育士会調査研究部会（編）「支援の手引き」2015年。

(2) 健康状態の情報共有

ここでは，「子どもの成長」をテーマに保育参観をした B 保育園の事例を紹介します。

[*7] 写真 8-3 の詳細は以下。

EPISODE

3　家族と共に育む子どもの健康[*8]　　　　　　　　　　　　　　B 保育園

B 保育園の保育参観では，各クラスに足跡を展示した。年長クラスでは赤ちゃんの頃から卒園までの足跡を展示し，親子で体の成長について実感することができた。

さらに年長クラスでは，子どもたちから保護者へ，自分が大きくなったと感じたことを手紙にした。子どもたちは「靴や洋服が小さくなった」「赤ちゃんのときにとってもらった人型が年長さんのときの人型の大きさと全然違う」など，卒園を前に自分を見つめる時間を設けた。そして，縄跳びや鉄棒ができるようになったというだけでなく，「赤ちゃんを抱っこできるようになった」「お友達のお話を最後まで聞けるようになった」など，子ども同士の関わりの中で，自分の成長を実感している姿が印象的だった。

119

第Ⅱ部　保育内容「健康」の指導法

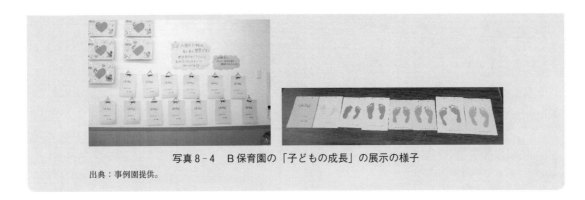

写真8-4　B保育園の「子どもの成長」の展示の様子

出典：事例園提供。

*8　EPISODE 3 のカラー写真は以下。

子どもの気付きや「こうしたい」という発想を大事にしたり，成長への喜びを実感できるようにするとともに，自分なりの表現の方法で力を発揮することができるように，保育者は子どもを支えていく必要があります。また，保護者にもその経過を伝えることで，子どもの育ちに関心をもってもらい，保育者と保護者で子どもの育ちを共に喜び合える環境づくりを行うことが，自らの健康を主体的に捉える子どもの育成につながるのではないでしょうか。

(3) 保育計画に評価や記録をどう生かすのか

EPISODE

4　大きくなるということ *9

B保育園

　B保育園では，毎月「大きくなったかな？」と身体測定を行っている。1歳クラスの子どもが身体測定をするたびに「大きくなったね」と言われ，保育者と同じように計測値を見て笑顔になっている。中には，大きさの違う人形を並べて「（小さい人形から大きい人形に向かって）大きくなったね」と声をかける子どももいる。そうした様子を見ると，身体測定は栄養状態や健康状態を捉えるだけでなく，子どもが「大きくなったんだ」と自覚し，喜びになる時間でもあることを実感する。

　さらに，年長児になると，子どもたちは遊びの中で，「どっちが背が高い？」など，友達同士で比較をするようになる。背比べをするときは，印をつけると比較がしやすく，目で見て分かりやすいことに気付いたAちゃんは，今度は「体重も印をつけたい」と言い出した。体重の記録をグラフ化するのは簡単だ。でも，「何かいい方法はないかな？」と考えていたところ，Mちゃんが「キティちゃんの体重はリンゴ1個の重さなんだって！　ママが言ってた。Mはリンゴ何個かな？」とおやつのリンゴを食べながら口にした。今度は，Kくんが「人間の体は水なんだって!!　パパが言ってたよ！（腕をさわりながら）水じゃないよね」と口にした。その数日後，再びKくんが「先生，あのね，水1リットルが1キロなんだって。だからペットボトルが19本あった

ら僕の体重なんだ。今からペットボトルに水を入れて僕の体重と同じにしたい」と提案してくれた。

「これだ！」と思った保育者は、さっそく、保護者にペットボトルを持ってきてほしい、とお願いした。いろいろなサイズのペットボトルが集まったら、子どもたちの実験のはじまりだ。自分の体重分の水を入れて運んでいく。水を床にこぼす、重くて運べないなどもありながら、気が付くとそれぞれが自分の体重を「ペットボトル何本分」と表していた。

写真8-5　B保育園の身体測定と、人形を並べて成長を実感している子どもの様子

写真8-6　B保育園の背比べの様子

出典：事例園提供。

体重や身長を「毎月測定するもの」と捉え記録して終わるのではなく、子ども自身が成長に気付き、遊びや生活の中で成長を視覚化する面白さを子どもたちから引き出した実践事例です。このように、発育発達の記録を保育実践に生かすことは、子ども自身が主体として健康を捉えるきっかけとなります。

＊9　EPISODE 4のカラー写真は以下。

第Ⅱ部　保育内容「健康」の指導法

第3節　自ら健康について考える子ども

第3節では，保育者主導ではなく子ども中心の保育となるような工夫について紹介します。なぜ子どもが自ら「健康について考える」必要があるのか，そして，保育者の健康に関する思いや願いを子どもが「理解」し，「考え」，「実行したり行動を変えたりする」過程について，具体例をもとに考えてみましょう。

(1) 子どもが主体的に育む健康

「健康」の分野では，子どもたち自身が「健康で安全な生活をつくりだす力を養う」ことをねらいとし，日々の中で子どもたちが見通しをもって行動できることを目指します。その中で，内科健診や歯科健診のような健康診断は，自分の体に興味をもつきっかけになるものだといえます。ここでは，「歯磨きの大切さ」について子どもたちが主体的に展開した活動を紹介します。

EPISODE

5　むしばバイキンやっつけよう！ *10　　　　　　　　　　M保育園

年長児になると様々なことに興味をもち，図鑑などで調べようと数人で集まって話をしている場面をよく見かける。このときは，先月植えた夏野菜の水やりや草抜きなどをしていた際，葉っぱに穴が開いていることに気付いた子どもが，他の野菜や葉っぱにも穴があるのではないかと観察をしていた。図鑑で調べてみると，トマトの葉っぱにつく虫のしわざだと分かった。葉っぱがたくさんくっついていたら虫に食われやすいことを知り，増えすぎた葉っぱをちぎってみたり，苗をいただいた農家の方に「どうしたらよいか」聞きたいと言い出す子どももいた。

担任は，この"虫"からのつながりで，子どもたちの気持ちが虫歯へと向いていくことを期待した。そこで，近づいてきた「虫歯予防デー」の話をもち出し，「先生たちが虫歯予防デーで虫歯の劇をするんだけど，小さいお友達に見せたいから，みんなもむしばバイキンの役で出てくれない？」ともちかけた。これまで，何度も読み聞かせで知っているお話だが，むしばバイキンについてみんなでいろいろ話し合うことになった。「むしばバイキンってむしばの子分よね？」「何を食べてるの？」「嫌いなものは何かな？」など，野菜のときと同様に話し始めた。絵本の中では，きれいに歯磨きする子には弱くて，歯磨きをしない子をねらうことなどから，「歯磨きが嫌いで歯を磨かない子どもが好き」などという設定を自分たちで考えた。また，セリフを考える際も，「小さい子たちが怖がらないように歯を磨いたら大丈夫って言おう」「お菓子を食べてそのま

122

ま寝る子が好きだと言おう」「ちゃんと磨いてなくてお菓子のカスがついてる歯をねらう」など，歯磨きが大事であることが意識づいているようだった。

　劇当日には，歯磨きをしない子ども役の先生が，お菓子を食べながらベッドに入り，よりダメなことを強調した。小さな子たちが怖がらないようにと思いやりがもてたり，分かりやすく大きな声でセリフを言おうなどの工夫もできた。

　そのような「虫歯予防デー」の劇に参加した日の昼食後，歯磨きをしながら「むしばバイキンが近づかんようにちゃんと歯を磨こうね」「歯と歯の間も大事よ」などと，いつもより丁寧に歯を磨いている子どもたちの姿が見られた。これこそ，子どもの行動がいつもの習慣から意味をもった歯磨きへと変わった瞬間だったと思う。クラスだよりで保護者にもタイムリーにお知らせした。

写真8-7　むしばバイキンの劇（左）とその後の歯磨き（右）
出典：事例園提供。

(2) 保育者に必要な関わりと支援

　保育所保育指針解説に「保育に当たっては，一人一人の子どもの主体性を尊重し，子どもの自己肯定感が育まれるよう対応していくことが重要である」とあるように，子どもの主体性を尊重するということは，保育者が何も働きかけないようにするということではありません。子ども自らが興味や関心をもって環境に関わりながら多様な経験を重ねていけるようにするために，保育者が子どもの発達の特性と一人一人の子どもの実態を踏まえ，保育の環境を計画的に構成する必要があります。その上で，一人一人の心身の状態に応じて適切に援助することが求められます。

　子どもたちが目指す姿へ行ったり来たりしながら進んでいく過程は何通りもあり，発想や思いが行動としてどんどん展開していきます。保育者には，その子どもたちの進んでいく先を想像する力が必要です。子どもたちの思いや行動が目指す姿へと向かっていけるように，かじ取りを

＊10　EPISODE 5 のカラー写真は以下。

＊11　厚生労働省「保育所保育指針解説」2018年。

第Ⅱ部　保育内容「健康」の指導法

するような関わりや言葉がけが求められます。子どもたちの思いや行動が思いもよらぬ方向へ展開していく場面も少なくありません。しかし，その流動的な展開こそ保育者がワクワクする瞬間であってほしいと思います。保育者には，子どもと一緒に「なんでかな？」「どうなってるのかな？」と不思議がったり，その子どもの不思議に思う気持ちから，さらに興味を広げていけるような言葉がけや関わりが必要になります。

章末問題

1．母子手帳や保護者への聞き取りを行い，自分自身の幼児期の成長記録や予防接種記録をつくってみましょう。

2．各自，自分の歯ブラシを用意して，グループで保育者役と子ども役に分かれて，子ども役の人の歯磨きをしてみましょう。磨き終わったら，交代して先生役だった人が子ども役になり歯を磨いてもらいましょう。全員が磨き（磨かれ）終わったら，それぞれが感じたことを話し合ってみましょう。

文献紹介

★河邉貴子『遊びを中心とした保育 ── 保育記録から読み解く「援助」と「展開」』萌文書林，2020年。

★松平千佳『遊びに生きる子どもたち ──ハイリスク児にもっと遊びを』金木犀舎，2020年。

★今井和子『0歳児から6歳児の自己肯定感を育む保育』小学館，2022年。

第 9 章

安全管理と
安全教育・健康教育

子どもが伸び伸びと遊び込める環境をつくる中で，大きな怪我や事故は起きないようにしていかなければなりません。そのためには，どのような視点をもつとよいのでしょうか。また，子ども自身の安全への意識はどのように育んでいけばよいのでしょうか。

本章では，子どもの興味関心と向き合い，子どもが挑戦したい気持ちを大切にしながら，どのように安全を確保していけばよいのかについて学んでいきます。

チャイルドマウスをつくってみよう

1. 以下の「チャイルドマウス」をつくり，自分の身の回りにあるものや，子どもが好きなおもちゃなどを入れてみましょう。

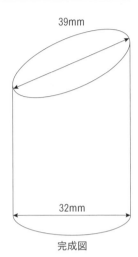

完成図

チャイルドマウス（原寸大）

のりしろ

2. チャイルドマウスに入る大きさのものを，誤って子どもが口に入れないようにするためには，どのような工夫が必要でしょうか。考えたことを書き出してみましょう。

> **ヒント**
> 誤飲・誤嚥防止のために，子どもの口の大きさに入るものを近くに置かないことは大切ですが，異年齢で過ごす環境や，散歩先で出会うどんぐり，小石といったものを，すべて排除することは不可能でしょう。また，そうした環境をすべて排除することは，子どもの育ちを支えるという観点でいえば，よい環境とはいえないかもしれません。どのような対策をすればよいか，考えてみてください。

第9章　安全管理と安全教育・健康教育

第1節　日常の保育の中での安全対策

(1) 誤飲・誤嚥防止のために^{*1}

チャイルドマウスには，ペットボトルのキャップ，消しゴム，ボールペンやマジックペンのキャップ等，身の回りにある多くのものが思いのほか入ってしまうことに驚いたのではないでしょうか。

乳幼児期には，何でも口に入れて確かめる時期があります。口の感覚が他の部位より敏感であるため，口の中にものを入れることによって，それがどんなものかを確かめているのだといわれています。個人差はありますが，特に1歳6か月頃までは多くの赤ちゃんが，近くにあるものを何でも口に入れてなめる傾向があるため，0，1歳児クラスのおもちゃは，飲み込めない大きさのものを用意しておくとよいでしょう。つまり，安全になめることができる環境をつくるようにします。子どもがなめて確かめる発達段階に，口に入れたら危険なものを近くに置いておいて「口の中に入れないで」と禁止する声かけをしていたら，子どもも大人も安心して過ごすことができません。禁止の声かけをしなくてすむ環境をつくることで，子どもが伸び伸びと活動することができるようになります。

また，おもちゃの劣化に伴い，部品の一部がとれることなども想定し，口に入れる可能性のあるおもちゃに関しては，毎日の消毒の際に，大きさだけでなく，状態もチェックしましょう。なお，ペットボトルなどで手づくりのおもちゃを作成することもありますが，キャップがはずれると口に入れることができてしまうため，容易にはずれないようしっかり固定しておくことが必要です。

2歳以上であっても，口にものを入れることが好きな子どももいます。飲み込むことのできない大きめのもので代用するうちに，口の中で確かめることを卒業し，少しずつおさまることもあります。また，食べ物でないものは，口の中に入れて遊ぶものではないことを丁寧に伝え，誤って飲み込むとどうなってしまうか，一緒に考えてみるなど，おもちゃを口に入れて遊ぶことが危険であることを，子どもの気持ちを受け止めながら伝えていきましょう。

日本小児科学会雑誌の傷害速報等によると，保育・幼児教育現場ではありませんでしたが，大きさ35mm程度の木製のままごとセットのイ

＊1　誤飲とは，本来飲み込まないもの，つまり食べ物以外のものを誤って飲み込んでしまうことをいい，誤嚥とは，食べ物や食べ物以外のものが誤って気道に入ってしまうことをいう。

127

*2 日本小児科学会こどもの生活環境改善委員会「Injury Alert（傷害速報）No. 47 木製おもちゃの誤嚥による窒息」『日本小児科学会雑誌』118(4)，2014年，pp. 750-751.
読売新聞2018年11月14日．

*3 日本小児科学会こどもの生活環境改善委員会「Injury Alert（傷害速報）No. 3 スーパーボールによる窒息」『日本小児科学会雑誌』112(4)，2008年，p. 802.

写真9-1　木製のおもちゃ
下半分のイチゴの先端部を誤嚥した。
出典：日本小児科学会こどもの生活環境改善委員会「Injury Alert（傷害速報）No. 47 木製おもちゃの誤嚥による窒息」『日本小児科学会雑誌』118(4)，2014年，p. 751. 円の囲みは筆者による。

チゴ（マジックテープで2つに分離できるもの）の先端部分を自宅で誤嚥して，2歳児が脳死に限りなく近い状態になり，10か月後に亡くなったケースがありました（写真9-1）。発生状況の説明によると，この2歳児は，もともと口の中にものを入れて遊ぶくせのある子どもで，ふざけておもちゃのイチゴを口の中に入れて母親に見せたときに，いつも以上にきつく叱られ，かたくなに口を閉じて誤嚥してしまったとのことです。その他，3歳児が直径35mmのスーパーボール2個を口の中に入れて遊んでいて，叱られた拍子に驚いてそのうちの1個を吸い込み窒息状態になり，6か月後に死亡したケースなどの報告もあります。

　万が一，子どもがおもちゃなどを口に入れて遊んでいる姿を見かけたら，叱らずに落ち着いて優しく声をかけて，口から出すように促しましょう。そして，その子どもの興味関心を探り，他の遊びに誘うなど，口にものを入れることに固執しないように働きかけていくことも大切です。

COLUMN

園内外の自然物との触れ合いを大切にするための工夫

　園庭や園外に行くと，たくさんの自然のものに触れ合う機会があります。どんぐりやまつぼっくりといった木の実や，小石など，様々な自然の素材とたくさん出会うことがあるでしょう。こうした自然物の大きさは，よく見るとチャイルドマウスに入ってしまうものがほとんどです。では，これらの自然物もすべて保育・幼児教育現場の中から排除すべきなのでしょうか。

　この園では，園庭で，小石やひめりんご，葉っぱなどを夢中で集める2歳児の姿があります。特に，小石集めは，1人，2人，3人とクラスの中に広がっていき，園庭だけでは物足りず，園外の公園に行って自分の好きな形や色，大きさの小石をそれぞれ集めています。好きな形や大きさに自分なりにこだわって小石を真剣に集めている2歳児の姿の中には，それを口に入れる様子は見られません。この園では，好きなものを集めたときに，それを安全に持ち帰ることができるようにジッパー付きの袋を上手に活用しています。子どもたちは，夢中になって集めたものを，自分で袋に入れます。一生懸命探した小石たちは，子どもたちの宝物になります。同じ小石集めでも，子どもたち一人一人の好みがあり，何にこだわって集めてきたのか，一つ一つの袋を眺めてみると，それぞれ特徴があることにも驚かされます。

第9章　安全管理と安全教育・健康教育

　子どもたちは，自分でジッパーを閉じることができますし，そのまま家に持ち帰って，自分だけの宝物として大切に持ち続けている子どももいます。また一緒に過ごしている0歳児や1歳児が興味をもったときには，保育者も「赤ちゃんに渡すときは，袋のまま渡そうね」と伝え，保育者の見守る中で，口に入る大きさのものをそのまま渡さない配慮もしています。2歳児たちも，赤ちゃんに小さなものを渡すと危ないということは，保育者が伝えていく中で理解し，自分たちも気を付ける気持ちが育っているようです。

　子どもたちが集めた宝物の袋は，閉じることもできるので，部屋に持ち帰ってもばらばらになることなく，誰のものかもすぐ分かり，安心して保管することができています。

　異年齢の子どもたちが一緒に過ごす際は，「危ないから」と，何もかもを排除するのではなく，様々な工夫をしながら安全にも配慮し，保育者が見守る中で，子どもたちがじっくりと好きなことに取り組む環境を大切にしていきたいものです。

写真9-2　2歳児が夢中で集めたひめりんごの実や葉っぱ

写真9-3　2歳児が一人一人こだわって集めた小石たち
ジッパー付き袋に入れておけば友達のものと区別もつき，ばらばらにならず安心。

写真提供・取材協力：幼保連携型認定こども園ゆうゆうのもり幼保園。

(2) はさみなどの道具を安全に使うために

　はさみなどの道具は，身近にある大変便利なものですが，使い方を誤ると凶器にもなりえます。では，こうした身の回りにある便利な道具を安全に使えるようになるためには，何を大切にしていけばよいのでしょうか。

　はさみの使い方を例に挙げて考えてみます。はさみの使い方は，多くの子どもたちが幼児期に学んでいきます。「はさみ」という道具に出会うきっかけは，子どもによって様々ですが，子ども自身が「切ってみたい」「やってみたい」という想いがあるときに使い始めることが大切です。自分自身が「切ってみたい」という意欲をもって使っているときは，集中して丁寧に道具を扱うので，大きな怪我につながることはほとんどありません。仮に，はさみを使いたいという気持ちのない子どもにはさ

＊4　COLUMNのカラー写真は以下。

みを渡したら，それは「今の自分にとって必要のないもの」となり，放り投げてしまうかもしれません。はさみを安全に使うためには，保育者側の関わりや援助の仕方に目が向けられがちですが，その出発点として，実は子ども自身が意欲をもってはさみを「使ってみたい」と感じているか，ということが大変重要であるといえます。

　子どもによって，「切ってみたい」と感じるシチュエーションは様々です。年長児やきょうだいがはさみで何かを切っている姿を見て，「自分も切ってみたい」と感じる子どももいれば，友達が切っている姿を見て，「自分もやってみたい」となる子どももいます。何か製作をしているときに，保育者から「これ切ってみたらいいかもね」などと提案されたことがきっかけで，「切ってみようかな」という気持になる子どももいるでしょう。いずれにしても，子ども自身が「切ってみたい」「やってみたい」という気持ちになったときに使い始めるとよいでしょう。よって，保育者は子どもが「やってみたいな」と感じる環境を用意したり，声かけをしていくことが大切です。

　写真9-4でAくんが真剣に切っているのは，色水の入った製氷皿の写真を紙に印刷したものです。実はこのカラフルな製氷皿は，子どもたちが色水遊びをしたときにつくったものでした（写真9-5）。色と色とを混ぜ合わせて新しい色をつくって楽しんだり，製氷皿の中にそーっと流し入れてみたり，子どもたちは色水遊びを存分に楽しんでいたのですが，この製氷皿があまりにも素敵だったので，保育者が思わず撮った写真でした。この製氷皿の写真を切りやすい用紙に印刷し，はさみで1回切りをするのにちょうどよい紙を用意しました（写真9-6）。子どもたちも「自分たちがつくった色水だ」ということから反応もよく，進んではさみの活動に入っていく姿が見られました。初めてはさみを使い始める2歳児は，このようにチョキンと1回で切ることができる薄手の紙から切り始めるとよいでしょう。

　実は，写真9-6も，子どもたちが集めてきたタンポポやツツジの花の写真を加工したものです。子どもたちがジッパー付き袋に花をつんで持ち帰ったとき，あまりにもきれいだったので保育者が写真を撮っていました（写真9-7）。その写真を，保育者がコラージュをつくるアプリを使って，六角形や丸に切り抜き，印刷したものを素材にしました。すでにはさみの使い方が慣れている子どもの中には，1回切りだけでなく，線を切ったり，丸を切ることに挑戦したい姿もありました。自分たちがつんできた花の写真からできた六角形や丸は，単なる六角形や丸ではな

＊5　写真9-4～9-9のカラー写真は以下。

く，特別な想いで切ってみようとする子どもたちの姿がありました（写真9‐8）。子どもたちの興味のある素材を用意したことで，はさみの活動への意欲につながっていきます。

このはさみの活動中に怪我をする子どもはいませんでした。自分たちが「切りたい」という想いをもちながら活動していると，子どもたちは集中して慎重にはさみを使います。そして使いながら，だんだんと切ることに慣れていきます。写真9‐4のAくんは，はさみを机に固定することで，ぶれずにきれいに切れることを発見したようでした。子ども自ら，いろいろな方法を試してみる環境をつくることも大切です。「切ると楽しい」と感じる気持ちが，その後の意欲につながっていきます。

なお，こうした活動に入る前には，最低限のルールを伝えておく必要はあるでしょう。例えば，はさみを使うときは椅子に座って切ること，もし持ち歩く場合は，刃の方を自分の手に持ち，人に刃を向けないこと，使ったら片付けることなどです。

また，はさみを使う場所については，他の遊びの動線と重ならないよう，環境を設定します。もし異年齢など，経験の違いがある子どもたちが過ごす場所であれば，環境を分けて設定するとよいでしょう。用意するはさみも，経験の浅い2，3歳児であれば，刃が鋭くないものを使い，慣れていくにしたがって，切れ味がよいものに移行していくとよいでしょう。

また，2，3歳児では，切ったものを何かに見立てて楽しむ姿が見られることがあります（写真9‐9）。子どもが切ったものを「お月様」や「ボート」などに見立てたときに，保育者が黒い画用紙を用意することで，切ったものの形がとても見やすくなります。いろんなものに見立てていくうちに，保育者からの声かけによって，セロハンテープを使う活動にも広がっていきます。このように，やりたい活動を支えてくれる保育者の存在があり，子ども自身が楽しみながら集中して道具を使うことができると，大きな怪我なく，様々な道具を使えるようになっていきます。

子どもがはさみなどの道具を安全に使えるようになるためには，子どもの意欲を大切にし，子どもが楽しむ姿を支えながら，活動を広げていけるような保育者の関わりがとても大切です。

逆に，年長児であってもはさみが苦手な子どもがいる場合は，なぜ苦手なのかを考えます。これまであまり興味がなく，経験してこなかったから苦手なのか，やってみたけれどもうまくいかなかった経験があり，

第Ⅱ部 保育内容「健康」の指導法

写真9-4 はさみで慎重に
色水遊びのときにつくった製氷皿の写真を使って1回切りできるようにした紙を，一つ一つ丁寧に切っている。

写真9-5 色水遊び
色を混ぜ合わせていろんな色の色水をつくり，製氷皿にそーっと流し込んでいるところ。

写真9-6 花と色水
色水遊びのときにつくった製氷皿の写真や，公園でつんできたタンポポやツツジの花の写真をコラージュのアプリで六角形や丸に切り抜いたものを切りやすい用紙に印刷。

写真9-7 色とりどりの花
公園でつんできたタンポポやツツジの花をジッパー付き袋に入れて持ち帰ってきた。

写真9-8 丸い形を切ることに挑戦
保育者が子どもたちの活動の写真からつくった写真9-6の紙を真剣に切っている。

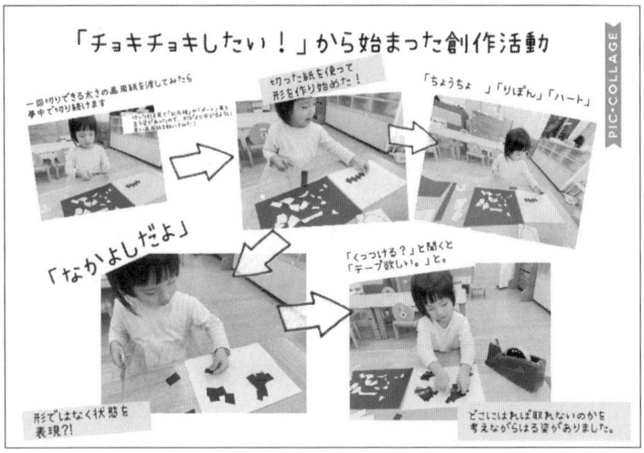

写真9-9 切ることから始まった創作活動
はさみで1回切りした紙をいろんなものに見立てながら活動を広げている。

写真提供・取材協力：幼保連携型認定こども園ゆうゆうのもり幼保園。

第9章　安全管理と安全教育・健康教育

消極的になっているのかなど，理由を探ってみることが大切です。そして，その子どもがどこに興味を示すのかを探り，無理なく自分からはさみで「切ってみよう」と思える活動につながる環境をつくっていくとよいでしょう。はさみの活動が，一人一人の子どもにとって楽しいものになるように援助していくことが，結果として安全なはさみの使い方につながっていきます。

(3) 木登りに挑戦してみたい子どもの姿から

　体を動かす遊びについてはどのように安全を確保していけばよいでしょうか。子どもが安全に活動範囲を広げていくためには，「自分の力でどれくらいできるか」という経験を大切にしながら，最終的には自分で自分の力量を判断して挑戦していけるように援助していくことが重要です。木登りに挑戦する子どもの姿を例に考えてみましょう。

　5歳児が木登りをしている姿を見て，3歳児がやってみたい気持ちになったときには，その3歳児なりの木登りの挑戦ができることを大切にしたいものです。保育者が近くで援助できる環境であれば，ぜひ経験させてあげるとよいでしょう。「どこに足をかけて登ったらいいんだろうね」などと，子どもと一緒に考えながら，子ども自身が「できそうかどうか」を確認できるように援助していくとよいでしょう。このときも，保育者が「登らせてあげる」というよりは，子ども自身が「どこまで自分でできるか」を考えながら登り，必要であれば保育者が少しおしりを支えてあげる，といった援助がよいでしょう。子ども自身が，「自分で試してみたらできた」という気持ちをもつことができるような活動にしていくことが大切です。自分で試行錯誤しながら挑戦を重ねていく中で，「自分ならどこまでできるかな。ここから先は無理かな」という感覚を体感していくことで，自分の身の安全の守り方を身に付けていきます。そのためには，身近にいる保育者が，一人一人の身体能力を把握し，「この子だったら，この挑戦はやっても大丈夫だろうか」という検討をその場でしながら見守りと援助をしていくことが大切になります。もし明らかにその子どもの身体能力を超えるような挑戦をしようとしているときは，保育者は子どもの気持ちに寄り添いつつも，少しハードルを下げた提案をした方がよいこともあるでしょう。そこを見極めながら，なるべく子どもができそうな挑戦はできるようにしていくことが重要です。また，木登りに不慣れな子どもが挑戦する際は，万が一の落下に備えて，子どもの体幹を支えることができる位置にいるようにしましょう。なお，

133

子どもの経験が浅い場合は,登ることはできても降りることができないこともあります。そのときは,自分で降りられるかどうか,保育者に手伝ってもらいたいかどうかなど,子どもとよく相談しながら援助していくとよいでしょう。木の根元にはマットやラバーを敷いておくなど,万が一落下したときに備えて安全な環境を整えておくと安心です。

一人一人の子どもの身体能力や,そのときの心もちを保育者が汲み取って,「挑戦してみたい」と思う子どもの気持ちをなるべく叶えられる援助をしていきたいものです。その上で安全を確保するためには,保育者同士が柔軟に連携し合い,その場を離れられない状況の保育者がいたら,別の保育者にその場所の確認を互いにお願いできる関係性をつくり上げていくことが大変重要になります。

子どもはいろいろな経験を生活の中で試してみることで,自分自身でできることを増やしていきます。安全に関する感覚も,自ら挑戦していくことで養われていきます。子どもが挑戦できる環境をどのようにつくれるか,考えていきましょう。

第2節　災害対策

(1) 避難訓練

昨今,わが国では各地で地震等による災害が発生しています。2024(令和6)年の元日に,能登半島地震が発生するとは誰も予測できなかったのではないでしょうか。いつ来るか分からない災害等に備えて,2017(平成29)年告示の幼稚園教育要領,保育所保育指針,幼保連携型認定こども園教育・保育要領の3法令では,いずれにも「健康」の「内容の取扱い」の中で,「避難訓練などを通して,災害などの緊急時に適切な行動がとれるようにすること」と記載されています。[*6]

園などの所在地の地域特性について,ハザードマップ[*7]等を利用して把握し,まずは園でどのような災害が起きる可能性があるか,ということを把握します。そして,どの災害のときには,どこに,どのように避難すべきなのか,災害種ごとに確認しておく必要があります。災害時に避難場所まで子どもたちと共に移動することを想定し,いくつかのルートを実際に歩いて確認しておくとよいでしょう。実際に歩くことで,お散歩カーでは通れない場所などに気付くことができます。

---

*6　文部科学省「幼稚園教育要領」2017年。

厚生労働省「保育所保育指針」2017年。

内閣府・文部科学省・厚生労働省「幼保連携型認定こども園教育・保育要領」2017年。

避難訓練は，地震・火災・不審者等，いろいろな場面を想定して行うことが大切です。時間帯や曜日なども変えることで，行うたびに気付く内容が違ってきます。季節によっても注意する視点が変わってくるでしょう。例えば寒い季節での避難訓練では，子どもたちの保温に必要な上着をどのように持ち出せばいいのか，当座は毛布で代用するのかなど，夏

写真9-10 火事の避難のときに守る「おかしもち」のパネルボード（HANAHANA）
出典：筆者撮影。

なら考えなかったことも見えてくることがあります。大切なのは，どの避難訓練も，行った際に気付いたことを必ず振り返って全職員で出し合い，改善できる点はすぐに改善しておくことです。そして，改善した点については全職員で共通認識できるようにしておきましょう。

子どもたちにも，年齢に応じて，避難訓練の大切さを伝えます。子どもたちも避難訓練の回数を重ねていくことで，自分がどのように動けばよいのかについて考えられるようになっていきます。避難する際の約束事も，パネルボードなどを使って，子どもたちにも分かりやすく伝えておくことも大切です（写真9-10）。例えば火事の避難のときには，「おかしもち」のルールを守ることを伝えておくとよいでしょう。「お」さない，「か」けない，「し」ゃべらない，「も」どらない，「ち」かづかない，の頭文字をとったものですが，こうした分かりやすい言葉を使いながら，子ども自身も，なぜそうすべきなのかということを一緒に考えていくようにします。

避難訓練も，大人が子どもに「やらせる」こととして捉えるのではなく，「安全に避難するために，自分や仲間の命を守るために，どう行動すればいいのか」について，自分で考える機会をつくるようにしていきましょう。

(2) 非常用持ち出し袋と備蓄品：アレルギー疾患児等への対応

避難訓練の際に，あわせて非常用持ち出し袋と備蓄品についても確認しておくとよいでしょう。

非常用持ち出し袋には，年齢に応じて，ウェットティッシュ，おしりふき，おんぶひも，紙おむつ，着替え（長袖含む），バスタオル，液体ミ

＊7 国土交通省「ハザードマップポータルサイト」（下記）などを確認することで，各土地の災害リスクを調べることができる。このサイトから，市町村が法令に基づいて作成・公開したハザードマップも調べることができる。

2024年3月23日閲覧

＊8 「【おかしもち】イラストパネルボード」（HANAHANA）など，視覚的に子どもでも分かりやすいものを使って説明すると，子どもたちも理解しやすくなる。写真9-10のカラー写真は以下。

ルク，哺乳瓶，水，ビニール袋・ハンドハイパー（レジ袋），ホイッスルライト，お菓子（アレルギー疾患児が食べられるもの），救急用品，名簿（既往歴など個別対応が必要なことも明記）などをリュックに入れて，すぐに持ち出せる場所に置いておきます。非常用持ち出し袋の中にある食品の賞味期限が切れていないか，アレルギー児が食べられるものになっているか，災害発生時にすぐに持ち出せる場所に置いてあるかなどを確認することが大切です。エピペン®等，医薬品を園で預かっている場合は，それらも必ず持ち出せるようにしておきましょう。

また，万が一自宅に帰れなくなった際に園児や教職員が園内で過ごせるように，全園児と全教職員が過ごすことのできる飲料水や食糧を3日分用意しておく必要があります[*9]。このときも，アレルギー疾患などの既往歴がある子どもが食べられる食糧を必ず準備しておきましょう。例えばアレルギー特定原材料不使用のアルファ化米を準備しておくことで，アレルギー疾患児も，そうでない子どもたちも，同じものを食べることができます。園では家庭と連携し，必要な備蓄品についても共有しておく必要があります。そして万が一の有事の際には，食物アレルギー疾患の子どもがいることを行政に伝え，支援が受けられるようにしましょう。

実際の避難生活の中では，アレルギー疾患児をよく知っている保育者が常にそばにいられるとは限りません。誰にでも分かるように，非常用持ち出し袋の中に，アレルギー疾患児であることが分かる名札を用意しておくとよいでしょう。その際，何を食べるとアレルギーを起こすのかが一目で分かるようにしておきます[*10]。

それと同時に，年齢によっては，子ども自身が「自分は何を食べてはいけないのか」について周りの大人に自ら伝えられるようになっていくことも大切です。子どもの年齢や理解力に応じて，自分のことを周囲の人たちに伝えることができるように，援助していきましょう。

*9 警視庁警備部災害対策課「地震のときはこうしよう！」2024年。
2024年3月23日閲覧

*10 日本小児アレルギー学会「災害時のこどものアレルギー疾患対応パンフレット（改訂版）」2017年。
2024年3月23日閲覧

第3節 健康や安全の意識を育むために

特に乳児期などには，子どもが伸び伸びと過ごすことができる環境を周囲の大人が整えていくことが必要ですが，年齢が上がるにつれて，子ども自身が健康や安全を自ら守れるようにしていくことが望ましいといえるでしょう。そのためにはどうしたらよいでしょうか。

第 9 章　安全管理と安全教育・健康教育

　子どもたちが，自分の体の声を聴きながら，自分で行動できるように
なっていけるとよいでしょう。例えば，暑い中，熱中して遊んでいると
水分をとり忘れてしまう子どももいます。子どもは大人に比べて体の水
分の割合が多く，水分バランスを崩して脱水症状を起こしやすいという
知識を，保育者は有しておく必要があります。子どもが脱水症にならな
いために，最初のうちはタイミングを見て，子どもたちに水分をとるよ
うに声をかけたり，適宜休憩をとったりすることを保育者が促し，だん
だん，子ども自身が「どうすればいいのか」を考えられるようにしてい
くような声かけをしていきます。子ども自身が適宜休憩をとったり，の
どが渇いたら自分でいつでも水分がとれる環境をつくっていくとよいで
しょう。

　また，体調がよくないときには，我慢せずに周りの人に伝えられるよ
うになることも大切です。特に何らかの持病がある子どもは，調子が悪
いことを伝えずに無理をしてしまうこともあるため，体調が悪いときは
周囲に伝えてよいということを話しておきましょう。また，もし伝える
ことができたときには，たとえ大事に至らなかったとしても，「伝える
ほどのことではなかった」と責めるのではなく，「伝えることができて
よかった」ことを本人に伝えるなど，常に子どもの発信を受け止めてい
きましょう。乳幼児期には，保育者が子どもの異変を見逃さないことが
重要ですが，同時に，子どもから発信してくれたときにはしっかり受け
止め，発信できたときに，子どもが安心感を得られるような関わりをし
ていきましょう。体調が悪いときでも，子どもが安心して過ごせる環境
をつくっていくことが大切です。

　安全面においても同じことがいえます。基本的には安全な環境をつく
ることを大切にしていきますが，安全を理由に規制を強化したり，一方
的にルールをつくって管理するのではなく，子どもが自ら挑戦できる環
境を用意し，自分自身で考えていく習慣をつくっていけるようにしまし
ょう。子ども自身が，様々な体験を通して，自己判断できる力を育むこ
とが大切です。

✎ 章末問題

1. 5歳児のＡくんは，外遊びが大好きな元気な男の子です。これまで，は
   さみを使った活動をあまりしたことがなかったようで，はさみを使った製
   作活動には参加したがらない姿がありました。Ａくんが無理なく，はさみ
   を使ってみようという気持ちになるために，どのような関わりが考えられ

るでしょうか。それぞれが考えた内容を互いに伝え合い，ディスカッションしてみましょう。

2．自宅や実習園の住所地のハザードマップを確認し，どのような災害が想定されるかを確認してみましょう。その上で，子どもを連れて避難場所まで行くルートについてもいくつか考えてみましょう。

文献紹介

★天野珠路（編著）『写真で紹介　園の避難訓練ガイド』かもがわ出版，2017年。

★国崎伸江『子どもと保育を守る！［令和版］園と保育者の防災防犯大全』Gakken，2024年。

★鈴木美枝子（編著）『これだけはおさえたい！保育者のための「子どもの健康と安全」［改訂二版］』創成社，2024年。

本章の第1節 COLUMN の自然物との触れ合いおよび(2)のはさみの事例の掲載にあたっては，幼保連携型認定こども園ゆうゆうのもり幼保園（神奈川県横浜市）の渡邉英則先生，藤原みつ子先生のご協力を得た。

第 **10** 章

園での暮らし
における生活習慣

本章では，生活習慣の生成や獲得について，実際の保育の事例を通して考えます。子どもたちは，園で他者（大人も子どもも）と出会い，関係を紡ぎながら，共に暮らしています。その中で，生活に必要なことが生まれ，徐々に身に付けていきます。従来の保育における生活習慣の捉え方とは異なる視点がたくさん提示されています。子どもにとって生活習慣がどのように立ち現れていくのか，一緒に考えていきましょう。

THINK

考えてみよう

あなたの生活習慣について考えてみよう

1. 睡眠, 食事, 排泄, 衣服の着脱, 清潔のそれぞれの生活習慣について, 今, あなたが心がけていることはありますか?

2. それらの生活習慣について, あなたがそのようにするようになったのは, いつ頃からでしょう。また, なぜそうするようになったのかを考えてみましょう。

3. あなたの小さい頃の生活習慣と現在の生活習慣を比べて, 同じことと変わったことはありますか? 思いつくことを書き出しましょう。

ヒント

具体的に考えるために, まず, 現在のあなたの「起床から午前の活動までの流れ」「午後の活動や帰宅から就寝までの流れ」を, 時系列で書き出しましょう。次に, 子どもの頃(幼児期から小学校中学年頃まで)についても同様に書き出して, 見比べてみましょう。

第10章　園での暮らしにおける生活習慣

　本章では，千葉県富津市にある社会福祉法人わこう村の和光保育園
（第1節）と，東京都世田谷区にある社会福祉法人東香会の上町しぜんの
国保育園（第2節）の日々の暮らしの中で見られる生活習慣の事例を紹
介します。

　どちらの園の事例も，子どもに生活習慣を「身に付けさせる」という
一方的な視点ではなく，周りの大人たちや子どもたちと過ごす時間の中
で生活習慣は「生まれてくる」という視点が提示されています。もちろ
ん，その背後には子どもたちの育ちを見通した保育者の配慮や意図も込
められているのですが，生活習慣の獲得を，大人の用意した枠組みに
馴致させていくということではない，他者との関係の中で紡がれてい
くものとして描かれています。

＊1　本章は第1節を鈴木
秀弘，第2節を青山誠が執
筆している。

> **第 1 節** 　主人公として生活する

---

(1) 主人公として生活する源泉

┌─ EPISODE ─┐
1　やりたいことが「ありがとう」に結ばれていく[*2]

記録：鈴木秀弘

- -

　ある春の日の朝，乳児棟の庭で，せっせと落ち葉掃きをしている，あけさん（0・1歳児担任）
とまさえさん（子育て支援センター担当）がいました。そのかたわらには，海くん（1歳9か月）が
大人たちの持っているものより少し小さい熊手を持って，大人の仕事をまねするように，集めた
落ち葉にちょっかいを出したり，落ちている木の棒で，地面にぐりぐりと何かを描いたりしなが
ら過ごしていました。

　海くんは，ほうきが大好きで，大人が掃除をしていると必ずといってよいほど，大人と同じよ
うにほうきを持ちたがります。この日も，常緑樹の落葉で散らかっている乳児棟の庭を，朝の受
け入れが落ち着いてきた頃を見計らってあけさんとまさえさんが掃除を始めたら，その姿を発見
するや否や「かいちゃんも！」と訴えたので，そんな海くんの"やりたい"に応える形で，「じ
ゃあ手伝ってくれる？」とお願いをしたのだそうです。

　3人の仕事っぷりがなんとも心地よい雰囲気を醸し出していたので，私（鈴木）はつい心が引
き寄せられて，少し距離を置きながら，その様子を動画撮影しながら見せてもらっていました。

　心地いいな〜と思うのは，3人の間柄に流れる空気感かもしれません。あけさんとまさえさん
にとっては，海くんのちょっかいが，仕事の邪魔になっていないこともなさそうなのだけど，
「触らないで！」とはならずに，大らかに受け入れています。だからといって，海くんのちょっ

141

かいを全面的に受け入れているわけでもなく，海くんが散らかした山を，掃いている動作の中で，ちゃちゃっと戻しては，次に仕事を進めていきます。

そんな3人の間柄の中で，海くんの熊手を動かす動作も，なんとなく，"ただ振り回す"というよりも，"掃いている"ような軌道を描くようになっていきました。

そのことには，会話はしなかったのだけどまさえさんも気が付いたのではと思います。海くんが大きな落ち葉の山の頂点を熊手で削るように動かした軌道の先に，持っているちりとりを差し出すと，海くんはその中に，葉っぱを押し込んだのです。まさえさんは「すごいね〜」と嬉しそうに海くんに言いました。すると，海くんも嬉しそうに私の方を振り向き，ニコッと笑顔を見せてから，もう一度同じように，熊手で落ち葉の山を削ってちりとりに押し込んで見せてくれました。

*2　EPISODE1のカラー写真は以下。

本当にささやかな出来事ですが，"やりたいこと"をやって，「すごいね〜」と言われるのは，子どもにとって純粋に嬉しいことなのではと思います。このような出来事が，子どもとの生活の中に無数に繰り広げられていて，その都度，「すごいね〜」「ありがとうね」という出来事に結ばれていくことが，一人一人が主人公として生活をしていく源泉になっているのではないでしょうか。

(2) 手の届くところに生活がある

EPISODE
2　ありがとうまこちゃん[*3]　　　　　記録：かー子（2歳児担任）

和光保育園では，お昼ごはんを食べるときは，床を雑巾がけしてきれいにしてから準備を始めます。2月のあるお昼前の出来事です。この日も，お昼ご飯の準備で，私が雑巾がけをしていました。

すると，あれ？　何かカタツムリが通ったようなあとが……（写真）。そのあとは，縁側から始まり，部屋の中まで続いていました。

そのあとを追ってみると，私が知らないうちに，まこちゃん（2歳9か月）が雑巾がけをしてくれているではありませんか!!　しかも，部屋のすみずみまで……。

第10章　園での暮らしにおける生活習慣

　おそらく，いつも大人がやっているのを見ていたのでしょう。すごくないですか？　そして，これが雑巾って分かるのもすごい!!　どこにあるのか知っているのもすごい！　そして，濡らして（絞って）使っているのもすごい！　どれも，まこちゃんが知っているからできることですよね。この，まこちゃんの力でゆるく絞った（ちょっと水分量が多い）雑巾の痕跡が，まこちゃんの意欲を物語り，まこちゃんの仕事っぷりを私たちに伝えてくれているようでした。

　"あらあら，こんなにびしゃびしゃにしちゃって"とは言いたくありません。だって，まこちゃんが自分で考えて一所懸命にやってくれたことですから。ありがとね，おかげでみんなも気持ちよく食べられます。

① 手の届くところに生活が近づく

　まこちゃんのいるおさんぽ組（1歳児）は，3月に控えた，お引越しの会（新年度に生活をするお部屋に前もって引っ越す）を過ぎると，いよいよ幼児棟での生活が本格的にスタートするのですが，乳児棟と幼児棟の生活は，環境も生活のリズムも少し違うので，できるだけ子どもに負担がないように，ゆるやかになじんでもらえるように心がけています。

　この日は自宅弁当の日で，2歳児がお弁当を持ってお散歩に出かけていたので，2歳児の部屋でごはんを食べようということになったそうです。

　乳児棟と幼児棟は環境も生活リズムも少し違うと述べましたが，それは，子ども一人一人が"自分でできる"ことが増えてくることに伴い，"大人にやってもらう"ことと"自分でやってみる"ことのバランスが変わってくるということでもあります。それは一言で表すと，より子どもの"手の届くところに生活が近づく"ことだともいえます。手の届くところに生活が更に近づいて，子どもなりの出番が増えることで，大人の"任せる""待つ"機会も時間も増えるので，おのずとリズム感も違ってきます。

　例えば，雑巾だったら，乳児棟では雑巾やバケツは，たどたどしい歩行の子が多い中で床に置いておくのは危ないので，子どもたちの手の届かないところに置いておきます。そうなると，当然，雑巾を絞って拭く

＊3　EPISODE 2のカラー写真は以下。

のは"大人が主役"の仕事になるわけです。

　一方で幼児棟（2歳児室）では，雑巾もバケツも，"子どもの手の届くところ"に置いてあります。それは，子どもたちに対して"いつでも出番を用意して待ってるよ"という思いで用意した環境でもあるのです。

② 痕跡が語る

　さて，そんな環境の違いを存分に楽しんで？まこちゃんが本領を発揮してくれました。

　きっと，今までも"やってみたいな〜"と思っていたのでしょう。この日，かー子さん（保育者）はまこちゃんより一足先にごはんの準備を始めていて，床をふき終えたところで，このカタツムリのような痕跡に気付いたそうです。もしかしたら，まこちゃんはかー子さんの姿に触発されて，やりたい気持ちがムクムクッと湧き上がったのかもしれません。その湧き上がった気持ちを，痕跡が語ってくれています。

③ 隙が出番を生む

　"手の届くところに生活がある"というのは，ある意味で，子どもが入り込める隙があるともいえます。「もぉ！　いたずらしないで！」と，生活から締め出してしまったら，子どもに出番はありません。一人一人に出番が生まれる隙は"やりたい"が表現される場ともいえそうです。「ありがとね，まこちゃん!!　おかげでみんなで気持ちよく食べられたよ」という関係が，子どもと大人が共に生活する場をさらに豊かにしてくれそうな予感をもたせてくれます。

　改めて，私たちは，"一人一人が主人公"となれる保育を目指しています。主人公であるということは，それぞれに，都度都度の選択や決定が委ねられているという意味ですが，同時に，その選択や決定（一人一人のあり方や持ち味や振る舞い）が，常に周囲に影響を与えている手応えを感じることでもあります。さらに，周囲から影響を受けながら選択や決定が変化していく感覚を味わうことでもあると思います。

　それは，言い方を変えれば，誰もが主人公として"自分たちの生活を自分たちで創っている"という感覚をもてるように出来事を結んでいきたいという思いでもあります。

　だから，小さい頃は，大人にやってもらうことの方が多いのは当然なのだけれど，共に暮らしている中で，周囲からの影響を受けながら，

第10章　園での暮らしにおける生活習慣

"やってみたい"がどんどん増えてきて，その動機を頼りに，大人がやってあげていたことを，少しずつ子どもに任せて（ゆずって）いく。それは，子ども一人一人の主人公性を支えることですが，同時に，共に生活を創っている生活共創者としてやれることは担い合うという姿勢でもあり，大人も「どこまで任せられるのか？」と試行錯誤しながら，互いに関係を変化させていくことでもあります。

　そうやって，年長さんになる頃には，足洗い場の掃除やおままごと道具集め，昼食の配膳，雑巾がけなど，多くのことを任せることができるようになってきます。

　これらの仕事を，和光保育園では「当番」と呼んでいます。当番というと，教育的価値があるものとして，大人が一方的に子どもに"やらせる"ものになってしまう印象もあります。しかし前述の通り，和光保育園では，生活共創者として，誰もがやれることを担い合うという意味で，年長さんたちができる塩梅を考えながら任せているということを，改めて強調しておきます。

(3) つながりの中に流れている時間を生きている

┌─ EPISODE
│ **3　生活の流れを乗りこなそうとする**　　　　　　　　　記録：鈴木秀弘

　毎年，卒園を前に年長さんから次の年長さんになる子どもたちに，当番の仕事が引き継がれますが，仕事の内容は引き継がれても，どうやって役割分担をするかまでは引き継がれません。それは，「新しい年長さんたちが"自分たちなりのやり方"を創っていってほしい」という思いがあるからです。

　もう何年も前のことですが，この年もすったもんだを繰り返しながら，自分たちなりの役割分担が整ってきた5月下旬の頃の話です。クラスの仲間たちで，11時から食事当番を始めると決めていたそうなのですが，10時頃から，年長さんの数名がいそいそとエプロンを身に付け始めました。私はそれに気付いたのですが，なんだか子どもたちの振る舞いが，"大人は気付いてないけど自分たちで気付いて始めているんだぞ"というような雰囲気をもっていたので，担任たちがどのように見ているのか，気が付いているのかどうかが気になって，園庭にいる担任を探しました。すると，すぐに2人の担任と目が合い，それはそれは嬉しそうな表情で見守っていました。その表情から，この出来事を担任たちは「面白そうなことが始まったぞ！」と見てくれていることが，すぐに伝わりました。

　私も気付かないふりをしながら，でもワクワクしながら見ていたら，雑巾を準備してふき始める子と，同時に，足洗い場の掃除やおままごとの回収が始まっていることに気付きました。当然，

第Ⅱ部　保育内容「健康」の指導法

　まだ10時だから遊びの盛りなのに，年長さんから「もう片付けて！」と言われてしまった小さい子たちやその担任たちは，少し困惑しているような感じもしました。

　年長さんたちも，そういう違和感みたいなことを少しずつ感じていたかもしれませんが，仕事を推し進める力はなかなか止まりません。食事当番の子どもたちはすっかり準備を整えて，台所に「ごはんをください！」と，それはそれは意気揚々と声をかけました。

　すると，お台所さんがキョトンとした顔で「ずいぶん早いな〜」「まだおかずの準備も何も整ってないよ〜」と言ったのです。

　そこでようやく，ハッとして部屋に戻った食事当番たちは，慌てて時計を見てみたら，短い針がまだ11に届いていないことに気付いたのです。先ほどまでの揚々さとは打って変わって，失敗した気持ちなのか，恥ずかしさなのか，がっかり残念な気持ちなのか，抑えきれない感情が「誰？　間違ったの？」と犯人捜しのような雰囲気をつくっていきました。

　すると，どうやら「ハルくんが言った」という子が多くいて，怒りにも似た感情をもった群れが，足洗い場掃除をするハルくんのもとへ向かいました。

　そして，「ハル！　なんで時間間違えたの!!」「まだ11時じゃないじゃん！」と，ハルくんを責め立てます。ハルくんははじめは何のことか分からない様子でしたが，次第に表情が曇り始めて，「だって，おれ時計読めないんだよ〜」と言いながら泣き始めてしまいました。

　すると，それまで責め立てていた子たちも「だったらしょうがないか〜……」と冷静になっていきました。

　私は，この一部始終に立ち会わせてもらって不思議に思ったことを子どもたちに聞いてみました。「ところで，いつもはなんで間違わないの？　中には，ハルくんみたいに時計読めない子もいるでしょ？」すると，いつもは，時計も見ているけれど，お台所さんが乳児棟にごはんを運んでいるとか，小さい子の担任がエプロンをして雑巾がけを始めるとか，遊びの片付けが始まっているとか，台所の準備ができているとか，いい匂いがしてくるとか，お腹がすいてくるとか，いろんなお昼っぽい情報を駆使して，11時というタイミングを理解していたのだそうです。

　改めて，このときの年長さんに教えてもらったことは，子どもたちは，細切れに切り分けられた時刻ではなく，つながりの中に流れている時間を生きているということです。

　もう少し具体的にたとえれば，朝はまだ何になるか分からないお出汁の淡い香りから，次第に具体的なおかずをイメージさせるほどの濃い香りに変化していくつながりのある時間の中で，だんだんとお腹がすいてくるとか，疲れてくるとか，お昼っぽい出来事が増えてくるとか，こういった"流れ"を感じながら，総合的・統合的にお昼の見通しをもっているのではないかと思うのです。

　その"流れ"は，誰かによって一方的に与えられたもの，強いられる

第 10 章　園での暮らしにおける生活習慣

ものではなく，子どもと大人が，自分たちで創っている流れです。その流れに誘われながら，"そろそろお昼だな" を感じて，年長さんは当番を始めたり，小さい子たちも，お腹がすいた子は部屋に帰ってごはんを食べ始めていく。その一人一人の振る舞いが，お昼へ向かっていく流れをより濃いものにしていくのです。当然，まだ遊んでいたい子もいていいのだけれど，その子たちも，"そろそろお昼だな" は感じていて，自分の遊びに区切りをつけられるタイミングで，お昼ごはんへ向かっていきます。

　私は，子どもたちが，この生活の流れにのみ込まれてしまうのではなく，流れを乗りこなせるようになってくれたらと願っています。

　このときの年長さんたちも，タイミングは間違えたのかもしれないけれど，自分たちで乗りこなそうという気持ちが表れていたのではないかと思うのです。

⑷ パズルのピースを埋め合うように

EPISODE
4　今日は私たちの出番 !?[*4]

記録：阿部茜（年少児担当）

- -

　1月のある日です。11時を過ぎる頃……いつも当番をしてくれている年長さんではなく，年少さんの子どもが，青い買い物かごを持って歩き回っています。そして，外に落ちている，おままごと道具を集めています。

　いつもは，11時頃になると，年長の「ままごと当番さん」が，しまい忘れられているおままごと道具を拾い，トムソーヤ小屋（道具小屋）に片付けてくれていますが，今日は年少さんの数名が，せっせせっせと集めてくれて，庭がピカピカになっていきます。

　夏の頃，年長さんが一日出かけたときに，年中さんが，ままごと当番や足洗い場当番を「今日は年長さんいないから !!」と言いながら張り切ってやっている姿がありました。

　今日，誰に促されたわけでもなく，年少の子どもたちから自主的に始まった出来事に，私自身も驚き，片付けをしてくれていた，ちーちゃんとこはくんに「なんでやってくれてるの？」と聞いてみたら，「だって，今日はとけい組（年長さんが庭に）いないでしょ？」とのこと。

　最近，冬まつりに向けて，劇の練習をがんばっている年長さんですので，当番を始める時間がずれ込んでしまう日が続いていました。

　今日は，たまたま，年中さんもほとんどの子が外にいない中，「今日は僕（私）たちがやらなきゃー !!」って気持ちに，今度は，年少さんの子どもたちがなったんだな〜と思うと，なんだかすごい！と，ワクワクしながら，この子たちの仕事っぷりを紹介せずにはいられなくなってしまいました。

147

第Ⅱ部　保育内容「健康」の指導法

いつもは，やってもらっていることですが，その中で，先輩たちの仕事をよく見ているんだな〜と，感心させられるほどの手際のよさでした。

＊4　EPISODE 4のカラー写真は以下。

① パズルのピースを埋めるように

　和光保育園では，よくある当たり前の風景の一つなのですが，誰かに指示や命令をされたわけではないのに，自然と（当然のように）他の子が当番を代わりに始めてくれるのは何でだろう？と考えてみたことがあります。

　その手がかりとして，毎日みんなで共に暮らしながら，「一枚の和光の風景画」みたいなものを，みんなで共に描いているような感覚が育っているからではないかと仮定します。

　それはつまり，お昼ごはんの頃は，年長さんが決まって当番を始めるとか，エプロン姿の大人が雑巾がけを始めるとか，時間帯や天候によって刻々と変化していくのだけれど，日々繰り返される暮らしの中で"いつもの風景"みたいな感覚が養われているのだと思います。そのいつもの風景を共有しているからこそ，その風景画の中に穴が空いたときに，「いつもと違う」違和感のような感覚が生まれ，まるでジグソーパズルのピースが抜け落ちてしまっている部分を埋めるようにして補い合うのではないかと思います。それは，言い方を変えれば，私たちの「和光の風景」をみんなで描きつつ保っているような感じなのかもしれません。

② 出番を見計らっている

　この出来事は，年少さんが年長さんのいないお昼の風景に違和感をもち，代わりに当番を担ってくれました。

　実は，これより数日前は，年中さんの数名が同じように，誰に促されるわけでもなく，お昼の足洗い場やおままごと道具集めの仕事をやってくれている姿がありました。

　多分，年少さんの子たちは，年長さんの当番の仕事っぷりを，共に暮らしながら見ていたし，だからこそ，年長さんのいないお昼の風景が，

いつもと違うと感じたのでしょう。そして，年中さんの子どもたちが年長さんの代わりにお昼の当番をやっていた姿も見ていたのだと思います。もしかすると，心の中で「年長さんがいないときは，ああやって年中さんが当番をやるんだな〜」と思って見ていたのではないかと思います。その年中さんの姿が，楽しそうで誇らしそうだったのではと想像します。いつか，"自分たちの出番が来るぞ！"と，見計らっていたのかもしれません。

　２月に入ると，毎年「当番伝達式」があって，年長さんから年中さんに，「和光の最年長者」としての仕事が引き継がれますが，子どもたちは，もしかすると，お願いされたからやるのではなく，当然のこととして，いつかは役が回ってくると思っているのかもしれません。だってほら，写真の子どもたちの立ち居振る舞いが，なんとも誇らしそうなんです。

第2節 主体としての子どもが育つ

　私たち上町しぜんの国保育園は，０歳児から５歳児の異年齢保育をしています。赤ちゃんから大きい子，そして大人たち（保育者）がごちゃごちゃと混じり合いながら暮らしています。通常よく見受けられる「年齢別のクラス」とはだいぶ保育の風景が異なり，大家族のような雰囲気です。本章のテーマは「健康」の中の特に「生活習慣」についてですが，大家族のような園での「生活習慣」は通常の年齢別保育の園とはまた違うかもしれません。以下に職員たちが書いた事例をもとに考えていきますが，登場する子どもも０歳児から５歳児まで多様です。

　実をいえば筆者は，教育や保育の中で語られる「生活習慣を身に付けさせる」という言葉が，大人からの一方的な「教育くささ」が感じられて苦手です。ただ，生活習慣というものを教育的な野心から解き放てば，そんなに難しいことではないのかもしれません。自分の生活を振り返っても生活習慣なるものはあります。朝起きてやること，帰宅してやること，寝る前にやること。それをやらなきゃ気持ち悪いし，でも意識的にやっているというよりも自然とやっていること。

　さらに保育の中で考えるなら「群れ」という観点も見過ごせません。個人の生活習慣ではなく，人と人とが寄り集まって暮らすときに考えられる「生活習慣」。それはどこから生まれるのでしょう。それを考える

第Ⅱ部　保育内容「健康」の指導法

ことは，人がいかに一緒に生きるかを考えることにもつながりそうです。

(1) 固有名詞としての出会い

EPISODE

5　えまちゃんって言った

記録：萩原

じんくんがボールに気付き，つかみ，放る。床にコロコロと転がってえまちゃんの足元へ。ボールの行方を目で追っていたじんくんは，「えまちゃん」と言った。

「えまちゃんって言った！」と驚くえまちゃん。「えまちゃんって言った！」ともう一度言いながら私と顔を見合わせる。

「えまちゃんって言ったねー」と驚きと嬉しさを共有する。私たちが喜んでいるのを見て「えまちゃん」とまた言うじんくん。

えまちゃんがボールをつかんで，じんくんに手渡す。受け取るとじんくんはまた放る。再びじんくんに手渡すえまちゃん。じんくんが放る，えまちゃんが拾い，渡すを何度も繰り返す。じんくんはとっても嬉しそうに笑って目がなくなっちゃってる。えまちゃんはボールを拾ってじんくんのもとへ行くまでは足早だけれど，手渡すときはゆっくり優しい。

言葉が増え，おしゃべりできるようになってきたじんくん。「えまちゃん」と呼ぶのを初めて聞いた。きっとえまちゃんも。だから驚いたし，嬉しくて応えるように遊びが始まったのだろう。名を呼ばれて，まだ何も分からない小さい子と思っていた存在が，自分を分かっていることを知り，何か応えたい，喜ぶことをしてあげたいという気持ちが自然に湧いているように感じた。もっと小さい赤ちゃんだったじんくんを知っているからこそ，日々一緒に暮らしているからこそ感動したのかなと思う。

「えまちゃん」と声に出して名を呼んで，えまちゃんが応えてくれた。じんくんの中にあった言葉が，相手に届けようと思って出てきたのか，目の前の状況を表す独り言のように出てきたのか。言葉を話し始める最初の頃ってどういうタイミングや思いがあって出てくるのだろう。

自分の行為や働きかけによって，相手が反応し，応えてくれる喜び。こんなふうにじんくんの世界が広がっていくのだなぁと思った。そして2人の心が動いた瞬間に一緒にいられる幸せを感じた。

EPISODE

6　うか，かこ，2人だけに分かること

記録：佐久間

白米の入った汁椀を片手で高く持ち上げるかこちゃん。手伝ってほしいのかなと思って「はいよ〜」と汁椀を受け取ろうとすると，かこちゃんは余計力を入れて，汁椀を離さない。「ああああーー！」と怒る。

150

第10章　園での暮らしにおける生活習慣

隣にいた，うかちゃんが，「うかに手伝ってほしいのかな？」と言う。そうかなあと私は言いながら，かこちゃんが汁椀をひっくり返さないかヒヤヒヤしていた。お盆に汁椀を戻してみると，また怒って汁椀を勢いよく持ち上げる。その手は確かに，うかちゃんの方へと向いていた。

「……やっぱり，うかに食べさせてほしいんじゃない？」

うかちゃんは遠慮がちにそう言うと，すくっと立ち上がり，かこちゃんから汁椀を受け取る。そしてスプーンで，「あーん」してあげる。かこちゃんはパクッとそれを受け入れる。

「はい，うか，食べさせてあげたよ」

やれやれというような，でも嬉しいような，大人びた表情をしたうかちゃんは，そのまま汁椀をかこちゃんに返す。かこちゃんも何もなかったかのように，自分で食べ始める。

あ，1回で満足なんだ。と呆気にとられた。そしてやっぱり，うかちゃんに食べさせてほしかったんだ。そういえば最近，ごはん前などに私が手遊びや読み聞かせをする間，かこちゃんは最初私の膝にいるが，そのうち，うかちゃんの膝に行くことがお決まりだ。うかちゃんも，かこちゃんを受け入れてぎゅーっとして最後まで見ている。

それはあまりにも自然で，2人にしかわからない空気感とか，やりとりがあるように感じた。

　どのエピソードにも，子どもたちがだんだんと固有名詞として出会っていく瞬間が描かれています。最初は名前も知らない間柄，「赤ちゃん」と見なしていた人が，その人になってくる。あるいは，赤ちゃんと見なしていた人からも，固有名詞の人として自分が見なされていたという驚き。人と人の出会いってこんなふうです。ここから「共に暮らす」ということも生まれてきます。

⑵ 暮らしの中で「分かち合う」ということ

EPISODE

7　ぶどうパンを食べながら

記録：井上あさみ

　今日のおやつはぶどうパン。私が食べ始めようとすると，ぶどうパンが少し余っていた。配膳していた保育者が，もうみんな食べ終わったからと，私にお代わり分のぶどうパンまでつけてくれた。すると，「えー，いいなー！」という声。「おかわり」という言葉を聞きつけて，すでに遊び始めていた5歳児のまーちゃん，とうこちゃん，4歳児のきこちゃん，3歳児のあみちゃんが集まってきた。

　「みんなも食べちゃう?!」そう言って私がにやっと笑うと，4人もにやっとして「やったー!!」と，すぐにちゃぶ台を囲んで座った。私はお代わり分のパンをちぎって4人に渡した。食べていると，さらにもう一つ，ぶどうパンが余っていたことが分かった。そこで，そのもう一つは四等分にして，4人に渡した。

151

第Ⅱ部　保育内容「健康」の指導法

「あさみちゃんのは？」誰かが聞いてくれた。

「もう食べたし，みんなにあげたくなったからいいの」

　そう話して，私は小さい頃のことを思い出した。小さい頃，何か特別な食べ物があると，母はよく「子どもたちから選んでいいよ」と言った。その母の心境を，私は子どもながらに「全く分からないなー」と思っていた。私はとっても欲張りだったので，大好きなケーキは一番に選びたいし，できれば２つ食べたかった。からあげは一つでも多く食べたかったし，ハンバーグだって少しでも大きいのが食べたかった。自分のこの"食べたい"気持ちや，"大きいのがいい"という気持ちは，どうやったって捨てられなかった。「お母さんには，この"〜したい！""〜がいい！"という気持ちがないのだろうか？　自分にとっては，世界がひっくり返ったってなくならないような気持ちなのに……」そう思っていたのだ。

　しかし今の私は昔の母がしていたようなことをしている。

　人が人と暮らすとき，なぜゆずれるのでしょう。「ゆずれてえらい」と持ち上げたいわけではなく，素朴な問いとして，なぜ人は他者と暮らしながら，時には自分のパンを分けられるのでしょう。自分に余裕があるから？　その人の存在を許せるようになったから？　溶け合うように暮らして，自分も他者も分け隔てなくなってきているから？　いろいろ考えられます。一つには絞りたくないくらい，豊かで不思議です。

　もちろんぶつかることや，ずれることもあります。共に暮らすのは「面倒くさい」ことの連続でもあります。

(3) 都合・不都合の調整

┌─ EPISODE
8　じゃあどこでやればいいの

記録：井上あさみ

　そろそろお昼ごはん，ひかるとじんがダンボールを水につけて遊び始めた。この日はテラスの排水がつまって毛虫が湧いた後だった。ビニールプールの中にちぎれたダンボールが浮いているのを眺めながら，

　あさみ「ねー，これ，困るんだけどー。楽しいのは分かるんだけどさ，また毛虫出たら困っちゃう」

　ひかる・じん「え〜」と言いながら，黙々と続ける。

　あさみ「ねー，片付けるのも結局いつも私じゃん。もーやなんだけど」

　ひかる「じゃーどこでやったらいいの」

　ひかるの口調は，ちょっと機嫌を悪くしながらだったような，いや，表情は変えずに，素朴な疑問として出てきた言葉のような。プリプリしていた私は気持ちがゆるみ，顔の表情もゆるんだ

第10章 園での暮らしにおける生活習慣

のが自分でわかった。

　あさみ「そりゃそうだ，どこでやったらいいんだろうねぇ」

　真っ当なひかるの反論に，私は笑いながら答えていた。プリプリしていた自分に対しておかしくなったのか，真っ当な返しをしてきたひかるに驚いてこの状況が面白くなったのか，真剣に遊んでいるひかるたちに対して自分の関わりがあまりにも情けなくての苦笑いだったのか……。

　私は大きなシートを持ってきて，排水から遠めのところに広げた。

　あさみ「この上でやるというのはどうでしょう？」

　ひかる「いいよー」

　水にひたしていたダンボールのかけらたちを，ひかるとじんと私でシートに運んだ。そしてまた，ひかるとじんは水につかって柔らかくなったダンボールで遊び始めた。

　「じゃあどこでやったらいいの」。そんな言葉がひかるから出てきたことが嬉しく，頼もしかった。できればやめてほしい気持ちで関わったけど，そんな大人に対し「自分の都合も聞いてくれ」とひかるが言える関係であったということ。子ども側だけが「言いたい放題言う」というわけでもなく，大人である私も「言いたいことは言う」中で出てきた言葉だったということ。

　大人も子どもも混ざり合ってお互いの都合を寄せ合って暮らしている日常が浮き彫りになった気がして，日々過ごしてきたことの中に意味があったのかもしれない，と思えた。

EPISODE

9　にれの顔は"面倒くさい"と言っていた

記録：阿部

- -

　今日の夕方。にれと，すいと，紙を丸めておだんごをつくっていた。色鉛筆で味をつけて，くしゃくしゃって丸めて，ペタッてテープを貼る。にれも，すいも，前からセロハンテープが切れる。「にれがとってあげるね」「すいがあべにあげるね」と言いながらつくっていた。

　そこにほのかがやってきて，2人と同じようにペタペタ貼りたそうだ。

　あべ「ほのちゃんがテープほしいみたいよ」

　にれ「いいよ，はい」

　にれがほのかにテープを渡す。ほのかはテープをおだんごに貼り，またとろうとする。とれなくてうにゃうにゃ言っていると，

　にれ「ほのちゃん，テープほしいの？」

　にれがまたテープを切って渡す。またまたほのかがテープをほしがる。今度はにれのことをとんとんとたたいて"とって"と言う。

　そのとき，にれの顔，ちょっと面倒くさいな～って歪んだのを私は見ちゃった。それがものすごい人間らしいなって思って嬉しくなった。その後，にれはしぶしぶテープを切って渡した後，次にほのかがとんとんとたたいて呼んでも，下を向いて紙に色をつけ続けてた。

　あーもうまさに人間だなーって思った。にれが振り向かなくなったけど，ほのかは困っても悲

153

第Ⅱ部　保育内容「健康」の指導法

しんでもいなくて，自分でテープを切ってみようとする。うまくいかなかったら今度はすいが切ってくれて，結局またにれの横に座ってテープを貼り，にれのことを呼び，なんだかんだ誰かからテープをもらって満足した顔をしていた。

"年下の子どもに思いやりを"なんて，薄い大人の望み。一緒に暮らしていたらそんな次元で子どもは生きていない。0歳児を「赤ちゃん」として扱わないのが面白いなと常々思っていて，それって何だろう。

どんなに小さくてもちゃんと自分の都合があって，いろんな感情があって，適当に，いいように，うまく折り合いをつけてここにいる人は暮らしている。それがたまたま同じ年のこともあるし，そうじゃないときもあるってだけなのか。

　共に暮らせばお互いの都合・不都合がぶつかります。やれる人がやれることをやればいいのですが，そこに不均等が生まれるとき，「面倒くさいな」とか「いつも自分ばっかり」とつぶやきたくもなり，うまいことその不均等をずらしたり，そらしたりしながら，なんだかんだで暮らしているわけです。

(4) 時を共に過ごすということ

> **EPISODE**
>
> **10　ちゃぶ台を囲んで家族になる**　　　　　　　　　　　　　　記録：木村
>
> --
>
> 　お昼寝明け，おやつを食べる。この時間が私は好きだ。お昼ごはんのときとはまた違い，ほぼ一斉に小さい子も大きい子も一緒にちゃぶ台を囲んでおやつを食べる。
>
> 　この2週間いろんなことがあった。たくさん遊んだし，けんかもした。いろんなことがあっても，毎日ちゃぶ台でごはんやおやつを食べた。
>
> 　ある日おやつを食べ終えそうな頃，あおくんのお迎えが来た。
>
> 　「あおくん，お迎えだよ〜」という保育者の声を聞き，あおくんのそばに近寄るまひろや，ひびき。「ばいばい！」「またね〜」とでも言うように頭をなでる。それを見て小さい子も集まる。同じ場所で同じものを食べて，仲間のような，家族のような空気になった。
>
> 　ジャムパンの日。テラスでおやつを食べずに遊び始めている子。パンをほおばり，何度もおかわりする子。「パン，全部食べられちゃいそうだよ！」と，ひかるや，じんに声をかけると，アニメみたいな驚き方をして部屋に駆け込む。パンを片手に振り向く子たち。そこに混ざっていた，隣の部屋のきょうたろう。きょうちゃんはその日，いろんな部屋でジャムパンをもらったそうだ。
>
> 　これからまたどう毎日を過ごしていくんだろう。どんな明日があるんだろう。悩んで眠れない夜も，おやつの時には不安も吹っ飛んで幸せに過ごしている。そうやってこれからもみんなで一緒に暮らしていきたい。

第10章　園での暮らしにおける生活習慣

共にいることは，こんなふうになんてことのない時間を共有すること
のようです。面倒くささや，都合・不都合の押し合いへし合い，その中
でふと気が付くと，一緒にいるんだなと実感する。ただし，その時間に
は終わりがあります。園でいえば卒園です。共に暮らした時間の終わり
をどのように迎えていくのでしょうか。

＊5　プレーパーク
あらかじめ遊具類が設置さ
れた公園ではなく，子ども
が自ら工夫し遊びをつくり
出すことのできる遊び場。
「冒険遊び場」などとも呼
ばれる。

EPISODE

11　ハレとケについて卒園から考える

記録：山崎

　登園最終日の前日，5歳児たちとプレーパーク*5にお弁当を持って行きたいとの相談。前日だし，
あるもので用意しよう。お昼はカレーうどんだし，カレーピラフをつめればいいかな，そんな心
づもりでいた。

　当日の朝，いつもより早く出勤してお弁当づくりにとりかかっていると，がくがキッチンに来
た。

　「何かお手伝いすることありませんか？」

　一緒にピラフをつくることにした。IHを出し，にんじん，玉ねぎ，ウインナーをフライパン
で炒める。つーちゃんと，りつも来た。

　山崎「何味のピラフにする？　ケチャップ？　カレー？」

　がく「うーん，めいちゃん昨日カレーうどん食べたいって言ってたからカレー味かな？」

　つばさ「どっちも入れたらいいんじゃないの？」

　がく「そうだね！　あと，塩を小さじ1杯と……」

　山崎「隠し味っていってね，『え，そんなの入ってたの？！』っていうのを少し入れるといい
んだよ」

　そんなこんなで，カレー，ケチャップ，しょうゆ，塩，少しの砂糖を入れた。お弁当箱につめ
始めると，

　がく「めいちゃんの入れるね。『めい』って書くから紙とテープちょうだい」

　そこに登園してきたいっくんも来て，一緒につめ始めた。

　いつき「よっしーの分やる！　お腹いっぱい食べさせてお腹パンチしてやろうぜ！」と言って
山盛りに入れる。

　らいりも来てお手伝いしたいと言うので，つーちゃんと一緒にお弁当のゴム付けをお願いした。
そして自分たちの荷物の準備に行った。

　お弁当で早い出勤の日，遅れてはいけないと，普段とは違う緊張感をもって出勤する。しかし
今日は少し違った。つくりながら話をしたり，いつも一緒にいた大人たちを思いながらつくる姿
がほほえましく，一緒に暮らしてきたんだなぁと感じた。

　この日は5歳児が登園する最後の日，という高揚感があった。卒園式で別れを実感し，少しず
つ最終日へと近づいていく。その間に突然パンづくり，ピクニック，いろんなことが巻き起こっ

第Ⅱ部　保育内容「健康」の指導法

> て，せわしなく料理をつくった。こうして別れをだんだん受け入れていってたのかもしれない。
> 　料理は流動的で感情的で個別的で……複雑なものだと思う。それが"給食"となると平均的，工業的なものになる気がする。だから，よく食べた，残った，を見てしまいがちだが，見て美しい，あぁ春だなぁ，あの人がこんな想いでつくったのか，とか何かを感じることも大事なのでは。上町で大事にしたいことは？　私自身が好きな，大事にしたいことは何？　みんなで考えてみたい。

　園での生活習慣をいくらパターン化したとしても学校へ行ったら変わります。そもそも家と園とでも違う。もし「生活習慣」が大人から「教育的に」望まれる振る舞いの型だとしたら，それはそんなに重要なことでしょうか。共にいるということは，知らない間柄だったのが固有名詞として出会うこと，ふと自分のパンを分けたり，都合・不都合を調整する中で，ふいに時間を共有してしまうことです。数量化された時間ではなく，ちゃぶ台を囲んで今日も一緒にいるなと，お互いの存在を嬉しく思うような風景でした。その中で生活習慣のようなものも生まれていくでしょう。しかし，それはこのような嬉しい思いがなければ，単に大人からの管理や支配のための言い訳と成り下がることでしょう。

📝 章末問題

1．本章では，たくさんの子どもたちと大人たちの姿が事例に描かれています。それぞれの人の思いを想像しながら，事例を読み，感想を話し合いましょう。

2．あなたの生活の中での他者との都合・不都合の調整を思い浮かべ，その具体例を挙げて周りの人と語り合ってください。ふと他者に対して，「分かち合ってしまった」「ゆずってしまった」という場面があれば，それについても具体例を挙げて共有しましょう。

📖 文献紹介

★内山節『子どもたちの時間――山村から教育をみる』岩波書店，1996年。

第 11 章

運動遊びに
関する指導

子どもたちは体を動かして遊ぶ中で，日常生活に必要な動作やスポーツに関わる体力・運動能力の基礎を身に付けていきます。また，運動ができるようになることで達成感を味わったり，仲間と一緒に活動したりする経験を通して，意欲や社会性などを育んでいきます。一方，乳幼児期は発達が顕著な時期であり，個人差も大きいため，発達の特性に応じた活動や援助を行うことが大切です。ここでは主に第 5 章の運動発達に関する知識を生かしながら，子どもたちが主体的に取り組める運動遊びの援助や工夫について学んでいきます。

THINK

考えてみよう

意欲を引き出す運動遊び

1．あなたが「体を動かしたい」と思ったり，運動していて「楽しい」「もっとやりたい」
　と思ったりするのはどのようなときですか。反対に「楽しくない」「もうやりたくない」
　と思うのはどのようなときですか。

2．子どもたちが「体を動かしたい」と思えるようにするためには，どのような工夫が考
　えられると思いますか。

（ヒント）

　運動に限らず，活動に取り組む前に「楽しそう」「自分もやってみたい」と感じたり，その活動を
続けたいと思ったりするにはどのようなポイントがあるでしょうか。その活動に対する意識（好き嫌
いや得意・不得意）によっても違いがあるかもしれません。率直な意見を出し合ってみましょう。

第11章　運動遊びに関する指導

第1節　乳幼児期の運動遊びとその指導

(1) 遊びとしての運動

　運動遊びを考えるにあたり，遊びとはどのようなことを指すのか考えてみましょう。杉原（2011）は，自由で自発的に行われ，その活動の面白さにひかれているなど内発的に動機づけられた活動が「遊び」であり，何をしているのかということではなく，なぜその行為をしているのかという動機づけによって判断されるとしています。また，人間は一つの動機だけで活動することは少ないため，遊びを連続体として捉え，内発的動機づけが強いほど遊び的な活動であり，褒められたい，友達と一緒にやりたいなどの外発的動機づけ（非遊び要素）が強いほど遊びではなくなることを示しています（図11−1）。例えば，縄跳びの場面について考えてみると，子どもが縄を跳ぶこと自体を楽しんでおり，自ら取り組んでいる場合は遊び要素が多くなりますが，先生に言われたからやっている，縄跳びカードのスタンプを集めたい，という場合は遊び要素は少なくなります。このように，同じ縄跳びという活動をしていても，その動機によって遊びと捉えられるかどうかには違いがある点に注意しましょう。

　領域「健康」のねらいの一つに「自分の体を十分に動かし，進んで運動しようとする」が挙げられていることからも，できるだけ子どもが主体的に活動できるように，遊び要素を増やしたいところですが，自由な

*1　杉原隆「運動遊びの発達」杉原隆（編著）『生涯スポーツの心理学』福村出版，2011年，pp. 57-58.

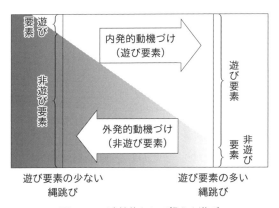

図11−1　連続体として捉えた遊び
出典：杉原隆『生涯スポーツの心理学』福村出版，2011年を一部改変。

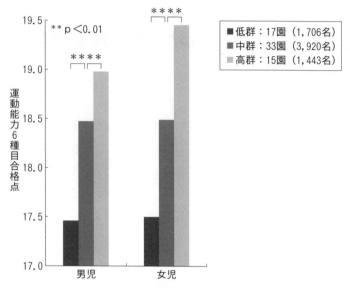

図11-2 遊び志向得点別に見た運動能力の比較
出典：杉原隆ほか「幼児の運動能力と運動指導ならびに性格との関係」『体育の科学』60(5), 2010年, pp. 341-347.

活動だけでは運動する機会が十分ではないこともあるでしょう。では，保育の中で運動遊びの指導を行う際は，どのような配慮が求められるのでしょうか。

杉原（2014）[*2]は，遊びとしての運動指導の基本指針として，自己決定ができるようすることと，子どもが自分のやりたい運動をやりたいように考え，工夫したり挑戦したりして，もてる力を最大限に発揮して有能感を得られるようにすることを挙げています。実際に，幼稚園で行われている運動指導に含まれる遊び要素の程度と運動能力の関係を調べたところ，図11-2のように遊び要素の高い運動指導を行っている遊び志向得点が高い園ほど運動能力が高いことが報告されています（杉原ら，2010）[*3]。このことから，保育者が活動を提案する場合でも一方的に教えるのではなく，方法やルールを子どもが選んだり決めたりできるようにするなど，遊び要素を増やすことが，心理的な面だけでなく運動発達の面でも効果的であると考えられます。

(2) 子どもの運動意欲を引き出す環境構成や援助

子どもが進んで運動したいと思えるための工夫の一つとして，魅力的な環境づくりが挙げられます。例えば，園庭にくねくねのラインが引いてあったらその上を歩きたくなったり，ボールがぶら下がっていたらジャンプして触りたくなったりすることがあるでしょう（写真11-1）。ま

[*2] 杉原隆「遊びとしての運動の重要性」杉原隆・河邉貴子（編著）『幼児期における運動発達と運動遊びの指導』ミネルヴァ書房, 2014年, pp. 31-43.

[*3] 杉原隆・吉田伊津美・森司朗・筒井清次郎・鈴木康弘・中本浩揮・近藤充夫「幼児の運動能力と運動指導ならびに性格との関係」『体育の科学』60(5), 2010年, pp. 341-347.

た，仲間や保育者が楽しそうに遊んでいる姿を見て，自分もやってみたいと思うかもしれません。このように，子どもが好奇心をもちやすい物的な環境を設定したり，保育者自身が人的環境として遊びを楽しんだりすることで，子どもの意欲を引き出しやすくなります。

また，子どもが使いたいと思ったときに遊具を使える状態にしておくと，子どもの創造性を高めたり，遊びの幅を広げたりすることにもつながるでしょう。スペースを確保したり，子どもに注意点を伝えたりするなど安全面の配慮をした上で，自由に使える遊具を用意しておきたいものです。

また，幼児期の運動は体力・運動能力だけでなく，心の発達にも結び付くとされており，保育者を含む周囲の大人の関わり方も重要です。杉原（2014）[*5] は，運動による自己概念の形成について図11-3のような模式図を示しています。それによると，運動遊びで達成経験をしたり，他者から肯定的な評価を得た子どもは，有能感をもつことができ，積極的な行動をとったり，運動が好きになる傾向が見られます。その結果，運動する機会が増え，運動能力の向上にもつながりやすいため，さらに達成経験を得るという好循環が生まれます。一方，運動遊びで失敗経験や否定的な評価を得た子どもは無力感を味わい，消極的になったり，運動が嫌いになったりする傾向が見られ，運動する機会が減るために，運動能力が低下し，失敗しやすく，悪循環に陥りやすいとされています。

写真11-1　ボールにタッチ [*4]
出典：筆者撮影。

*4　写真11-1のカラー写真は以下。

*5　杉原隆「幼児期の発達特性に応じた運動指導のあり方」杉原隆・河邉貴子（編著）『幼児期における運動発達と運動遊びの指導』ミネルヴァ書房，2014年，p. 57.

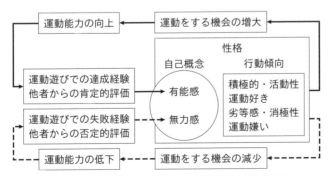

図11-3　運動経験と自己概念および運動能力との関係
出典：杉原隆・河邉貴子（編著）『幼児期における運動発達と運動遊びの指導』ミネルヴァ書房，2014年，p. 57を一部改変。

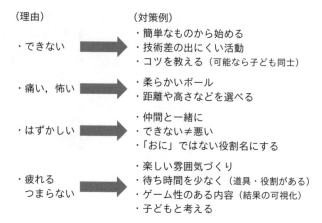

図11-4　運動したくない理由と対策の例
出典：筆者作成。

　そのため、「できた」という達成経験が増えるように、活動をする際は簡単な内容から始め、スモールステップで徐々に難易度を上げるようにしましょう。また、運動が苦手な子どもも楽しめるように、全員で同じレベルを目指すのではなく、子どもが自分に合った活動を選べるようにすることも大切です。視覚や聴覚でできたことが分かりやすくする工夫として、的を置いたり、鈴をつけたりすることも有効です。

　運動したくないという子どもがいる場合には、その理由に合わせた対策を考えましょう（図11-4）。例えば、ドッジボールで当たるのが怖いなら柔らかいボールを使ってみる、つまらないならゲーム性のある内容にするなど、どうすればやってみようと思えるのか子どもと相談してみると、よい案が見つかるかもしれません。

　縄跳びのようにできるようになるまでに時間を要する活動もあるため、実際にできたかどうかという結果だけでなく、取り組みや意欲を認めるような関わりを心がけましょう。子どもはがんばったことを認められることで、次への意欲をもちやすくなるでしょう。子どもたちが何かに挑戦する際に保護者や保育者に「見てて〜」と言うことがよくあります。子どもの意欲を尊重し、無理のない範囲で応えられるようにしたいものです。

第 11 章　運動遊びに関する指導

第2節　発達段階に応じた運動遊び

　乳幼児期は，運動機能や知的能力などが大きく伸びる時期です。ここでは0〜2歳児と3歳以上児の発達段階に合わせた運動遊びについて考えていきましょう。

(1) 0〜2歳児の運動遊び

　初歩的な運動の段階にあたるこの時期は，原始反射が徐々に消失し，随意運動が出現してきます。はじめは自分の体を動かしたり，ガラガラなどを握って振ったりすることを楽しむ様子が見られ，次第に興味があるものや音がする方に手を伸ばして触ろうとしたり，移動しようとしたりするようになります。そのため，子どもが触りたくなるようなおもちゃを用意したり，保育者が少し離れたところから声をかけたりすることで動きを誘発することができます。この時期は持ったものを口に入れて確かめようとする行動が見られるため，安全面の配慮としておもちゃを清潔にし，誤飲を防ぐために小さいパーツのものを手の届くところに置かないようにすることも大切です。

　粗大運動としては，1歳過ぎくらいまでの間に寝返りを打つ，座る，這う，歩くなどの動作が徐々にできるようになります。2歳頃までには走る，跳ぶ，登る，投げる，蹴る，引っ張るなどの動作もできるようになるため，マットや大型積木，段ボールなどを組み合わせて，段差を上り下りしたり，トンネルをくぐったりするなど，よりダイナミックな動きも取り入れましょう。階段を這って昇り降りしたり散歩の際に芝生や坂道などいろいろな場所を歩いたりすることで，バランス感覚を養うことにもつながります。また，歌やリズムに合わせて体を動かすことも楽しめるようになってきます。

　微細運動としては，手のひら全体で握る動作から，次第につかむ，たたく，引っ張るなどができるようになり，指を使ってつまむこともできるようになります。積み木や太鼓，ひもやゴムを引っ張る遊び，粘土など手や指を使う遊びを取り入れることで，指先の発達が促されます。手指をうまく使うことは，スプーンやフォークを使って食べるなど生活に必要な道具を操作することにもつながります。

　この時期は発達の個人差が大きいため，他の子どもと比べるのではな

163

第Ⅱ部　保育内容「健康」の指導法

くその子ども自身の成長を見取ることが大切です。また，自分でやりたいという気持ちが強くなる時期でもあるため，子どもの気持ちを尊重しながら，体を動かす楽しさを感じられるような援助をしていきましょう。

(2) 3歳以上児の運動遊び

　幼児期は基礎的な運動の段階であり（第5章の図5-2［p. 76］参照），この時期の運動発達の特徴として，いろいろな動きを獲得する多様化と，繰り返すことで上手になる洗練化の2つが挙げられます。そのため，遊びの中で，体のバランスをとる動き，移動する動き，操作する動きなど動きの種類（レパートリー）をできるだけ多く経験できるようにすることが重要です。まず，子どもたちが遊びの中でどのような動きを経験しているのかを確認してみましょう。次に，あまり経験していないと思われる動きや，通常の遊び方より多くの動きを取り入れるためにはどうすればよいかを考えていきます。

　例えば，フープを使った遊びでは，腰や手で回す，転がすなどの操作する動きを経験できますが，フープをくぐったり，電車ごっこのように中に入って走ったりすれば移動する動きが加わり，フープを立ててふちに乗ればバランスをとる動き，ケンケンパのコースにすれば跳びながら進む動きも経験できます。フープを的にしてボールを投げたり，フープでボールを転がして運んだりするなど，複数の遊具を組み合わせるとさらに動きの種類が増え，活動の幅も広がります。また，イメージを共有しながら活動できるようになるため，動物になりきって跳ぶ（ウサギ），這う（ワニ），横歩き（カニ），ギャロップ（ウマ），片足立ち（フラミンゴ）なども楽しめるでしょう。

　一方，同じ動きの中でも時間的，空間的，力量的変化を増やすという視点もあります。例えば，走る動きには，速く，ゆっくり，カーブしながら，ジグザグに，リズムや相手に合わせて走るなど，様々なバリエーションがあります。遊びの中で様々な走り方を経験できるようにすることは，動きの洗練化にもつながります。

　洗練化のためには，動作を繰り返すことが必要ですが，幼児期には練習やトレーニングを行うのは適切とはいえません。そのため，遊び方やルールを変えるなど，子どもたちが繰り返し遊びたいと思える工夫をすることが大切です。例えば，投げる動きの洗練化を図りたい場合，的当て形式にし，いろいろな大きさや高さの的を用意して当たったことが分かるようにする，チームで競うなど，ルールを変えていくことで楽しみ

写真11-2　大きさや高さの異なる的[*6]

出典：筆者撮影。

ながら投げる経験を積むことができるでしょう（写真11-2）。玉入れのように的を上向きにしたり，追いかけ玉入れのように的が動くルールにしたりすると，さらに難易度が上がります。どのような遊び方にしたいか，子どもと一緒に考えれば遊び要素も高まります。

微細運動の面では，徐々に指先を細かく動かせるようになり，手遊びや折り紙，あやとりなども楽しめるようになります。日常生活の場面ではボタンをはめたり，ひもを結んだりするなどの細かい動作もできるようになってきます。

仲間と協力して取り組むことも徐々にできるようになるため，遊ぶ場や道具の設定，片付けなども子どもたちが行うことで，運ぶ動作を経験するだけでなく，協調性を身に付けたり，安全への気付きにもつながります。小学校低学年の体育科の目標には，運動遊びの楽しさに触れ，基本的な動きを身に付けること，運動遊びの行い方を工夫すること，運動遊びに進んで取り組み，きまりを守り誰とでも仲良く運動することなども含まれています[*7]。この基礎となる力を身に付けるためにも，幼児期から自分たちで遊びを考え，仲間と協力する機会をつくっていきましょう。

(3) 身体活動量の視点から見た運動遊び

子どもの運動を考える際には，身体活動量を確保するという視点も必要です。前述のように幼児期運動指針[*8]では，生活の中での活動なども含めて，遊びを中心に毎日，合計60分以上楽しく体を動かすことが大切とされています。

子どもの身体活動量の減少は日本だけではなく，海外でも問題になっており，WHO（2019）[*9]は5歳未満の子どもを対象とした身体活動や座位行動などに関するガイドラインを策定しています（表11-1）。ここで

*6　写真11-2のカラー写真は以下。

*7　文部科学省『小学校学習指導要領（平成29年告示）解説　体育編』2017年，東洋館出版社，p. 36. ウェブでは下記QRコードより閲覧可能。

*8　文部科学省「幼児期運動指針」2012年。

2024年2月28日閲覧

*9　WHO. (2019). *Guidelines on physical activity, sedentary behaviour and sleep for children under 5 years of age.*

2024年4月15日閲覧

第Ⅱ部　保育内容「健康」の指導法

表11-1　5歳未満の子どもの身体活動等のガイドライン

年齢	身体活動	座位行動 （スクリーンタイム）	
1歳未満	30分／日以上 （うつ伏せを含む）	0分	1度に1時間以上 不活動のままにしない
1〜2歳	180分／日以上	1歳：0分 2歳：60分／日未満	
3〜4歳	180分／日以上 （中・高強度活動※ 30分以上を含む）	60分／日未満	

※早歩き，ボールゲームでの走行，ダンス，水泳など息が弾むくらいの運動。
出典：WHO. (2019). *Guidelines on physical activity, sedentary behaviour and sleep for children under 5 years of age.* をもとに筆者作成。

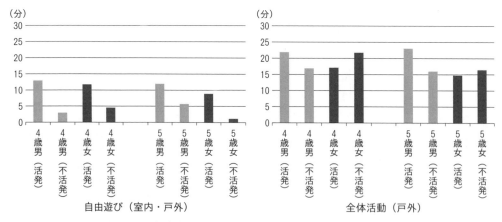

図11-5　保育者から見た子どもの活発さと保育中の身体活動量
出典：石沢順子ほか「保育中の自由遊びと一斉活動における身体活動水準の違い——活発な子どもと不活発な子どもの比較」『東京純心女子大学紀要』(17), 2013年, pp. 19-28.

は積極的に体を動かす身体活動を増やすこととあわせて，テレビやゲームなどのスクリーンタイムを含めた不活動な時間である座位行動を減らすことの重要性も述べられています。どの年齢でも一度に1時間以上不活動なままにならないようすることが推奨されているため，意識的に立ち上がったり，移動したりする時間をとるように心がけましょう。

石沢ら（2013）[*10] は，保育者の主観的評価により活発だと思う子どもと不活発だと思う子どもを対象に，自由遊びとクラス全体でのおにごっこやドッジボールを行っている際の身体活動量の指標として中・高強度活動時間（速足以上の強度）を比較しました。その結果，自由遊びでは活発と評価された子どもの活動量が多く，クラス全体の活動では不活発と評価された子どもも身体活動量が増える傾向が見られました（図11-5）。

*10　石沢順子ほか「保育中の自由遊びと一斉活動における身体活動水準の違い——活発な子どもと不活発な子どもの比較」『東京純心女子大学紀要』(17), 2013年, pp. 19-28.

このことから，保育者から見て不活発と思われる子どもは，実際の活動量も少ないため，何らかのアプローチが必要であること，そのような子どもも運動の機会があれば楽しく身体活動量を増やすことができることが予想されます。

クラス全体の活動として運動を行う場合，前述のように遊び要素は少なくなる傾向はありますが，不活発な子どもの身体活動量を確保し，体を動かす遊びのレパートリーやバリエーションを増やすという点では大きな意義があります。クラスでの活動をきっかけとして，自由遊びの中でも運動しようとする子どもが増えることが望ましいでしょう。

また，大人数で運動をする際には，待ち時間を少なくするという視点も大切です。説明は要点をまとめてできるだけ短くするほか，大型遊具を使った遊びやリレーなど並んで待つ時間が想定される場合は，活動の前後に全員が動ける活動を意識的に取り入れるなど，工夫しましょう。

(4) 家庭との連携

これまでの調査によると幼児の身体活動量は平日に比べて週末の方が少ない傾向が見られることから[*11]，保育現場における工夫はもちろん，家庭との連携も重要です。園での活動内容や子どもの意欲を認める関わりの大切さを，保護者にも伝えていきましょう。

また，4〜11歳の子どもを対象とした笹川スポーツ財団による調査報告（2021）[*12]では，子どもと家族が一緒に運動・スポーツを「する」「みる」「話す」のいずれも行っていたグループにおける運動・スポーツ実施時間が最も長く，家族と運動・スポーツについて「話す」グループの

*11 石沢順子ほか「幼児の日常身体活動量――幼稚園児と保育所児の比較」『白百合女子大学初等教育学科紀要創刊号』2017年，pp. 1-8.

*12 笹川スポーツ財団「4〜11歳のスポーツライフに関する調査2021」2021年。

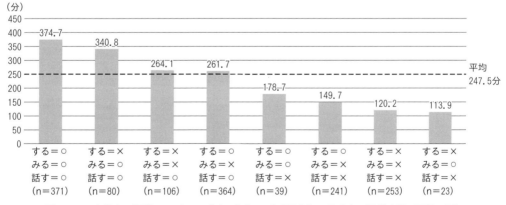

図11-6　家族との運動・スポーツ「する」「みる」「話す」と子どもの運動時間（平均／週）
注：○は「している」，×は「していない」とした。
出典：笹川スポーツ財団「4〜11歳のスポーツライフに関する調査2021」2021年。

運動・スポーツ実施時間はいずれも全体の平均値（247.5分）よりも長いことが分かりました（図11-6）。このことから，家族と運動・スポーツについて「話す」ことは，子どもの運動・スポーツへの興味・関心を引き出す可能性があると考えられます。子どもの運動を促進するためには，運動に対してよいイメージをもてるように周りの大人が工夫していきましょう。

章末の「文献紹介」に，乳幼児向けの運動遊びが紹介されている本とウェブサイトを挙げました。まずは自分自身が楽しそうだと思える遊びを見つけて実践してみてください。

章末問題

1. 幼児期の運動発達の特性を踏まえて，①遊びの中に「多様な動き」を取り入れる工夫，②楽しみながら「動きの洗練化」を促す工夫について各自で考えてみましょう。
2. 問1で考えたアイデアをもとに，グループでよりよい方法を話し合ってみましょう。

文献紹介

★ 山本秀人（編著）『0．1．2歳児 発達をおさえた運動あそび――経験してほしい粗大運動・微細運動』Gakken，2018年。
★ 日本スポーツ協会（JSPO）「アクティブチャイルドプログラム」（側注のQRコード）

2024年2月28日閲覧

第 **12** 章

保育現場における
体を使った遊びの実際

本章では，実際の保育現場において子どもがどのように体を使って遊んでいるのか，その遊びを支えるための指導のポイントについて学びます。「運動」と「遊び」の関係について考えながら，乳幼児教育で大切な「遊び」の中で育まれていく子どもの身体発達を，日常生活や遊具を使った遊び，ルールのある遊びなど様々な場面の実践事例を通して見ていきます。そして，主体としての子どもの自発的な遊びとなるための環境や保育者の援助について考えます。

THINK 考えてみよう

「遊び」か「運動」か？

　これは，保育現場において子どもたちがおにごっこをしている一場面です。この写真を見て，以下について考えてみましょう。

1. この子たちがしているのは「運動」でしょうか，それとも「遊び」でしょうか。あなたはどちらだと思いますか？
2. どうしてそのように思いますか？　思いつく限り，理由を挙げてみましょう。
3. 1，2で考えた意見をもとにそれぞれの考えをシェアし，運動と遊びの違いはどこにあるのか話し合ってみましょう。

カラー写真

> **ヒント**
> 　「運動」と「遊び」，この2つの違いはどこにあるのでしょうか。スポーツであるかどうか？　ルールの違い？　取り組んでいる人の年齢や属性の違い？……この写真のおにごっこを「運動」と捉えるか「遊び」と捉えるか，きっと見る人によって異なっているはずです。実は，運動と遊びは密接につながっているのです。

第12章 保育現場における体を使った遊びの実際

第1節 運動遊びの指導を考える

(1)「運動」と「遊び」

　これまで，保育における子どもへの指導は遊びを中心とし，子どもはその遊びの中で体を動かすということを学んできました（第6章参照）。運動＝体を動かすことだと考えるならば，遊びの中で体を動かすのだから，運動は遊びに内包されているといえます。では，その逆についてはどうでしょう。運動の中に遊びは含まれているといえるでしょうか。

　幼稚園教育要領等では，遊びを「幼児の／乳幼児期における自発的な活動」としています[*1][*2]。したがって，遊びとは周囲の誰かや何かの働きかけによって行うものではなく，子どもが自らの意思によって取り組むものであるということです。そのため，仮に体を動かして運動していたとしても，誰かに強制されていたり嫌々行っていたりしたのならば，それは遊びであるとはいえないということになります。幼児期運動指針[*3]にも「遊びとしての運動は，大人が一方的に幼児にさせるのではなく，幼児が自分たちの興味や関心に基づいて進んで行うことが大切である」と示されています。このように考えると，子どもにとっては遊びがより優位なものであることが分かります。

(2) 運動遊びとは

　「運動遊び」という言葉が保育の現場ではよく聞かれます。言葉通りそのままに解釈するならば，運動して遊ぶということになるでしょう。広義には，おにごっこなどの日常的な体を動かす遊びだけではなく，体操やマット運動など体を使った活動全般のことを指すこともあります。しかし，前述したように運動すること・体を動かすことは必ずしも遊びには直結しません。山本ら（2016）[*4]は運動遊びを「子どもの自由な意思により始発し，子ども自らが身体と人，自然，物，動物等の外界との相互関係により生み出した身体的活動」と定義しています。この定義に則って考えるのなら，運動遊びとは子どもの自発的な遊びから出発して，運動をしたり体を使ったりすることであるということになります。このことは，要領・指針の領域「健康」（3歳以上児）の内容(2)に示されている「いろいろな遊びの中で十分に体を動かす」という文言にも合致します。あくまでも運動は遊びから生じる副次的なものであり，保育におい

---

*1　文部科学省「幼稚園教育要領」の「第1章　総則」の「第1　幼稚園教育の基本」の2，2017年。

*2　内閣府・文部科学省・厚生労働省「幼保連携型認定こども園教育・保育要領」の「第1章　総則」の「第1　幼保連携型認定こども園における教育及び保育の基本及び目標等」の「1　幼保連携型認定こども園における教育及び保育の基本」の(3)，2017年。

*3　文部科学省「幼児期運動指針」2012年。

2024年8月7日閲覧

*4　山本清洋ほか「運動遊びの現状と課題——概念の構築を巡る検討」『豊岡短期大学論集』No. 13, 2016年, pp. 159-168.

第Ⅱ部　保育内容「健康」の指導法

て運動そのものが目的になるものではない、ということを保育者は常に意識する必要があります。

(3) 指導にあたっての留意点

では、子どもの身体的活動を「遊び」から出発させるには、どのようにしたらよいのでしょうか。それを考えるにあたり、まずは日常生活での子どもの心身の動きについて理解しておきましょう。

① 日常生活の中の身体活動

幼児期運動指針には、「幼児にとって体を動かすことは遊びが中心となるが、散歩や手伝いなど生活の中での様々な動きを含めてとらえておくことが大切」と示されています。子どもの身体的活動は遊びに限らず、日常生活の中でも多様に見られます。

特に、年齢が低いほど日常生活での身体的活動が心身の発達に及ぼす影響は大きく、遊びとしての動きと生活の中での動きが密接なものであると考えられます。保育所保育指針解説および幼保連携型認定こども園教育・保育要領解説では、乳児期の子どもについて「生活の中で、周りの人やものに触ってみたい、関わってみたいという気持ちが膨ら」んでいき、「対象に向かって盛んに自分の体を動かそうとする」とされています。例えば何かに興味をもち近づこうとしたとき、0歳児でははいはいや伝い歩きになることがあるでしょう。このはいはいや伝い歩きは「移動する」という生活の動きですが、次の事例ではどうでしょうか。

＊5　厚生労働省「保育所保育指針解説」2018年。

＊6　内閣府・文部科学省・厚生労働省「幼保連携型認定こども園教育・保育要領解説」2018年。

EPISODE

1　トンネルくぐり　　　　　　　　　　　　　　　　　　　　0歳児

保育室内に保育者がトンネル状の遊具を設定する。やや離れた場所にいる子どもの名前を呼ぶと、子どもは遊具に気が付き、はいはいで近づいてくる。保育者が出口から顔をのぞかせ子どもを手招きすると、笑顔ではいはいをして遊具をくぐっていく。

この事例では、遊具への興味と「くぐってみたい」という意欲、すなわち心の動きを保育者が引き出し、はいはいでくぐるという身体的動きを誘発しています。事例におけるはいはいの動きは、トンネル状の遊具に近づいてくる時点では「移動する」ための生活の動きでしたが、遊具をくぐって通るときにはトンネルくぐりという遊びの動きにもなっています。それは、子どもの心が動いたことにより、単なる手段としての身

第12章　保育現場における体を使った遊びの実際

表12-1　こども園における0～2歳児の運動遊びの例

年齢 時期	0歳児	1歳児	2歳児
春頃～	・ひも遊び ・園内散歩（はいはい） ・段差登り（マット）	・巧技台（登って降りる） ・斜面登り（小山） ・トンネルくぐり 　（しゃがんで歩く） ・凸凹道を登る	・体操 　（3歳以上児の真似をする） ・かけっこ（直線） ・ひも通し（指先） ・平均台（平衡感覚）
秋頃～	・斜面登り ・一本橋（太幅）を渡る ・トンネルくぐり 　（はいはい）	・リズム体操 ・すべり台の階段や坂を登る ・斜面の登り降り 　（小山，マット＋巧技台）	・ボール投げ（的あて） ・マラソン（持久走） ・ミニハードル（両足跳び） ・巧技台（登って飛び降りる）

体的活動が，おのずから動き出す自発的な身体的活動へと変わったことにほかなりません。そして，こうした心の動きと体の動きが生活の中でも遊びの中でも繰り返されることで，子どもの健全な身体発達へとつながっていくのです。

　表12-1は，あるこども園の0～2歳児における運動遊びの一例をまとめたものです。

　同じ遊び，同じ遊具でも時期や年齢によって遊び方が異なることが分かります。0歳児のひもを引っ張る遊び（第6章 EPISODE 1「ひも遊び」参照）が，2歳児ではひもを通す遊びになっています。また，巧技台での遊びも，1歳児の「登って降りる」から2歳児では「登って飛び降りる」に変化しています。子どもが興味をもって繰り返し取り組むうちに，動きが熟達化・複雑化し，次第に生活の動きから発展した遊びの動きにもなっていくのです。保育者は遊びと生活を分けて考えるのではなく，なめらかに連続性をもったものとして捉え，子どもの発達に応じて環境を整えたり，指導を工夫したりすることが重要であるといえます。

② 「自発的」とはどういうことか

　では，子どもの身体的活動（運動）を「遊び」から出発させるためにはどうしたらよいのかを考えてみましょう。前述のように，子どもの身体的活動は心の動きによって手段から遊びへとなりうるものです。しかし，子どもの心の動きを正確に把握することは非常な困難を極めます。そこで，遊びを遊びたらしめる「自発的」という要素を，別の視点から捉えてみることにします。

　子どもが自らの意思によって何かに取り組むということは，すなわち子どもが何をするか・いつやるか・どんなふうに取り組むかなどを自ら

173

第Ⅱ部　保育内容「健康」の指導法

決定するということになります。この「自己決定」の要素が活動の中で高まれば高まるほど，そこに子どもの興味や関心，意欲や願いといった，心の動きが反映されやすくなります。子どもが身体的活動（運動）に取り組む際にも自己決定の要素が高まるように意識をしていくことが，運動遊びの指導を考えるにあたってのポイントとなります。

　では，実際の指導に照らし合わせて見てみましょう。次の事例は年度当初，4歳児が幼稚園の好きな遊びの時間に初めておにごっこをしようとした際の出来事です。

EPISODE

2　おにごっこ　　　　　　　　　　　　　　　　　　　　　　　　　　4歳児

- -

　3人の子どもが保育者のもとへ「おにごっこがやりたい」と言いに来る。そこで，保育者と一緒に始めることにした。

　保育者が園庭を見渡しながら「どこでやろうかな」と言うと，子どもたちが「園庭全部でやる」と答える。「そうだね，それでもいいんだけど，あんまり広すぎると追いかけるのが大変になっちゃうからな〜……」とつぶやくように言うと，1人の子が「じゃあ，あそこは？」と保育室前の小さな広場のような場所を指さす。保育者はそれを受け，「ちょうどいいかもね，行ってみようか」と答えながら一緒に広場へ移動した。

　保育者が「何のおにごっこにする？」と子どもたちに尋ねる。おにごっこをやったことがあるという子が"氷おに"を提案する。「この人数だとすぐに終わっちゃうと思うけど……」と伝えるが，「いい，大丈夫！」と言うので，他の2人に簡単にルールを説明し，やってみることにした。「おにはどうする？　誰にする？」という問いかけに対しては，3人が揃って「先生がやって！」と答える。話をしている間に，数名の子がやって来て仲間に加わった。

　この事例では，いくつかの意思決定場面がありました。具体的には，①おにごっこをする場所をどこにするか，②おにごっこのルールを何にするか，③おにを誰がやるかです。事例の中で保育者は，いずれの事項も一方的に決めてしまうのではなく，子どもに尋ねながら決めていることが分かります。

　①については，範囲が広大すぎると遊びの収拾がつきにくくなってしまうことを考慮し，範囲を限定しようという意図が保育者にはあったのだと考えられます。そのため，園庭全体を使うという子どもの意見が出たときには，その意見を受け止めつつ，理由を伝えながら別の場にすることをそれとなく提案しています。

　②③について，保育者は子どもの人数や経験を鑑みながら，ルール

174

について考えようとしています。しかし，"氷おに"がいいという子どもの意見をまずは尊重し，やってみることにしました。こうした場合にはとにかく一度やってみて，難しかったり盛り上がらなかったりしたら，そのときにもう一度考えてみる，ということも一つの方法です。

　このように，活動の中でどこに子どもが自己決定できる要素があるのかを保育者は見極めながら，子どもが決められそうな要素についてはできるだけ判断を委ねることが大切です。とはいえ，子どもだけではうまく決められなかったり，よいアイデアが浮かばなかったりということもあります。すべてを子ども任せにしてしまうのではなく，必要だと思うことについては提案したり，時には保育者が決めたりすることも重要になります。

第2節　遊具を使った遊び

　子どもが体を動かして遊ぶときには，自らの体だけではなく，遊具を使うこともあります。遊具にはそれぞれ適した使い方があるため，その特性や留意点を保育者がきちんと把握しておくことが大切です。

(1) 遊具の種類とその特性

　遊具には多様な種類のものがあります。ここではいくつかの種類の遊具について，例を挙げて説明します。

　○固定遊具：園庭等に固定して設置されており，動かしたり形を変えたりすることのない遊具。比較的大型のものであることが多い。鉄棒・太鼓橋・ジャングルジムなど。

　○可動式遊具：持ち運ぶことができ，遊びに応じて使い方を変えることができる遊具。室内・戸外のどちらでも見られ，子どもが扱える大きさのものであることが多い。箱積み木・マルチパネルなど。

　○個人で扱う遊具：一人で使うことが想定され，また主となる遊具。使い方や遊び方によっては複数人で遊ぶことも可能なものもある。三輪車・縄跳び・ブランコなど。

　○複数人で扱う遊具：複数名で使うことが前提となっている遊具。二人乗り三輪車・シーソーなど。

　ここで挙げた遊具は，それぞれ子どもに及ぼす影響や効果が異なって

きます。例えば固定遊具の場合，常に形が決まっていて変わることがないため，継続して同じめあてをもって遊ぶことができたり，全体で共通の規範意識（ルール）を培ったりしやすい，などが考えられます。可動式遊具の場合では，その時々で組み合わせを変えたり，高さや広さなどの規模を自由に決められるため，子どものイメージ通りに遊びを進められたり，年齢に応じて使い方を変えたりすることができます。こうしたそれぞれの遊具の特性を保育者が理解し，遊具が子どもにもたらす影響を考慮しながら，時期に応じて提示する遊具を変えたり見直したりすることが大切です。

(2) 遊具を扱う中で身に付く動き

　遊具を扱うことの大きな効果の一つに，登る，飛び降りる，こぐなど，日常の生活ではなかなか経験しえない動きが喚起されるということがあります。逆にいえば，こうした遊具の環境を整えなければ子どもが経験できる動きが限られてしまうということにもなります。次に示す事例では，遊具そのものが遊びのめあてになり，楽しんだり挑戦したりすることが多様な動きの獲得へと結び付いています。

EPISODE

3　登りたい！[*7]　　　　　　　　　　　　　　　　　　　　4歳児・5歳児

　園庭に設置された大型の固定遊具を登ろうと子どもたちが挑戦している。いくつかの登り口があり，それぞれ難易度も異なるため，思い思いの箇所から登ろうと試みている。手を掛ける位置を変えたり，足の上げ方を工夫したりなど，いろいろ試しながら挑戦する。何度か繰り返して難しいと感じると，別の箇所に行ってまた挑戦を始める。

　登れるようになった子が，遊具の上から下をのぞき込み，友達に「そこじゃなくて，こっち持つといいよ」「もうちょっと足上げて」「頑張れ！」などと声を掛けている。中には一度降りてきて，「登ってみるから見ててね」と登り方の見本を見せる子もいる。

写真12－1　園庭に設置された複合型固定遊具の例
出典：筆者撮影。

第 12 章　保育現場における体を使った遊びの実際

写真12-2　コマに糸を巻き付ける [*8]
出典：筆者撮影。

＊7　EPISODE 3 のカラー写真は以下。

＊8　写真12-2のカラー写真は以下。

　こうした大型の遊具で遊ぶことは，子どもの体の大きな動き（粗大運動）を誘発します。また，複数の子どもが同時に取り組める遊具には，子ども同士の関わりを生み出すという働きもあります。事例内で見られる，自分が身に付けた登り方を教えたり，応援をしたりといった姿がそれにあたります。保育者は遊具そのものでの遊びだけではなく，遊具を媒介としてもたらされる子ども同士の関わりや関係性の変化にも着目しながら指導に臨むことが望ましいでしょう。

　また，遊具を使った遊びでは，子どもの細かな動き（微細運動）が見られることもあります。例えば室内でのコマ回しなどが挙げられます。写真12-2は糸引きゴマで遊ぶ子どもの様子です。糸をコマの軸に巻き付けるために，糸を指先で抑えたり手首を回したりなど，集中して手先を使う動きが見られます。遊具を使った遊びを一日・一週間・一か月・一年間という様々なスパンの中で計画的に指導に盛り込み，粗大運動と微細運動のどちらも経験できる場を保障することが大切になります。

第3節　ルールのある遊び

　運動遊びには，ルールのある遊びが数多く見られます。先に事例で示したおにごっこや，ドッジボールなどがそれにあたります。また，前節で触れた遊具にも，園の方針などによって使い方の約束事といったルールが存在します。これらのルールのある遊びを指導するにあたってのポイントを見ていきましょう。

177

(1) ルールをどう捉えるか

　ルールには約束事や禁止事項といった「規制」としての側面と，スポーツに見られるような「規則」としての側面があります。このうち「規制」については，園庭の広さや設置されている遊具（特に固定遊具）の種類など，園の環境に左右される面が大きいと考えられます。滑り台がある園であれば，おしりをつけて滑る，手すりにつかまって滑る，降り口から登らないといった約束事を子どもに伝えることがあるでしょう。こうした「規制」は，子どもの安全を守るために必要なものですが，園において子どもが安全に過ごせるようにと考えれば考えるほど増えてしまいがちです。「規制」が増えるということは，その分だけ子どもが自己決定的に環境に関わる機会が減ってしまうことにもつながります。とはいえ，きまりごとなく子どもを遊具で遊ばせることは事故の回避や安全確保の観点から現実的とはいえません。そこで，リスクとハザード（第3章，第6章参照）の視点に立ち，リスクとして評価できる部分に関しては可能な範囲で約束事を減らし，取り除くことが難しいハザードに関わる事項については子どもにしっかりと伝えていくと考えることが有用です。「こういうものだから」と慣習的にきまりごとを子どもに伝えるのではなく，保育者が一度立ち止まって考えてみたり，園全体で見直したりすることも，子どもの自発的・主体的な遊びを充実させるための手立てとなりうるでしょう。

(2) ルールを子どもと考える

　スポーツなどに見られる「規則」に関しては，次の事例を通して考えてみましょう。

EPISODE	
4　サッカー	4歳児・5歳児

- -

　運動会の後，5歳児が取り組んでいたリレーやサッカーに交ぜてもらうようになった4歳児。次第に，自分たちだけでもサッカーを始めるようになった。

　ある日，8名が集まってサッカーを始めようとする。チーム分けをすると，人数が3人対5人になるが，「じゃあ始めよう！」と試合が始まる。保育者は，人数のかたよりが気になりつつ，近くで見守ることにした。

　試合は，コート外にボールが出たときに誰かが「出た」と言えば止まるが，誰も言わないと止まらない。ゴールキーパーはどこまででも前に出てきて手を使う。それでも，誰も文句を言わずに楽しんでいる。

第12章　保育現場における体を使った遊びの実際

　しばらくすると，5歳児が「入れて！」と入ってくる。するとすぐに，「人数少ない方に入る
ね」と言って3人チームに加わる。そして，近くにいた保育者にも「足りないから入ってよ」と
声をかけてくる。試合が仕切り直されると，5歳児がコート外に出たボールを厳格にジャッジし
ていく。

　ここでは4歳児と5歳児の間で，ルールに関する理解に差があること
が分かります。正式なルールに則るならば，5歳児の理解が正しく，ま
た公平な遊び方であるでしょう。一方，4歳児は，いわば「サッカーに
準じた遊び」を楽しんでいる状態です。もしもここで，見ていた保育者
が人数をきっちりと分け，ボールが出たらどうするかを明確に決め，ゴ
ールキーパーの行為をとがめたとしたら，4歳児が楽しめる遊びとなっ
たかどうかは定かではありません。ルールの役割を「子どもの遊びを楽
しくするもの」と捉えるならば，必ずしもはじめから正式なルールにす
る必要はありません。子どもの様子や年齢に応じて，柔軟に幅をもたせ
ながらルールを変化させたり，遊びに段階を設けたりすることも重要で
しょう。取り組み始めの段階では最低限のルールだけを共通認識として
おき，やっていく中で子どもと一緒に必要なルールを考え足していくこ
とで，子どもたちは自分事としてルールを捉えたり，遊びをよくしてい
くために考えたりするようになっていきます。そうして，徐々に複雑な
ルールのある遊びも楽しめるようになっていくのです。

章末問題

1．以下の場面から1つを選び，初めて子どもに指導をすることを想定した
　指導計画を書いてみましょう。表12 - 2を参考にして，できるだけ具体的
　に（どこで，何を使って，どんなきまりで，など）考えてみましょう。
　場面①：2歳児　好きな遊び（自由遊び）の時間の砂場遊び
　場面②：5歳児　一斉活動でのリレー

表12 - 2　指導計画の例

年齢・遊び	4歳児　氷おに	
予想される子どもの活動・姿	○保育者の援助　　●環境構成	
・おに役と逃げ役に分かれる。 ・思い思いの場所へ走っていく。 ・途中で役を変える。 ・タッチされたかどうかで揉める。	○分かれた人数を見て，偏りがある場合には保育者も少ない方に加わるなどし，調整をする。 ●目印を置くなどして範囲を決め，子どもに遊びの場が分かりやすいようにする。 ○一緒に遊びながら様子を見て遊びの区切りを知らせ，役を変えてもよいことを知らせる。	

179

第Ⅱ部　保育内容「健康」の指導法

2．立てた指導計画を持ち寄り，それぞれの指導のよいところや改善できそうな点を話し合ってみましょう。

（ヒント）

「何のためにその援助をするのか」を念頭に置くと，具体的に考えやすくなります。

文献紹介

★松本博雄ほか『0123　発達と保育 ―― 年齢から読み解く子どもの世界』ミネルヴァ書房，2012年。

★加藤繁美『保育の中の子どもの声 ―― 自分の声を聴きとられる心地よさ　多様な声を響き合わせるおもしろさ』ひとなる書房，2023年。

第 13 章

他領域との関連，
小学校とのつながり

遊びを通した総合的な指導は「健康」をはじめとする様々な領域とも関連し合いなが
ら進められていきます。また，義務教育開始前後の 5 歳児から小学校 1 年生の 2 年間
は「架け橋期」ともいわれる時期です。この時期にふさわしい主体的・対話的で深い
学びの実現を図り，一人一人の多様性に配慮した，学びや生活の基盤を育む実践につ
いて考えていきます。

THINK 考えてみよう

遊びの状況から読み解いてみよう

これは，あるごっこ遊びの写真です。写真から読み取れる事柄を①幼児の動き，②環境や状況の視点から3つずつ述べてください。

出典：筆者撮影。

①子どもの動き
-
-
-

②環境や状況
-
-
-

カラー写真

> ヒント
>
> どんな動きをしていますか？ どんな表情をしていますか？
> 写真を撮った人との関係は？
> 写真からどんな雰囲気が伝わりますか？
> ここはどんな場所でしょうか？

第13章　他領域との関連，小学校とのつながり

第1節　指導計画の立案

(1) 遊びを通して行う総合的な指導

　指導計画は，教育課程や全体的な計画に基づいて保育を実施する際のより具体的な方向性を示すものです。実際の幼児の姿に基づいて，その時期における保育のねらいや内容と環境の構成，そこで予想される幼児の遊び活動，それに応じた保育者等の援助や配慮すべき事項を考えて作成します。長期（年案），中期（月案），短期（週案・日案）の指導計画などがあり，短いスパンの計画ほど，より細かな内容となります。例えば，日の指導計画「日案」は，前日の幼児の姿をもとに，より具体的に作成します。ここでは，中期にあたる，5歳児5月の指導計画の月案例を紹介します（表13-1）。

　保育の実際は，各領域の「ねらい」や「内容」[*1]を個別に取り出して指導するのではなく，幼児の姿からそれらを読み解いていくようにします。そうすることで，幼児の中に育ちつつある資質・能力，そして具体的に展開されるであろう遊びや活動の中で育っていくことが望まれる資質・能力が見えてきます。表13-1からも分かるように，指導計画は具体的な幼児の姿から，幼児の興味や関心，発達の状況を読み取り，それらがより伸張していくように指導内容も"総合的に"考えていきます。つまり，「かごめかごめ」という一つの遊びの中においても，領域「健康」「人間関係」「環境」「言葉」「表現」の内容が関わってくるのです。計画の段階では，幼児たちが楽しい，面白い，もっとやってみたい，もっと知りたいという好奇心や意欲を揺さぶるような遊びや活動の姿としてねらいを設定し，指導内容や指導方法[*2]（指導の要点と環境の構成の留意点）を考えていきます。

＊1　5領域の「ねらい」と「内容」については，要領・指針の第2章を参照。文部科学省「幼稚園教育要領」2017年。

厚生労働省「保育所保育指針」2017年。

内閣府・文部科学省・厚生労働省「幼保連携型認定こども園教育・保育要領」2017年。

＊2　指導内容を「幼児の姿」と表現している園も多い。鳴門教育大学附属幼稚園では，ねらいを達成するための具体的な幼児の遊びや活動は，むろん保育者の指導がなされての姿であるという考えで「指導内容」としている。

WORK 1

幼児の姿から分析してみましょう。

- 表13-1の5歳児5月の幼児の姿から，5領域の「ねらい」や「内容」を5つ見つけてください。
  例：領域「環境」の内容(4)自然などの身近な事象に関心をもち，取り入れて遊ぶ。領域「健康」の内容(2)いろいろな遊びの中で十分に体を動かす。など

第Ⅱ部　保育内容「健康」の指導法

表13‐1　5歳児5月の指導計画例（月案）

【幼児の姿】

○仲の良い友達と一緒にいろいろな遊びを試してみるようになる。面白い遊びを見つけると，少しずつ工夫しながら何日も続け，関心をもった周囲の幼児との関わりも見られるようになる。

○サッカーやおにごっこなど，友達や保育者を誘って戸外でルールのある遊びをするようになる。その遊びをよく知っている幼児が中心となって遊びを進め，チーム分けやおに決めをしたり，ルールを伝えたりする。また，自分の思いがルールと合わず，受け入れられないことから，友達と口論をしたりする姿も見られるようになる。

○虫や小動物と遊んだり世話をしたりする中で，分からないことを尋ねたり図鑑で調べたりすることが盛んになり，発見したことや知ったことを，保育者や友達に伝えて認めてもらおうとする。

○色水遊びや押し花・ままごとなど，身近な草花を使っての遊びがよく見られるようになってくる。

【ねらい】

○年長児になった喜びを感じ，自信をもって園生活に取り組む。

○気の合った友達とイメージを出し合いながら遊ぶ楽しさを味わう。

指導内容	指導の要点と環境の構成の留意点
○伸び伸びと身体を動かして遊ぶ心地よさを味わう。 ・園庭や総合遊具など戸外で存分に体を動かして遊ぶ心地よさを味わう。 ・「かごめかごめ」「助けおに」「はないちもんめ」など友達と一緒に触れ合って遊ぶ。 ・音楽や歌に合わせて駆けたり，止まったり，跳んだりするなどリズミカルに体を動かして遊ぶ楽しさを味わう。 ・巧技台を組み合わせて自分たちでアスレチックをつくって遊んだり，サッカーや追いかけっこ，おにごっこなど，人数や遊び方に合わせて適当な場所を見つけて遊んだりする。 〈略〉	○伸び伸びと身体を動かして遊べるような環境を幼児と一緒に考えて準備したり，その心地よさや楽しさに共感したりする。 ・園庭や屋上，戸外の固定遊具の安全確認を行っておくとともに，そうした安全確認を幼児にも伝え，遊び場での危険を意識するようにする。園庭は存分に駆け回ったり，集団での遊びができるようにオープンスペースを確保する。 ・幼児に伝承遊びやリズム遊びを紹介したり，一緒に楽しむ中で，友達と声を合わせて囃す，歌う・駆ける・止まる・跳ぶ・そのものらしく動こうとするなどの動きに注目し，幼児が自分の身体の動きを調整しながら遊ぶ姿を認めていく。 ・リズム遊びのCDなどを幼児が選びやすいように整理しておいたり，シンセサイザーやCDデッキなどの機器には，使いやすいように表示をつけたりする。 ・幼児と一緒に身体を動かして遊ぶさわやかさや心地よさを感じながら，力強い動きの様子や工夫を認め，励ましていく。身体の調整力の育ちにも注目して，必要な幼児には個別に対応していく。
○春の自然に関わり，生活の中に取り入れて遊ぶ。 ・色水遊びや押し花をしたり草花を身に付けて飾ったりなどして遊ぶ。 ・園庭や花壇の花を保育室に飾ったり，水を換えて世話をしたりする。 ・保育者と一緒に，夏野菜を植えたり，草抜きや水やり，肥料をやるなどする。 ・園外保育でサツマイモの苗を植えたり，広場で自然に関わって遊んだりする。	○春の草花を生活に取り入れ楽しめるようにする。 ・草花を飾れるよう花瓶や空き容器，花切りばさみを用意する。 ・セロファンや安全ピン，台紙やリボンなど，いろいろな材料を整理しておく。 ・幼児と一緒にイチゴやユスラウメ，ウメなどの実の様子を楽しみに見たり収穫したり調理して食べたりする。 ・幼児と一緒に話し合って期待をもちながらサツマイモや夏野菜や花の苗を植えたり，水やりや施肥，草抜きなどの作業を行う。 ・園外保育ではバスの安全な乗り方や交通マナーについて伝えるとともに，交通事故をはじめとする事故や怪我の防止に留意する。

出典：鳴門教育大学附属幼稚園「生活プラン」2014年を一部改変。

(2) 他領域との関連

① 5つの領域の視点から考察してみよう

表13‐1の指導内容を見てみると，幼児たちの遊びや活動は5つの領域の内容が関係し合っていることが分かります。

- 「伸び伸びと身体を動かして遊ぶ心地よさを味わう」「園庭や総合遊具など戸外で存分に体を動かして遊ぶ心地よさを味わう」は，「健康」。
- 「『かごめかごめ』『助けおに』『はないちもんめ』など友達と一緒に触れ合って遊ぶ」は，「健康」「表現」「人間関係」。友達と話したり，呼び合ったり歌詞の意味を味わったりするのは「言葉」です。
- 「音楽や歌に合わせて駆けたり，止まったり，跳んだりするなどリズミカルに体を動かして遊ぶ楽しさを味わう」は，「表現」「健康」。
- 「巧技台を組み合わせて自分たちでアスレチックをつくって遊んだり，サッカーや追いかけっこ，おにごっこなど，人数や遊び方に合わせて適当な場所を見つけて遊んだりする」は，「健康」「環境」「人間関係」に関係する内容です。

② 遊びの面白さや楽しさを読み解こう

次の事例は，5月の指導計画のもと，園外保育に行ったときのものです。この事例と保育者の考察をあわせて読みましょう。

*3 ふるたたるひ・たばたせいいち（作）『ダンプえんちょうやっつけた』童心社，1978年。

> **EPISODE**
> #### 1 「この，がさがさっていうのがええ」　　　5歳児　5月

園外保育①で鳴門教育大学の多目的広場に行った。すでに前日の降園時のミーティングから，幼児たちと「先生，向こうに行ったら，基地つくろうな」と相談ができていたので，荷物を置くとすぐ雑木林に入っていった。

比較的長い枝やつるを使って，骨組みをし，そこに拾ってきた枝や葉っぱを重ねていった。②ほぼ屋根らしいものができると，セイマとハヤトが保育者の背中を枝で突っつき，「ここぼくたちの忍者基地。先生はダンプえんちょう*3 だから，あっちから攻めてきて」と言う。「やろう。やろう。早くやろう」と周りの幼児たちもはやす。

「よかろう。ならば……御免」③と保育者が木の枝を拾って走り去ろうとすると，「それじゃあ，10数えるよ」と幼児たちは大きな声で数え，「よしっ」と駆け出した。「ダンプまる，待てえ」

第Ⅱ部　保育内容「健康」の指導法

「逃げるのか，よわむし」木の枝の剣を握ったコウキとタイヨウが先陣を切って保育者を追いかけてくる。

「ふっ，これも作戦よ。できるだけ，おまえたちを仲間から離して」保育者は，わざと木の間を抜けて広場から離れていく。「ふん。俺たちがやっつけてやる」2人は顔に当たりそうな小枝を剣で払いのけながら追いかけてくる。「この辺で，よかろう」保育者は止まって振り返ると，枯れ枝の長刀④を大上段に構えた。

「よし。ダンプまる，覚悟しろ」息をはずませながら，2人は剣を構えて，保育者を睨み付ける。「どうりゃあ」保育者の長刀の突きはタイヨウの眼前で止まった。「とう」横から振り下ろしたコウキの剣は，枯れ枝の長刀の先をぽきっと折った。

「よしっ。とう。とう。とう」2人は保育者の刀を力任せに，たたき切っていく。「な，な，なんだこりゃ」，ハンドマイクのように短くなった枯れ枝を握ったまま，保育者は幼児たちに囲まれた。後から後から仲間が集結してきた。

「ダンプまる。降参か」という幼児たちの声に「拙者，もっとよい剣を探して，出直して参る」と保育者が応える。すると，「先生，今度はもっともっと長い剣にしてよ」とセイマが言う。「ぼくらが一緒に探してあげる」他の幼児たちも一緒になって，長くて折れやすそうな枝を探している。落ち葉を踏みしめながらコウキは「先生。この，がさがさっていうのがええなあ」と笑い顔で言う。タイヨウも「お侍や忍者の本当の戦いみたい」と剣を構えて言う。

【保育者の考察】

大学の多目的広場の林は，幼児たちの遊びのイマジネーションや原始からヒトが繰り返し行ってきた狩りや住まいづくりなどの活動欲求を引き出すような感じがした。明るい日中にもかかわらず，うっすらと暗い林の中は異空間のようだ。幼児たちもこの空間の中で，よりごっこ遊びのイメージをかきたてる要因を体感し，「先生。この，がさがさっていうのがええ」などと表現しているのだろう。

また，剣などの小道具についても，自分たちのは堅くて強いものを，やっつけられる役の保育者には長くて強そうだが，その実，折れやすいものを選ぶなど，ものの性質と役割との関係を捉えた選択をしているのも面白い。

このチャンバラごっこは，『ダンプえんちょうやっつけた』の物語を聞いて幼児たちが描いたイメージと，林の中で体感したものから描かれたイメージが共鳴し，新しい遊びのイメージとして展開していったものである。幼児たちはこのイメージをしっかりと支えるものとして，剣などの小道具や，それらしい「お侍の言葉」を用い，その中で自分たちの体をそれらしく動かしている。つまり，これまでの体験や情報・知識・技能などを組み合わせて，ファンタジー空間の骨子，別の言い方をすれば枠組みを形成し，そこで，幼児なりの脈絡でもってチャンバラごっこの物語や意味の生成を行おうとしているようである。

186

③ 主体性を支える援助とは？

　幼児が自ら気付き，感じ，考え，行動・表現する姿に，私たち保育者は生き生きとした幼児の主体性を感じることができます。そして，そのような姿が生まれる背景には，保育者の意図的，計画的な援助があります。事例で下線を引いた箇所①〜④に沿って，援助の内容を確認しましょう。

○園生活全体を見通した活動の計画（下線①）

　園外保育や行事は日常生活のアクセントとなったり，生活を刷新させたりするものです。生活の流れの中での位置付けや行事の目的，具体的な環境についての把握や動きのイメージを保育者間で共有することが重要です。そこで，今回もミーティングの中で，大学の広場ならではの楽しみや活動について話し合いました。

○幼児の経験してきたこと，経験してほしいこと（下線②）

　園生活の中での構成遊び[*4]は，もっぱら大型積み木や巧技台，大型段ボールなどの経験だけだったので，保育者自身が，自然木などのもつ特性を生かしながら工夫して構成していくスキルについてのモデルを心がけました。

○遊びの特性をつかんだ保育者の表現（下線③）

　幼児たちがごっこ遊びに誘ってきたので，その文脈に合った言葉で参加の意思を伝えました。また，彼らがイメージするようなダイナミックな動きを演出しました。また，木の枝の密集した場所は危険も伴うため，安全かつ「決闘」にふさわしい雰囲気の場所に移動しました。

○共に楽しむことで生まれる楽しさとリアリティー（下線④）

　枯れ枝の長刀を選んだのは，剣で体に切りかかってしまっては危険が多く，刀を交えないのではリアリティーに欠けることから，「剣を折る」というパフォーマンスが決闘の勝敗のイメージにつながると考えたからです。幼児たちもそのような保育者の意図を読み，暗黙のルールとして共有していることが感じられました。幼児たちの中にもこのような遊びの秩序が生まれたことで，より多くの仲間で，繰り返し展開しながら面白さが生成していくようにと考えました。

　*4　構成遊び
ものを組み合わせて構成する遊び。

第Ⅱ部 保育内容「健康」の指導法

第2節 小学校とのつながり

(1) 幼児期の終わりまでに育ってほしい姿

① 育みたい資質・能力と10の姿

「幼児期の終わりまでに育ってほしい姿（10の姿）」とは，幼児期の終わり，小学校に入学する前に育みたい資質や能力を具体的な幼児の姿として10の項目にまとめたものです。小学校やその後の学校生活へつなげていく資質や能力の3つの柱である「知識・技能の基礎」「思考力・判断力・表現力等の基礎」「学びに向かう力・人間性等」を一体的に育んでいくための指針となります（序章第1節も参照）。

WORK 2

幼児の姿から分析してみましょう。

○ EPISODE 1「この，がさがさっていうのがええ」の幼児の姿から，「幼児期の終わりまでに育ってほしい姿」を見つけてください。
例：「前日の降園時のミーティングから……」は，「言葉による伝え合い」。「自立心」は「先生，向こうに行ったら，基地つくろうな」と言っている姿。など

---

② 資質・能力の育ちを小学校生活へつなげる

幼児期の終わりまでに育ってほしい姿は，幼児の育ちを保育者が見取る上での視点になりますから，様々な資質・能力の育ちの姿を見つけて総合的に理解を深めることが大切です。つまり，ある姿は他の姿と重なって見えてくるということです。例えば，領域「健康」と最も関係の深い「健康な心と体」は，他者との信頼関係の下で，自分のやりたいことに向かって伸び伸びと取り組む中で育まれていきます。幼児は，園生活において，安定感をもって環境に関わり，自己を十分に発揮して遊びや生活を楽しみながら，体を動かす気持ちよさを感じていきます。そしてその中で，生活に必要な習慣や態度も身に付けていきます。5歳の後半には，こうした積み重ねを通して，仲間と一緒に充実感をもって，自分のやりたいことに向かって繰り返し挑戦したり，諸感覚を働かせて体を

思い切り使って活動したりします（「協同性」）。心と体を十分に働かせ，遊びや生活に見通しをもって自立的に行動し（「自立心」），自ら健康で安全な生活をつくり出す姿が見られるようになってくるというわけです。

この頃の幼児は，園生活の中で，一日の生活のリズムや時間の流れを意識したり，状況の変化を予測したりして，見通しをもって行動するようになってきます。EPISODE 1のように自然に触れたり（「自然との関わり・生命尊重」），園内の様々な場所で遊具等を活用しながら，思い切り体を動かしたり様々な動きを楽しんだりするとともに，必要なときに休息をとるようにもなります。また，衣服の着脱，食事，排泄などの生活行動を自分で行うことの必要性や，いつどのように行うかなどが分かってきます。病気にならないように自ら手洗いやうがいを丁寧にしたり，健康のために必要だと感じて，食べ物などのことにも関心をもって（「思考力の芽生え」）友達と楽しく食事をしたりするなど，体を大切にする活動を進んで行うようになります。さらに，園や地域で避難訓練を行う中で，災害などの緊急時の適切な行動が分かり，状況に応じて安全な行動をとることもできるようになります（「社会生活との関わり」）。

保育者は，園生活の流れや園内の様々な場所や遊具，保育者や友達など，それぞれが幼児にどのように受け止められ，いかなる意味をもつのかについて捉え，幼児の主体的な活動を促す環境をつくり出すことが必要です。その上で，幼児が自ら体を動かし多様な動きを楽しむことや，よりよい生活のために必要な行動を幼児の必要感に基づいて身に付けていくことなど，発達に即して幼児に必要な体験が得られるよう工夫していくことが求められます。その際，健康で安全な生活のために必要なことを，クラスで話題にして一緒に考えてやってみたり（「言葉による伝え合い」「思考力の芽生え」），自分たちでできたことを十分に認めたりするなど，自分たちで生活をつくり出している実感をもてるようにすることが大切です。

また，交通安全を含む安全に関する指導については，日常的な指導を積み重ねることによって，標識や表示の意味を知り（数量や図形，標識や文字などへの関心・感覚），交通ルールを守り，自ら行動できるようにしていくことが重要です（「道徳性・規範意識の芽生え」）。

もちろん，こうした幼児期の経験は，小学校生活において生かされます。例えば，時間割を含めた生活の流れが分かるようになると，次の活動を考えて準備をしたりするなどの見通しをもって行動したり，安全に気を付けて登下校しようとしたりする姿につながっていきます。また，

自ら体を動かして遊ぶ楽しさは，小学校の学習における運動遊びや，休み時間などに他の児童と一緒に楽しく過ごすことにつながります。保育・幼児教育の場で様々な活動を十分に楽しんだ経験は，小学校生活の様々な場面において主体的に，伸び伸びと行動する力を育んでいくのです。

(2) 架け橋期[*5]の教育課程

① 幼児期の独自性と学校教育との共通性とは？

　幼児期は，日々の生活から体験を通して学ぶ時期で，幼児が主体的に環境と関わることを通して豊かな学びの経験を得ていくという発達の特性があります。したがって，幼児期の教育は，生活や経験を重視する経験カリキュラムによって展開される，「環境を通して行われる教育」です。一方，小学校教育においては，教科カリキュラム等の実施のため，各教科等から構成される時間割に基づく学級単位の集団指導が原則となります。ここでは，教員が教育すべき内容を具体化し効果的な指導を行うことにより，児童が目標に到達することができるようにすることが重要な課題となります。

　幼児期の教育と児童期の教育には，子どもの発達の段階の違いに起因する，教育課程の構成原理や指導方法等の様々な違いが存在します。その一方，子ども一人一人の発達や学びは，幼児期と児童期とではっきりと分かれるものではないことから，幼児期の教育と児童期の教育との連続性・一貫性を確保することが求められます。このようなことを踏まえて，教育内容や方法の工夫が必要となってくることはいうまでもありません。

② 小学校へのなめらかな接続を意識した実践例

　幼児期の終わりから小学校低学年にかけての教育においては，「健康」のねらいでもある，「健康，安全な生活に必要な習慣や態度を身に付け」[*1]ていることはもちろん，聞く態度や話す態度，集団生活への適応を支える言葉の理解について注目することも重要な指導内容の一つです。小学校での新しい生活の中で，人やものとの関わりを支えるために重要な役割を担うのが言葉や表現です。言葉や表現は学びの基礎力を育む上できわめて重要であり，学びの基礎力が育まれる中で言葉や表現も発達していきます。多くの幼児たちにとって大きな課題となるのは，一対一から一対多数へといったコミュニケーション様式の変化への適応であるとい

[*5] 架け橋期
義務教育開始前後の5歳児から小学1年生の2年間のこと。近年，アプローチカリキュラム（5歳児のカリキュラム）とスタートカリキュラムを一体的に捉えた幼児教育・小学校教育を目指し，幼保小の架け橋プログラムの実施に向けて「架け橋期のカリキュラム」の開発が進められている。
参考資料：文部科学省「幼保小の架け橋プログラム」

2024年7月19日閲覧

第13章　他領域との関連，小学校とのつながり

表13-2　接続期前期　5歳児9月の指導計画（一部抜粋）

【ねらい】

○友達と思いや考えを出し合い，イメージを共有し，試行錯誤しながら共に生活する喜びを味わう。
○戸外で十分に体を動かして遊ぶ。

指導内容	指導の要点と環境の構成の留意点
○友達と思いや考えを出し合って遊びを進めていく。 ・夏休みに体験したことを友達や保育者に話したり，遊びに使ってみようとする。 ・自分の思いや考え，体験したことなどを言葉で伝え，相手の話を最後まで聞く。 ・友達と一緒に運動会の種目を考えたり，試したり，ルールをつくったり，役割を決めたりする。 ・保育者と一緒に遊びや活動の場を整えたり片付けたりしながら，目的に応じた場の使い方などについて考えていく。 ・教育実習生と関わって遊んだり活動したりする。 ・友達や保育者と一緒に運動会の準備をする。 ・ミーティングの場などで自分のしてみたいことのイメージを話したり，してみてよかったことや失敗したことなどを話したりする。 ・友達や他の学級の幼児に呼びかけたり，誘ったりしながら遊びが面白くなるのに必要な人数や役割を考えて一緒に遊ぶ。	・友達と思いや考えを出し合って，試行錯誤しながら遊びを進めていく姿を励ましていく。 ・友達の考えや協力があると，遊びがより楽しくなっていくという気付きに共感しながら，相手に自分の思いや考えを表現しようとする意欲を励ましていく。 ・幼児が気付いたりつくったりしたルールや役割については実際に遊びの中で試す過程に付き合いながら，その必要感を一緒に確認していく。ルールや役割をめぐってのトラブルや口論の場面では，それぞれの意図と起こった結果が見えやすくなるように，周囲の友達と一緒に十分に話を聞くようにするとともに，それぞれの意図にその人らしさを見つけていく。 ・年長児としてのリーダーシップを意識して，運動会の内容を考えたり，年中・年少児に呼びかけたり，準備物をつくったりする姿を励まし，ミーティングなどの場で日程的な見通しや，活動の状況，年中・年少児の期待や意識の状態などを共有していく。 ・必要な用具や遊具材料などを幼児と一緒に準備したり確認したりしながら，幼児が分かりやすく準備や片付けがしやすい環境に整理していく。 ・小学校の運動会の準備の様子や活動の様子を幼児と見たり，1年生との探検活動に参加したりそれについて話し合ったりしながら，活動の内容や面白さ，場の使い方や構成などについて考えていくようにする。

出典：鳴門教育大学附属幼稚園「生活プラン」2014年を一部改変。

われています。年少のときから降園前のミーティングや絵本の読み聞かせ，行事への取り組みや学級での活動などの機会を捉えて，保育者から幼児たちへ一対多数の様式でコミュニケーションがとられていることも多くあります。また，5歳児組になると，園生活のリーダーとなって活動することが多くなるため，様々な話し合いの場で，より多数に向けて話された言葉を自分に引きつけて捉える習慣もできます。鳴門教育大学附属幼稚園では，年長組9月からの接続期の前期においては，一層，そのような場で聞いたり話したりする態度や理解，内容についての注意や指導を進めるように心がけています。以下に，5歳児9月の指導計画（表13-2）を紹介します。

　小学校生活に向けて学びを高めていくために，発達の個人差に十分配慮しつつ，幼児の興味・関心や生活等の状況を踏まえて指導することが大切です。保育者が提案した課題についても，これまで遊びや園生活の中で感得した法則性，言葉や文字，数量的な関係などを組み合わせて課題を解決したり，場面に応じて適切に使ったりするなど，集団で協働的

第Ⅱ部　保育内容「健康」の指導法

に取り組んでいく活動を計画的に進めることが必要になってきます。運動会の準備の中で，人数を数えたり，準備物を集めたり，まとめたり，確かめたり，相談をしたりなど様々な体験をしていることも想像できます。

　一方，児童期（低学年）においては，まず，幼児期における指導の状況や実際の子どもの発達や学びの状況を十分把握することが求められます。そして，各教科等の指導を通じ，日常生活に必要な基礎的な国語の能力，生活に必要な数量的な関係の正しい理解や基礎的な処理能力，生活に関わる自然事象についての実感的な理解と基礎的な能力，音や音楽のよさや面白さを感じ取りながら表現・鑑賞する能力，身近な自然物や人工の材料の形や色などから発想や構想する能力などの育成を図るための活動を，計画的に進めることが必要となります。その際，幼児期の教育の方法を取り入れていくことも有効な手がかりになるのです。

③ 1年生での実践例

　幼児期と児童期の教育の接続を円滑に進めることは，児童の円滑な小学校生活のスタートにつながるとともに，小学校としても問題視されてきたいわゆる「小1プロブレム[*6]」の発生を防ぐことにつながるなど，小学校側に大きなメリットを与えるものです。

*6　小1プロブレム
小学校に進学した子どもが小学校での生活に適応できず，精神的に不安になってしまったことで起こす行動のこと。

　このため，各小学校では，従来から，学校や学級生活への円滑な適応に関する指導が行われており，学級活動，学校行事，児童会活動など特別活動においても，接続を意識した生活や集団，学習への適応指導や集団活動が行われています。それに加えて，小学校入学時に，幼児期の教育との接続，つまり学びの発展的なつながりを意識した「スタートカリキュラム」が，生活科などを中心に各小学校において進められています。

　以下に紹介する鳴門教育大学附属小学校の接続期後期のカリキュラム（表13-3）は，予想される児童の姿（実態），指導のねらい，指導内容，指導の要点と環境構成の留意点で構成されています。幼児期のカリキュラムと同じようなカリキュラム構成で児童を迎え，指導の方策を練ることで，育ちの連続性を確保しながら教科教育を中心とした小学校生活へ導いていくことができます。新生活への適応，生活態度や学習習慣，学習内容につながる知的好奇心や認知発達といった軸で児童を見ることで，個々の個性や発達の状況についても把握しやすくなります。

第13章　他領域との関連，小学校とのつながり

表13‐3　接続期後期　1年生4月の指導計画（一部抜粋）

接続期後期（第1学年）のカリキュラム　1年生4月の指導計画

I期（4月）わたしたち　一年生			
過ごし方　一年生になった喜びや不安を感じながら，学級担任や教室などの身近な人や環境に親しみをもってかかわるようになり，少しずつ小学校での生活の仕方が分かり始める時期。			
児童の姿	ねらい	指導内容	指導の要点と環境の構成の留意点
○いろいろな場所や教室の中のものに関心をもつ。 ○小学校での学習や生活に期待をもち，早く文具や教科書を使ってみたいと思ったり，遊具等で遊んでみたいと思ったりしている。 ○文字を書いたり音読したりすることを喜ぶ。 ○身近な物の数を唱えたり数字を書いたりしながら，数の学習を楽しむ。 ○発表の仕方を覚え，発表することを喜ぶ。友達の発表もしっかり聞くという授業の型に慣れていく。 ○日直の仕事を通して責任感をもち，自分の自信になり喜びを感じている。	○小学校での学習に期待をもち，文具や教科書を使ったり，授業を受けたりする。	・文字や数字などに関心をもつ。 ・文字への興味・関心がわき，読んだり書いたりする。 ・音読を通して，文章を声に出して読む楽しさを味わう。 ・本を読む習慣を身につける。教科書や学級文庫，図書室の絵本や図鑑などに親しむ。 ・本の読み聞かせの時間を楽しむ。 ・身近な物の数を数えたり，唱えたりして，数への興味・関心がわく。 ・数え方の違いを知ったり，数の大小を捉えたりする。 ・時計の時刻を気にして学習したり遊んだりし，教室に集まったりしようとする。	○教師の言動や姿から児童は学びを深めていくため，言葉遣いや表情に気をつけて，話したり聞いたり書いたりする。 ・児童に目的をはっきりさせて指導する。 ・説明や話は，短く丁寧にして，聞こうとする態度を認める。 ・注意する点，約束事等はしっかり話し，折にふれて伝える。 ・丁寧な指導を繰り返すことで深く定着していくようにする。 ・児童のよいところはしっかり認めて褒めることで自信をつけるような指導をする。 ○新しい活動や学習には，見通しがもてるようにし，時間にゆとりをもって活動できるようにする。 ・時刻を意識して活動できるよう，早めの集合や準備，片付けを心がける。
○年長者の学校生活（場所の使い方や挨拶など）を，あこがれの気持ちで見て自分もやってみようとしたり，分からないことを教えてもらったりしている。 ○最初，少し不安をもちながらも登下校の仕方を保護者や先生に教えてもらい，次第に慣れ安心して登下校できる。	○先生や上級生に教えてもらいながら，いろいろな場所や生活の仕方を知っていく。	・小学校での集団生活に馴れる。 ・学校のルールやきまりを覚えていく。 ・挨拶や返事を丁寧にしようとする。 ・トイレの使い方が分かる。 ・持ち物の準備や始末の仕方が分かる。 ・みんなで使う物などのしまう場所や位置等が分かり，整理整頓しようとする。 ・安全に安心して休み時間の遊びを楽しむ。 ・喜んで登校するとともに登下校がスムーズにできる。	○児童が安心して生活や学習ができるような環境づくりをし，個や集団に応じて丁寧に学校生活の仕方を伝えていく。 ・挨拶や返事，片付け，着替え，トイレ，生活リズム等の生活する力をつけられるようにする。 ・「おべんきょう」「学習」へのあこがれや意欲を大切にして，興味関心を高められるような工夫をし，楽しく充実した時間を過ごせるようにする。 ・幼稚園生活の違いや，同じ点などを児童に伝えたり，話し合ったりして，学校生活がスムーズに送れるようにする。
○小学校の授業の進め方（発表や質問など）に関心をもったり，新しいきまりやルールがあることを知ったりする。その中で，幼稚園の生活との違いを感じながら，分かることやできることが増えていくことを喜び，安心して楽しく過ごす。 ○幼稚園からの友達に加え，新しい友達が増え，学級の友達とふれあい，楽しく過ごす。また，新しい先生や前から知っている先生とかかわる中で，親しみや安心感を感じたりする。	○喜んで登校し，担任や友達に親しみをもってかかわり，不安や緊張感を和らげる。	・生活的な学びの中で，さまざまな気付きを深めたり広げたりする。 ・学校探検を中心に，校内にあるさまざまな物や場所，学校生活を支えている人などを知る。 ・気づいたことや分かったこと，おもしろいことを絵や文，言葉等で表現したり，友達と伝え合ったりして，学級・学校，友達等のことを知る。	○教師はできるだけ教室で待つようにし，友達とうまくかかわっていけるよう，また，生活・学習等に慣れ親しめるよう言葉をかけていく。 ○児童の人間関係や遊びなどに気をつけ，休み時間には，教師も一緒に遊ぶ時間を作る。 ・広い運動場や遊具等で思い切り遊べるよう，遊び方やルール等を知らせたり，一緒に遊びながら安全に安心して遊べるようにする。 ●合同研修や連携授業…幼稚園との連携 ●連絡帳や家庭訪問等により，児童の家庭との連携

出典：鳴門教育大学附属幼稚園「生活プラン」2014年。

文部科学省「幼児教育と小学校教育の架け橋特別委員会における審議経過報告【主な概要】」

2024年7月19日閲覧

章末問題

文部科学省「幼児教育と小学校教育の架け橋特別委員会における審議経過報告【主な概要】」(側注のQRコード)を自習して，幼児教育と小学校教育の接続の意義と課題について説明してください。

文献紹介

★ 5歳児の指導計画執筆グループ『役立つ！書ける！5歳児の指導計画』チャイルド本社，2018年。

★ 無藤隆（監修），大方美香（編著）『子どもの発達からみる「10の姿」の保育実践』ぎょうせい，2023年。

★ 佐々木晃（編著）『0～6歳児「健康な心と体を育てる」保育』東洋館出版社，2023年。

第 14 章

生涯発達の観点から見た
領域「健康」の指導

本章では，乳幼児期にとどまらず子どもの家庭や家族の状況を捉え，生涯を見通して健康を捉えます。その上で，幼稚園，保育所，認定こども園等の幼児教育施設において，子どもの幸せにつなげるために領域「健康」に関する援助や指導をどのように行っていくのかを考えます。

THINK

考えてみよう

子どもの健康のために幼児教育・保育の果たす役割は何か？

　子どもが健康であるためには，保育者は幼児教育・保育においてどのようなことを心がけることが必要でしょうか？　考えてみましょう。

ヒント

　表14-1を見てください。幼児が園以外で遊ぶ場所は，公園の割合は年々高くなっていますが，「友達の家」は減少し，「自分の家」が増加しています。

　子どもの心身の健康のためには，体を動かして活動することとともに，友達など様々な人と関わる経験が求められます。しかしながら，実際には，園にいないときは保護者やきょうだい等の家族と過ごすことが多く，友達と過ごすことが難しくなっている現状を推測することができます。そのため，同年代の友達や近い年齢の幼児と一緒に過ごすことができる幼稚園や保育所等の幼児教育・保育施設の重要性が増しているといえます。

　家庭や地域では難しく，園では可能であることはどのようなことでしょうか。例えば，生活や遊びの素材や機会，多様な人との関わり，大人の援助や支援等があります。そうした状況も踏まえながら，保育者の専門性や，幼児教育施設ならではの環境・特徴といった視点から考えてみましょう。

表14-1　子どもが遊ぶ場所の変化

	平成2年	平成12年	平成22年
自分の家	66%	75%	84%
友達の家	37%	31%	28%
公園	37%	45%	54%
児童館などの児童施設	2%	5%	11%

出典：日本小児保健協会「平成22年度幼児健康度調査速報版」2011年。

第14章　生涯発達の観点から見た領域「健康」の指導

第1節　幼児期の経験がその後の健康に及ぼす影響

(1) 児童期，青年期の健康への影響

　スポーツ庁（2023）によると，幼児期（小学校入学前）に外遊びをした経験が多い子どもは，外遊び経験の少ない子どもよりも，入学後の9歳（小学4年生）の運動能力調査の体力得点が男女ともに高くなっています。また，体力だけでなく，幼児期に外遊びをした経験が多い子どもは9歳時で運動やスポーツをする子どもの割合が多く，入学前にあまり外遊びを経験しなかった子どもは9歳時に実施する割合が低くなっています（図14-1）。幼児期に取り組んだ外遊びの経験は，その時期の健康に影響するだけではなく，小学校入学以降の子どもの運動やスポーツ行動に影響を及ぼすことが示唆されます。

　第1章でも言及したとおり，体を動かす経験が少ないことは小児肥満の原因の一つです。また，小学校高学年から中学・高等学校の思春期・青年期は，二次性徴が始まり，身体に大きな変化が起こり，心理的にも不安定な時期です。運動やスポーツを行うことが，子ども自身の心理的安定や人間関係に影響を与えます。幼児期から体を動かす習慣は，その

＊1　スポーツ庁「【報道発表】令和4年度体力・運動能力調査の結果を公表します」2023年。

2024年7月23日閲覧

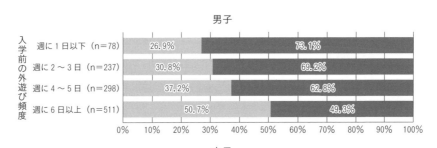

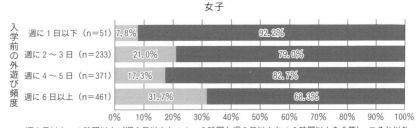

図14-1　小学校入学前の外遊びの頻度別に見た，現在の運動・スポーツの実施状況（9歳，男女別）

出典：スポーツ庁「【報道発表】令和4年度体力・運動能力調査の結果を公表します」2023年。

*2 山本裕之ほか「幼児期に豊富な自然体験活動をした児童に関する研究」『国立オリンピック記念青少年総合センター研究紀要』(5), 2005年, pp. 69-80.

*3 文部科学省「令和2年度青少年の体験活動に関する調査研究結果報告」2021年。

2024年9月19日閲覧

*4 厚生労働省（健康づくりのための身体活動基準・指針の改訂に関する検討会）「健康づくりのための身体活動・運動ガイド2023」2024年。

2024年7月23日閲覧

後の生活においても影響することが推測されます。

また，幼児期において自然との触れ合いをした幼児は小学校以降も自然体験活動を多く行っており，運動能力や体力だけでなく，自然への深い理解，望ましい生活習慣が身に付いていました（山本ら，2005）。さらに，小学生の頃に体験活動に取り組んだ子どもは，その後の成長に影響を及ぼすことが分かってきました（文部科学省，2021）。キャンプや海水浴，ウインタースポーツなどの自然体験では主に自尊感情や外向性が高く，職業体験やボランティアなどの社会体験では，勉強や学校が楽しいなどの向学校的な意識が高い子どもが多く見られました。動植物園や博物館・美術館見学などの文化的な体験は，これに加えて精神的な回復力や感情調整，肯定的な未来志向の意識も高くなりました。

(2) 成人期，高齢期の健康への影響

子どもだけでなく，生涯にわたって健康に過ごすことは重要な課題です。健康課題は発達段階やライフステージ，一人一人の状況によって異なります。そのため厚生労働省（2024）は，各々の対象者に応じた身体活動や座位行動の目安を示しています（図14-2）。さらに，妊産婦や慢

全体の方向性	個人差を踏まえ，強度や量を調整し，可能なものから取り組む 今よりも少しでも多く身体を動かす		
対象者※1	身体活動		座位行動
高齢者	歩行又はそれと同等以上の （3メッツ以上の強度の） 身体活動を**1日40分以上** （1日約6,000歩以上） （＝週15メッツ・時以上）	**運動** 有酸素運動・筋力トレーニング・バランス運動・柔軟運動など多要素な運動を週3日以上 【筋力トレーニング※2を週2～3日】	座りっぱなしの時間が長くなりすぎないように注意する （立位困難な人も，じっとしている時間が長くなりすぎないように，少しでも身体を動かす）
成人	歩行又はそれと同等以上の （3メッツ以上の強度の） 身体活動を**1日60分以上** （1日約8,000歩以上） （＝週23メッツ・時以上）	**運動** 息が弾み汗をかく程度以上の （3メッツ以上の強度の） 運動を**週60分以上** （＝週4メッツ・時以上） 【筋力トレーニングを週2～3日】	
こども （※身体を動かす時間が少ないこどもが対象）	（参考） ・中強度以上（3メッツ以上）の身体活動（主に有酸素性身体活動）を**1日60分以上行う** ・高強度の有酸素性身体活動や筋肉・骨を強化する身体活動を週3日以上行う ・身体を動かす時間の長短にかかわらず，座りっぱなしの時間を減らす。特に余暇のスクリーンタイム※3を減らす。		

※1 生活習慣，生活様式，環境要因等の影響により，身体の状況等の個人差が大きいことから，「高齢者」「成人」「こども」について特定の年齢で区切ることは適当でなく，個人の状況に応じて取組を行うことが重要であると考えられる。
※2 負荷をかけて筋力を向上させるための運動。筋トレマシンやダンベルなどを使用するウエイトトレーニングだけでなく，自重で行う腕立て伏せやスクワットなどの運動も含まれる。
※3 テレビやDVDを観ることや，テレビゲーム，スマートフォンの利用など，スクリーンの前で過ごす時間のこと。

図14-2 身体活動・運動の推奨事項一覧

出典：厚生労働省（健康づくりのための身体活動基準・指針の改訂に関する検討会）「健康づくりのための身体活動・運動ガイド 2023」2024年。

性疾患，障害をもつ人についても望ましい身体活動や生活を示しています。

第2節 子どもの健康を守る環境

多くの保護者は，子どもがスポーツ等体を動かすことについて肯定的に捉えています。時間や家計が許す限り，なるべく子どもの運動機会を実現したいと思っています（日本スポーツ振興センター，2023）。運動やスポーツなど体を動かすことは，大人にとって余暇の一つです。しかし，子どもの体を動かす遊びについても同様に捉えて，子どものやる気を積極的に引き出したり，部活や習い事をやめた後でもスポーツや運動を続けるように勧めたりする親はさほど多くありません。

しかしながら，子どもの頃に自然体験活動を自分が経験した保護者は，日常生活でできない体験を子どもにさせたいと考える傾向があります。体験活動の重要性を理解し，一緒に実施しようとする意欲的な保護者は多くなっています（国立青少年教育振興機構，2021）。

このほか，読書や手伝い等の体験も望ましい影響があるため，幼児期や児童期の子どもが多種多様な体験をすることは，その後の子どもの人生に大きな影響を及ぼし，ウェルビーイングを保障することになると考えられます。

その一方で，家庭の経済状況により体験格差が生じていることが明らかになっています（図14-3）。子どもだけでなく，誰にどのような支援

*5 日本スポーツ振興センター「子どものフィジカルリテラシー習得に関する家庭環境調査」2023年。

2024年7月23日閲覧

*6 国立青少年教育振興機構「青少年の体験活動等に関する意識調査（令和元年度調査）」2021年。

2024年9月19日閲覧

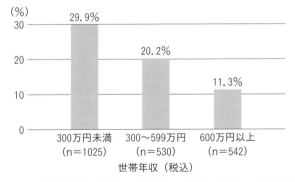

図14-3 世帯収入別の学校外の体験がない子どもの割合（直近1年間）
出典：公益社団法人チャンス・フォー・チルドレン「子どもの「体験格差」実態調査最終報告書」2023年。

第Ⅱ部　保育内容「健康」の指導法

図14-4　幼児期までの子どもの育ちに係る基本的なビジョン

出典：こども家庭庁「幼児期までのこどもの育ちに係る基本的なビジョン（はじめの100か月の育ちビジョン）【概要】」2023年。

*7　こども家庭庁「幼児期までのこどもの育ちに係る基本的なビジョン（はじめの100か月の育ちビジョン）」2023年。

2024年6月15日閲覧

が必要なのかを検討することが求められます。

　「幼児期までのこどもの育ちに係る基本的なビジョン（はじめの100か月の育ちビジョン）」（こども家庭庁，2023）に示されたように，「身体的・精神的・社会的な観点での包括的な幸福」，つまりウェルビーイングの観点から幼児期の健康を捉えて，環境を構成することが求められています（図14-4）。

　幼児教育・保育の実践において子どもの「健康」を，身体の生育や心の短期的な発達のみで捉えるのではなく，長期的・包括的に捉え，子どもの生涯に大きく影響することを理解して指導することが保育者に求められます。

章末問題

領域「健康」について，これまであなたがイメージしていた内容と異なりましたか？　本書を読んで「健康」のイメージがどのように変化したか，また保育者としてどのように援助や指導をするのか，話し合ってみましょう。

第14章　生涯発達の観点から見た領域「健康」の指導

📖 文献紹介

★ 経済協力開発機構（OECD）『OECD 保育白書 —— 人生の始まりこそ力強く：乳幼児期の教育とケア（ECEC）の国際比較』明石書店，2011年。

★ 経済協力開発機構（OECD）『OECD スターティングストロング白書 —— 乳幼児期の教育とケア（ECEC）政策形成の原点』明石書店，2022年。

★ 石井正子・向田久美子・坂上裕子（編著）『新 乳幼児発達心理学［第2版］—— 子どもがわかる　好きになる』福村出版，2023年。

終 章

領域「健康」と
「主体」を再考する

ここまで，領域「健康」の視点から，「主体としての子どもの育ち」とそれを支える保育者の役割について考え，学んできました。

終章では，まず「健康」の「ねらい」「内容」「内容の取扱い」を再整理し，子どもの育ちとそこへの保育者の関わり方について改めて考えます。

次に，本シリーズのテーマの一つである「主体」について，哲学や発達心理学，OECD Education2030，子どもの権利など複数の観点と共に見ていきます。「主体」という概念を通して，保育・幼児教育，遊びを捉え直し，理解を深めていきましょう。

第1節 領域「健康」とは

　保育内容の健康領域は，健康な心と体を育て，自ら健康で安全な生活をつくり出す力を養うことを目的としています。特に，乳幼児においては心と体両面の密接なつながりに注目します。さらに，それは健康的なあり方を目指すのですが，その健康とは，子どもを分類し，健康的な子どもとそうでない子どもを取り出すのではなく，誰もが備えている心と体の機能を十全に発揮して，日常生活を充実したものにしていく働きのことです。しかし，それは子ども自身が発揮していき，その生活をよりよいものにしていくのであり，子どもが主体的にそうしていけるように保育者は子どもを育てていくのです。

　なお，領域「健康」は乳児保育でも，「ねらい及び内容」の一つとして身体的発達に関する視点である「健やかに伸び伸びと育つ」が組み込まれており，「健康な心と体を育て，自ら健康で安全な生活をつくり出す力の基盤を培う」とされています。ちなみに，「幼児期の終わりまでに育ってほしい姿」の第一の「健康な心と体」では「保育所の生活の中で，充実感をもって自分のやりたいことに向かって心と体を十分に働かせ，見通しをもって行動し，自ら健康で安全な生活をつくり出すようになる」と述べています。「健康」の領域が乳幼児期全体を通しての内容としての位置付けを担っていることが分かります。

(1) 領域「健康」のねらい

　領域内容は「ねらい」「内容」「内容の取扱い」から構成されています。ねらいは，何を目指して保育者は指導するか，そしてこの領域の範囲を示すものです。内容は，子どもが行う姿に即して実現していくところを列挙し，具体的な内容としての範囲を示しています。内容の取扱いは，保育者の援助の要点を示します。

　ねらいは3つから成ります。第一は充実感ですが，そのもとは心身の伸びやかさにあります。体の機能を存分に発揮すること，それは心の躍動する様でもあります。安心して行動できるからこそ周囲に関わっていき，それが明るさにつながります。体の機能を十分に発揮することで活気がもたらされ，心身の満足感が得られるでしょう。その充実感を味わえばさらにそれを求め，活発に周囲に関わっていきます。第二は体を動かすことです。それは運動することですが，単に体を動かせばよいのではなく，進んで運動したくなる気持ちを大事にして育てます。そうした気持ちは，子ども自身の体の働きが活発になってこそ充実するのであり，特定の部位の動きの練習ではなく，体全体を十分に動かすことで楽しくなっていくでしょう。第三は健康で安全な生活のやり方を身に付けることです。しかし，それは大人が指示するだけで身に付くわけではないのです。生活の中で実際に必要だと分かり，それを日常化していき，さらにどうしてそれをするのかの理由まで見えてきて，初めて身に付けたといえるのです。

終章　領域「健康」と「主体」を再考する

全体として，これらのねらいは子どもの心にしても習慣にしても，体の動きと密接につながっているということを視点としています。領域「健康」とは，まさに自分の体へと視点を向け，そこに関わっていくことです。その，必ずしも意識していない体の動きが顕著に心と生活習慣につながっていくのが，乳幼児期なのです。

(2) 内容の特徴

個々の内容はねらいに即して，10個の項目（3歳以上児）で構成されています。大きく分ければ，運動・遊びを中心とする内容，健康な生活の内容，積極的に関わり健康で安全な生活を理解し実践する内容に分かれつつ，相互の関連が密なことが特徴的です。

まず，運動面が挙げられています（項目1～4）。園としての特徴である保育者がいて，同年代の子どもたちがいることを生かし，そこでの交流の中で落ち着き，安心し，安定感をもって行動するようになることは，すべての園の活動の基盤となりますが，とりわけ健康面ではそれが重視されます。その上で様々な遊びを展開していきますが，それはどれも体を動かすことを伴います。体全体を動かすものも，手や指が主なものもあるでしょうが，共通点はそれぞれの部位をよく動かし，同時に体全体のバランスをとることです。そこでは何より運動の楽しさを重視しており，楽しいからこそ繰り返し進んでやるようになり，結果としてその力が増していくわけです。

次の大きな項目群は，健康のための習慣を身に付けることです（項目5～7）。食べること，（生活のリズム中でも特に）衣服の着脱や寝ること，排泄等の清潔な習慣などです。乳幼児期こそがそれらの習慣が確立する時期であり，その後へと続いていくのです。園では，昼寝をするにしてもしないにしても，よく寝て，よく食べて，よく排泄し，という習慣が身に付くよう援助していきます。ここでも何より大事なのは，子どもが楽しく，自分からやるようになることです。そのためにも何がそこで大切かを子ども自身が理解するように，保育者は園での環境や生活・遊びのあり方を整え，援助を行います。

最後のまとまり（項目8～10）が，主に生活での健康面（病気等）の予防，さらに安全への配慮を，子ども自らができるように，生活に見通しをもてるようにしていくことです。その都度，楽しいこと・必要なことをするだけでなく，子ども自身が生活の場を整え先への見通しをもって，健康な生活を進め，病気の予防に必要なことを行ったり，危険について考え，安全に気を付けて行動するようにしていきます。

すべての内容は体を基盤としています。子どもたちは生活や遊びを通して体を動かす意義が感じられ，見通しをもつことが習慣化につながり，積極的な健康のあり方をさらに進めるようになります。体を動かすとは機械的な動きではなく，身体感覚を大事にし，そこから環境への関わりでどう体が動き，どう感じ，どう充実していくかを捉えていくようになります。それは必ずしも自覚されませんが，その感覚を大事にするのです。次第にその過程で知識を得て，見通しのある行動へと進んでいくでしょう。

(3) 指導上の力点とは

「内容の取り扱い」として6点（3歳以上児）が指導上の留意事項として挙げられています。それらは領域「健康」の項目を指導するにあたり，どういう点に配慮すべきか，またそれぞれが目指すところは何か，それに向かうプロセスはどうあるのかを整理して論じたものです。いずれも子どもがどう育つのかを基本に置きつつ，それを支え促し導くための保育者の援助があって，その育ちが成り立つのだということを述べているのです。

① しなやかな心と体の発達，体を動かす意欲の育ち

しなやかな心と体の発達というのは，まさに領域「健康」の中心的なテーマとなります。しなやかさとは，体の諸部位とそのつながりの柔軟で十全な動きを可能にしていくことです。同様に，心もまたそのような様々な面をもちながら，かたくなで固定的なあり方ではなく，柔軟にその時々に応じながら，同時にその人らしさを保っていくのです。そのようにして体と心は相互につながり，とりわけ乳幼児期にはそのつながりは密接なものがあります。そのために必要なことは，他の人たちとの触れ合いと，そこで自分が認められ，また手応えを感じることにあります。それはさらに園環境への関わりの中で体を動かすことの感覚を得て，それを充実させていくことにつながります。

② 体を動かす楽しさ，体の動きの調整

体の動きをどう進めるか。それは体の多様性を感じ，その経験を通して自己調整機能が活発化することを目指します。言い換えれば，それは体の単体としての強さというより，環境と状況に応じて，体の動きを変えていき，巧みにかつ楽しく動くようにしていくことであり，そこで大事なのは身体感覚です。実際に環境，そして遊びの興味に応じて全身を動かすのですが，そこでは何より楽しくまた巧みで安全で丁寧な関わりを，自分の体を通して行っていきます。

③ 戸外への興味関心，園環境への配慮

体を動かしていき，そこでの心の躍動感と充実感を得ていくには，どういう園環境なのかが重要です。生態学的に多様で豊かな環境に入り込むことは，おのずと体の多様な動きを喚起することになります。連動して心もワクワクし，しなやかさを高めていきます。そのために，自然の中に入って遊ぶことはとりわけ重要になります。まさに体のどの部位も感覚も使うようになる場だからです。子どもの遊びでは，室内での活動も大事ですが，同時に戸外での活動を日々行えるようにしていきます。その際，幼児の動く道筋に配慮して，遊具の配置その他を考えておくと，安全が保たれると同時に体の動きの多様性が増して，心身の豊かな活動が生まれます。

④ 食育を通じた食習慣の形成

食育が重要な理由は，それが幼児の楽しみであるだけでなく，食が健康な体の育成につながり，さらにそこでの心の育ちと連動していくからです。食べることはおいしい味を感じることであり，

終章　領域「健康」と「主体」を再考する

お腹がすいたときに満たされることの快感はほぼ本能であるのですが，同時に子どもの感覚の育ちから来る好き嫌いがないとは限りません。無理をせず，徐々にならしていくにしても，楽しさと和やかさを大事に，一緒に食べることで，いろいろなものを食べることが楽しみに変わっていくでしょう。何が食材か，どう調理するかにも次第に興味が出てくるので，それを知らせる機会をつくります。正しい科学的理解の前にまずは体験をして，そこでの感じ方に基づき，分かりやすい知識をその時々の食事に即して伝えます。年齢を増すにつれて，食べることと場を共にして，おしゃべりをすることもできて，楽しみが一層増していきます。

⑤ 基本的な生活習慣の形成

　生活習慣，特に食，昼寝，排泄，衣服の着脱など生活に必要な基本となることは，家庭での生活経験がもとになります。特に園においては，各家庭での多様なあり方を否定することなく，何人もの子どもたちと保育者が共に生活していることに子どもが気付き，それを尊重する気持ちが育つようにしていきます。子どもは幼いながら，自分でやりたいという自立心が旺盛です。その気持ちを大事にして，自立心を損なわないように配慮しながら，いわば背後から支えるように援助を行います。子ども自身が他の子どもたちと共に活動を自ら進んで自分の責任としてやりたいという「主体的な」関わりを尊重して，それをできる限り可能にしつつ，同時に，そこで必要なマナーやスキルを示して，気長に指導していきます。子どもは次第に先への見通しや，なぜそうするとよいかの理由が分かってきて，その習慣に沿って行動するようになっていきます。

⑥ 安全に関する指導

　園の生活では安全への指導を欠かすことができません。どんな遊具でも，どの場所でも，乱暴に扱えば，そこに思わざる危険が生じます。できる限りの安全策を講じることと，子どもの遊びの可能性を広げていくことの両立は簡単ではないのですが，まさに保育として進めるべき大事な点です。同時に，そこで子ども自らが危険を察知して，それを避けるなり，予防策を講じるなりの力を育てていきます。子どもは落ち着いた情緒の状態にいるならば，むやみに危険で乱暴なことをしないものです。かっとなったり，焦ったりすると，危険を忘れて無謀なことをすることになりやすいのです。そのため，情緒の安定への配慮が欠かせません。そして，何が危険で，してはいけないことなのかを繰り返し提示し，言い聞かせ，危なかった場合には環境として整え直すと同時に，子どもにも危なくない遊び方を示す必要があります。園の外に出る際の交通安全は，一層安全の配慮を保育者が行い，子どもに最小限の分かりやすい安全な行動を徹底します。避難訓練などは，繰り返し毎月のように行う中で，行動としてすぐに移れるようにしていきます。安全への配慮と予防策を行うことは保育者の関わりを多く必要としますが，その徹底を，子ども側がなぜそうするかが分かるように進めていくのです。

　以上，心身の柔軟なつながりに配慮すること，遊び，活動し行動する中で学ぶこと，楽しさと

充実感こそが 要 であること，それは園の生態学的な環境への呼応として生じること，安心と安全が確保されてこそ子どもの挑戦的活動が遊びとして展開できることなどが，原則として強調されるのです。

第2節 乳幼児の主体的な活動が幼児教育・保育の中核をなす

　現代の幼児教育・保育では「主体的な」保育，子どもの「主体性」といった用語をしばしば用いるようになりました。例えば，三要領・指針（幼稚園教育要領，保育所保育指針，幼保連携型認定こども園教育・保育要領）では「主体的な活動」という言い方をします。「主体的なあり方」「主体的な関わり」「主体性」なども，そのような意味であると解釈できます。

　この「主体」は，英語では，agency とか subjectivity と呼んだりします。さらに，Co-agency という概念も登場してきました。おのおの，「エージェンシー」あるいは「（権利）行為主体性」「主体性」，また「コ・エージェンシー」「共主体性」と呼ぶことが多いようです。その意味をここで整理するにはあまりに歴史的，哲学的，また実証的に複雑であり，紙幅が許さないので，ここでは，幼児教育を考える上で必要な，あるいはそこで用いられる意味に限定して紹介します。とりわけ幼稚園教育要領およびそれと連動した保育所保育指針や幼保連携型認定こども園教育・保育要領などでの使い方とその意図を明示化して論じたいと思います。

(1) 主体性およびエージェンシーの哲学論から

　主体性またエージェンシーの概念はもともと哲学の中で論じられてきました。ここでは要点を哲学事典から挙げます。

　主体性とは何でしょうか。『岩波 哲学・思想事典』には，「認識や行為の主体でありまたそれらに責任を取る態度のあることを言う[*1]」とあります。明治時代以降，subject の訳語として用いられました。「主観」が知識的自我を意味するのに対して，「主体」は最も具体的かつ客観的な実在として，認識や行為の担い手と見なされます。近代人は人間をも操作的知性の対象として，つまり人間が特定の目的に向けて人間を操作し変えていくというやり方をいわば採用したのです。そのために，個々人の内面的統一，人格同一性（個体性）が難しくなってしまっています。そこに「同一性の危機」が生まれます。こうした状況は，人間とは何か，人間性の復活と保持は可能かという問いを生み出し，近代の主体主義への反省を迫っていると同事典にまとめています。

　その反省の中で「行為」概念が求められるようになり[*2]，その概念はエージェンシー概念に近い

＊1　廣松渉ほか（編）『岩波 哲学・思想事典』岩波書店，1998年，pp. 744-745.
＊2　前掲＊1，pp. 481-482.

終章　領域「健康」と「主体」を再考する

ものといえそうです。西洋哲学の流れの中で，「行為」とは個人の主体的な環境とのダイナミックな相互作用が起こる中で生じるものとして捉えるので，客観的な描写による「行動」と区別して使われます。さらに行為者が自らの心的状態に基づいて主体的に選択した動作を意味しているのでもあります。行為選択の自由ないし自由意志が，個人が主体として成り立つことの前に可能であるべきだとなります。「行為」が決定論や他からの強制に基づくのでなく，主体の自由に基づくとされるのです。そうすると，そこに何が重要で要となるかの価値の捉え方が同時に成り立っているはずです。行為を，実践するのが望ましいという価値性と結び付けて捉える中で，動機，格率（こうすべきであるという優先されるべき事柄），目的，責任，義務，権利などの近代的な概念が成り立ちます。

『教育哲学事典』[*3]には「主体とエージェンシー」という項目が立てられています。上記と同様の議論が展開されますが，特に「近年の教育界における主体とエージェンシーの台頭」という節において，OECD の Education2030 プロジェクトから「生徒エージェンシー」について解説を加えています。それは周囲との関わりの中で発揮されるエージェンシーであり，自律的個人という近代的主体像と必ずしも一致しません。さらに，ビースタ[*4]やデューイ[*5]の理論を参照して，エージェンシーを個人が所有する特性でなく，状況との相互作用で達成されるエコロジカルな性質として規定しています。

(2) エージェンシーの実証的検討から

エージェンシー（agency）の発達的な形成についての検討が発達心理学の流れでも行われています（Sokol et al., 2015）[*6]。また宮下（2016）[*7]はその要点を短く紹介しています。

特に心理学者のソコルは主体性（Agency）の視点から発達過程を捉え直しています。

①感覚運動的活動における Agency：乳児は活動する人の動きを主体の目標と関連づけて理解することに対する敏感性を有している。

②象徴的・言語的活動における Agency：表象作用と言葉や心の理論の発達により，子どもが

＊3　教育哲学会（編）『教育哲学事典』丸善出版，2023年。

＊4　ガート・ビースタ：オランダの教育学者（1957-）。その主著の訳者である藤本によると「ガート・ビースタは，生徒が教師をはじめとする他者による統制の「客体（object）」ではなく，「主体（subject）」として生きるための支援として「教えること／教授（teaching）」を再発見しようと試みる。この試みは，過去20年ほどに教育の世界で起こっていると彼が考える「学習（learning）」への転換，および「学習」する人工知能などの台頭にたいして，「『教えること』を教育に取り戻〔したい〕（give teaching back to education）」という彼の意欲に裏打ちされている。」（藤本奈美「ガート・ビースタ著　上野正道監訳『教えることの再発見』（東京大学出版会，2018年）」*Modern Education*, 28, p. 183.）

＊5　ジョン・デューイ：アメリカの哲学者・教育学者でプラグマティズムに立つ。学習が経験と共に生じるという見方は，日本の学校教育の考え方にも大きな影響を与えている（1859-1952）。

＊6　Sokol, B. W., Hammond, S. I., Kuebli, J., & Sweetman, L. (2015). The development of agency. In W. F. Overton et al. (Eds.). *Handbook of child psychology and developmental science : Theory and method* (7th ed.). Wiley, pp. 284-322.

＊7　宮下孝弘「主体性（Agency）の発達と教育実践への示唆——アクティブ・ラーニングの要因について」『初等教育学科紀要創刊号』（白百合女子大学人間総合学部）2016年，pp. 61-66.

自分のことをこの世界における主体（Agent）であると捉え，「主体性の理論（Agency of Mind)」を構築する。

③自己制御的活動における Agency：言葉や周囲とのやりとりを通して活動の自己制御をよりよくできるようになる。

④道徳的活動における Agency：目的的で意図的で責任を伴うものとしての道徳的な主体へと発達していく。社会の中の一個の責任ある主体となる。

　子どもは既存の規範やルールに，単に従うだけではなく，それを自分のものとし，必要があれば規範やルール自体をよりよいものへとつくり替えていく立場にも立つことができるようになります。そのことは，一般に，既存の知識体系・価値体系の中に生まれ育つ人間が，新たなものを創り出すことができ，自ら文化の発展に貢献する可能性をもつことに広げて考えることができるでしょう。教育や保育は，それを可能にする問題として捉えられなくてはなりません。そこでは，実際の生活における活動への参加という要因が主体性の発達に最も重要です。主体である人間は自身の主体性（Agency）の発揮のための条件を自らつくり上げる能力を備えているし，自由で民主的な社会は人権の尊重に基づき，そのような主体性をエンパワーするものとして機能しなくてはならないのです。

(3) OECD Education2030 プロジェクトから捉える
　　エージェンシーの考え方の展開

　OECD Education2030 とは，諸国の教育政策の基本となる枠組みを提案するものであり，今，日本を含め，ほぼ国際的に準拠されるものとなってきました（その作成に参加した白井俊が OECD Education2030 の枠組みを整理し解説しています[*8]）。日本の学習指導要領の改訂では，以前の改訂を受け，また諸学問や実践の進展を整理しつつ，同時に，この OECD の動きを常に参照してきました。

　白井は以下のようなキーワードについて解説しています。

キー・コンピテンシー　21世紀型スキル　コンピテンシー重視のカリキュラム改革　VUCA　エコシステムとしての教育制度　プロセス重視　能動的な学習への参加　ウェルビーイングという目標　ラーニング・コンパス　**エージェンシー**　**共同エージェンシー（Co-agency）**　４種類の知識　３種類のスキル（認知的，社会・情動的（非認知），身体・実用的）　態度・価値観　３つのドメインとコンストラクト　変革をもたらすコンピテンシー（新たな価値の創造，対立やジレンマへの対処，責任ある行動）　発達の基盤　AAR サイクル（見通し，行動，振り返り）　カリキュラム分析（意図された，実施された，達成された）　カリキュラム・オーバーロードの問題　カリキュラムの効果的な実施の問題　カリキュラムにおけるタイムラグ

＊8　白井俊『OECD Education2030 プロジェクトが描く教育の未来――エージェンシー，資質・能力とカリキュラム』ミネルヴァ書房，2020年。

終章　領域「健康」と「主体」を再考する

　そこでエージェンシーとは，変革を起こすために目標を設定し，振り返りながら責任ある行動をとる能力としています。その育成にあたり，教師と生徒が教えと学びの過程（教授・学習過程）を協働して創っていくときに，共同エージェンシー（Co-agency）を形づくることになります。

　以下では，そのような考え方と連動しつつ，乳幼児期の教育としてエージェンシーないし子ども主体あるいは子どもの主体的な活動として何を構想しているかを，要領・指針の発展の意義をより明瞭にしていくことを通して論じていきます。

⑷ つながりという視点からの幼児教育・保育

　子どもが周りとつながっていく，その過程の援助が保育であると基本的にはいえるでしょう。それは現代において，家庭での子育てと異なる顕著な特徴をもつに至りました。

　そもそも知的発達とは，諸概念のネットワークの形成とその推進過程にあると整理できます。だからこそ，教科ごとの学校教育が成り立ちます。同様にそれと絡みつつ，感情的発達が成り立ち，その感情の豊かさと制御の発達が起こります。それらの内的なプロセスは，外側に関わって起きていく活動の中で，子ども主体と他者そして多くのものとが互いに動的に関わり変動していく過程を支え，つなげていきます。

　要領・指針を貫く幼児教育の捉え方にあっては，園という環境は子どもを囲む環境であり，広く世界へのつながりを図ることを目指します。それは園という保育の時間的・空間的制約の中で展開されます。子どもの活動は単発ではなく，それが次へとつながり，発展し，その連続が起こることで理解そして考え，また態度の形成へとつながります。面白い活動となっていくからです。同時に子どもの活動は空間的です。まず周りの環境に関わり，そこで生じる心情から関わりの進展が始まります。さらにその身の回りの環境の多彩さから発して，そのつながりは園の外へと展望を広げるでしょう。その多様性を保障するのが保育内容であり，それは子どもが今そして今後生きていく世界を経験することであり，世界を経験することの芽生えとしての体験となるのです。

　それらの関わりは，幼児教育・保育において，子どもの活動が主体的に現れ，同時に園の空間・時間の制約の中での活動として展開することを可能にします。

　その保育空間での遊びは2つのつながりを可能にします。一つは，思いつきで行動する自由のゆえに，想定されない組み合わせや動かし方が生まれることです。もう一つは，子どもにとってちょっと先の時間につくり出したい目標が生まれ，それを目指して工夫するという，現在を未来へと開いていくつながりをつくり出すことです。それらにより，幼児は周りの環境としての世界の可能性が多様に開かれることを知り，同時に，自分のやってみたいことの実現が時間軸の形成の中で可能であることを予期するようになります。

　そういった遊びという次元に貫かれる幼児期の活動は，それらの活動を楽しいものとしつつ，自分が立てた目標を達成するということにより有能感（パワフル感）を感じさせ，同時に物事の様々な特徴の把握の可能性を開きます。その関わりの可能性を具体化し定着させていくには，おそらく，文化的な材料と道具に触れ用いることが必要になり，それが例えばリテラシーや科学的

211

な芽生えにもつながるはずです。楽しさとパワフルさは子どもの感性と感情の豊かさを広げ，生きて楽しいという感覚をつくり出すでしょう。それは保育空間を，幸せで面白く同時に知的な刺激に満ちたものにしていけます。

　そういう物事へのつながりは同時に，仲間の成立とその関係をつくり出すものでもあります。他者がいることは，自分と同様の人であることで興味をかきたて，さらに相互模倣行為を刺激し，その理解や関心の共有が協同性を可能にし，一人ではできないことを仲間としてできるようにしていくことを通して集団的な肯定感とパワフルさをもたらします。そこに，集団的なつながりの中の学びが協同性と配慮の関係として成り立つのです。

　このような子どもを視点としたつながりを，保育者を視点としたところに移すと，保育者の共主体的なあり方が浮かび上がります。それは保育者が主体的であると同時に，保育者のあり方が，子どもの主体的なあり方が発揮される方向へと働くものであるからです。

　子どもが主体的な活動を行うとはどういうことでしょうか。現在の要領・指針では，資質・能力の発揮のプロセスとして概念化されています。特に，身近な環境に対して心情を感じ，そこからその物事へと関わろうとする意欲が生まれ，さらに関わっていこうとする態度となっていくとしています。その過程において，自分のやりたいことの実現へと向かうための工夫が生まれ，さらに，対象となる物事の特徴にも気付くでしょう。このように要領・指針では主体的な活動を具体化して捉えられるようにしたのです。

　そこで，保育者は，環境また関わりを通してそのような資質・能力の発揮のプロセスを子どもが実現していくように，働きかけを工夫することとなります。その働きかけは，保育者が一律の計画で細部まで規定して，あることを実施するというより，その都度の子どもの動きに応じて，工夫を図ることとそれが今後どうなっていくかの見通しを立てる中で実現していくでしょう。そのための指導の計画や環境構成，その都度の対応，そしてそれに応じて保育を変更していくあり方が，主体的なあり方となります。

　その背景には保育者が育ってきた保育という伝統と文化があり，養成校での学びや初任の保育者としての経験を重ね，その文化を受け継ぎつつ，修正し発展するあり方があります。それが研修や保育の記録による自己省察，さらに園としての保育者同士の協働過程により支えられます。

　保育者は一人の専門家として保育を実施しつつ，同僚の保育者や園を超えた保育者・園とつながり，家庭との関係をつくり，さらに過去・現在学んできている事柄を受け止めます。そうする中で，そこでの人たちとのつながりが生まれて，それが保育者を支えていきます。その営みはさらに，保育者一人一人が保育の文化に根ざし，そこに一介の保育者としてつながることでもあります。

　こう見ていくと，子ども自身は，他の子ども・人，さらにものとつながり，その世界を切り開きつつ，その内面的展開が知的・情動的に広がり，内・外の多様なつながりをつくり出す中で活動をしているのです。それと並行して，保育者は目の前の子どもに関わり，環境を変更し，その展開に応じて動的に関わりを変えていき，子どものつながりを育てるつながりにコミットするのです。個人によって，また園によって異なりながら，我々はある程度共通する保育文化の中に生

終章　領域「健康」と「主体」を再考する

きて，そこに寄与する形で保育そしてもっと大きな社会としての文化へとつながっていくのです。保育者の中で，内の志向や感情や知識や思考と，外の情報や同僚や多くの知見が，保育活動を通してつながっていきます。そのダイナミズムに子どもと保育者の双方が参加して進めていくのが，保育の活動なのです。

(5) 子どもの権利の考え方から

　幼児教育・保育が進められていて，そこに人権の考えが生まれたから，その世界に改めてに導入しようというのではありません。幼児教育・保育は権利の考えの進展の中で生まれたのです。人の権利は18世紀に見出されたといいます。その後の歴史の中で，まず拷問の廃止など個人の自律性の尊重が起こりました。それは言論の自由へと広がります。個人はある限界をもち，その境界の中には他者，政治権力，宗教権力は立ち入れません。ついで，当初はそのように自律していると見なされなかった人への共感を通して，その人の人格としての内面から理解される人の根源的な尊厳と自由の発見が広がります。それは，ユダヤ人，黒人，奴隷，貧民，女性，精神的障害のある人，子どもへと広がりました。さらに動物愛護へと拡大されます。

　そのようにして人類全体に教育を及ぼすことは，どの人についてもその人の権利の認識と権利行為主体の尊重と育成に至ります。その幼児への適用が幼児教育であり，19世紀半ばに本格的に始まりました。だから，幼児教育・保育はそもそも子どもの権利を確保し尊重して，権利を実質的に発揮させるために子どもを育成していくのです。幼児教育・保育は，子どもの権利の実質化と呼ぶことができます。実質化とは，幼児教育・保育が単に子どもに権利を認め，擁護するだけでなく，権利の行使者としての権利の発揮を促し，その機会を用意し，それを通して，権利を発揮していく権利主体者の育成をその使命としていることです。権利の発揮を小さな形で繰り返し行うことを通して権利主体者の育成を可能にします。そのような育成という目的を，具体的に育成の手立てに組み込むことを自覚的・専門的に追求することが，現代的な幼児教育として成立します。そこでは，乳幼児の「主体的な活動」を保育の中核としたのです。そのあり方を言い換えると子どもが「エージェンシー」であることとして特徴付けるようになりました。

(6) 子ども（乳幼児）の共主体的あり方への発展へ

　子どもは環境の中で誘われて，あるいはそこからの呼びかけに呼応して何かをやってみたくなり，やろうとします。それが主体的活動のはじまりです。そして主体的な活動は，資質・能力の三つの柱が次々に生じていく過程をいいます。要領・指針では，単に主体性の尊重ではなく，「主体的な活動」の尊重であることに意味があります。この世界に主体的な活動を進める多くの人たちがいて，共にそこに参加していくという行動的で活動的なあり方が根本なのです。たとえ乳児といえども，静かにそこにいるに止まらず，まわりの養育者や環境に関わり，活動していっているのです。

　主体的あり方をもっと大きくいえば，子どもの権利が認められ，それを実質的に実現していく

213

過程にあることです。幼児教育は，その実現のために子どもの権利の発揮を支え，伸ばすことです。子どもは未熟だから大人が支配してよいとならない最大の理由は，子どもが自らの権利を発揮していく大人になる機会とは，部分的であれ，その権利を発揮する活動を繰り返し行う中で，困難に出会い，それを超えてゆきつつ，世界の多くの他者・生物・物へと共感性を広げていくことにあるからです。そこの途中にあって，すっきりとした一般論は成り立たず，その都度の折り合いと交渉を子どもと大人，子どもと子どもがやっていくことになります。子どもの最善の利益とは，現在と未来の双方を含めると理解してよいでしょう[*9]。それは時間の経過の中で権利の実現の現実態（今実現されること）と可能態（将来実現されるであろう可能性）をつくり出す営みになることです。

　「主体的」というのは，プロセスの中で主体的な活動として成り立つということです。はじめに主体性があって，それが発揮される，あるいは発揮が妨害されるというのではありません。環境があり，その中に呼応する活動があり，そこに主体的なあり方が成り立ち，発揮され，プロセスとして持続します。共主体とは，そのようなプロセスに共に入ることによりつくられる関係的状態のことです。そう理論立てて初めて，乳幼児の主体的あり方は構想できます。小さな子どもは環境と共に動き出し，いろいろなやってみたい活動を試しつつ，面白くしていっています。環境にあるもの，その諸々が子ども自身に呼びかけてくる感覚が起き，そしてそれに応じると，さらなる呼びかけが広がり反響するのです。その呼応一つで子どもが感じる環境のあり方がどんどん変わっていきます。こういった経験が，園の活動となります。

　関わりを誘うような環境のあり方をここでは環境からの「呼びかけ」としたいと思います。それに応じる子どもからの動きが「呼応」です。子どもと相手側の双方がエージェンシーとしてあり，相互に動きを呼びかけています。ほとんど無数にあれこれが呼びかけてくるので，その多くは注意を向けず呼応しないのですが，その中のあるものに呼応すると，そこから循環が起こり，面白さが続き，学びとしての経験が生じていくのです。

(7) 主体的なあり方の実現への矛盾を循環的に乗り越えていく

　主体的なあり方の実現は外からの働きかけによって可能となるというと，矛盾に感じるかもしれません。主体的とは子ども自らがその尊厳に基づき自由に振る舞うことを指すからで，外からの働きかけで指示されて動くことではありません。しかし，長い目で見ると子どもは環境そして他者からの助けを含む働きかけに応じていきながら，そこに自分なりの動きを開始し発展していく活動を広げていくのです。それが主体的なあり方が育つことなのです。それは，他からの働きかけにより全面的にどうにでもなるという意味ではないので，他からの働きかけでどうにでも変わることを主体的なあり方の実現といっているのではないのです。子どもが主体的に他者そして

＊9　厚生労働省「保育所保育指針」の「第1章　総則」の「1　保育所保育に関する基本原則」の「(2) 保育の目標」のア，2017年を参照。

終章　領域「健康」と「主体」を再考する

環境とやりとりして，主体的なあり方を発揮し拡大していくところに向けて，なんとか工夫してそこに少しでも近づけていくことを指しています。そのやり方を組織的に行う場としてつくられてきたのが環境による保育であり，そこでの活動のプロセスで発揮されていく資質・能力の考えなのです。

　繰り返しを行うのにはもう一つの理由があります。子どもはたいていの場合，ある活動での一つの行為でその活動が発展していく可能性を汲み尽くせると感じるところに到達しないからなのです。そこで，何度も試みて，その都度変化が起こり，飽きないのです。

　それは対象との関わりの可能性の広がりによっています。それとともに，子どもの動きのランダムさのために活動の中に揺らぎが組み込まれます。さらに，遊びという思いつきの試行はその揺らぎを大きく拡大し，時にそらし，時に戻し，時に先への試みが生まれるのです。

　その過程で予期が生まれ，予想を行うようになることが非常に重要です。それはすでに乳児期に起きています。短い時間であれ記憶が続けば，それに沿って起こることは予期として生起可能な一つのルートとして見えてくるでしょう。

　そこにフィードバックがあることが決定的になります。例えば，積み木を積むとします。同じように積んで高くしたいと思います。ところが3つめで崩れました。再度やるが，崩れてしまいます。そこで手元をよく見て，さらに試みて，たまたまうまく成功するとします。失敗と成功と試行を比べてみることも起こるかもしれません。どうやら，真ん中を一致させる置き方が有効そうだと感じます。そこでそれを試します。それをさらに繰り返す……といった一連の過程で，フィードバックからの学習が起きています。

　それがどれほど自覚的かは分かりません。いわば手癖のようなことで，なんとなくうまくいき，それを目と手が覚えていて，繰り返すということでも成功していきそうです。パターンの認知がそこに働き，それに合わせて手を動かし，積み木を置くのです。たまたま起きたことを利用することも出てくるでしょう。例えば，積み木をちょっとだけななめに置いたら，崩れずに，けれども螺旋風にななめに高くなっていました。そこでさらに少しずらして置くと，螺旋がもっとはっきりとしてきます。それをさらにやったら，崩れてしまいましたが，やり直して，わずかにずらすやり方を工夫するかもしれません。

　もちろん，他者による活動の行為を手本としてまねすることも起こるでしょう。時にどうすればよいかの教示がなされることもあります。

　このような活動の主たる流れは循環的な拡大によっています。好きだから繰り返す。そこでの揺らぎや工夫を利用し，時々改善を試みる。すると，より「素敵な」イメージの形が実現してきて，それを再度つくり出そうと，イメージ的な目標が生まれていきます。それに添いつつ，揺らぎと遊びが起きて，また失敗もして，他の可能性もつくり出します。

　こう見ていくと，この一連の過程は，他者に学びつつも，当人のまさに主体的な活動が実施されていっているのです。万全の主体性の発揮ということではありません。その過程が主体的に進み，そこに種々の外からの手本や指示や助言が入りえます。循環的な拡大が好循環として起きて

215

いきます。すぐに途絶すれば，それはむしろ悪循環かもしれませんが，そこにも別の面白さを見つければ，素敵さの持続する循環として実現することになります。

　これが幼児の遊びの自己循環的・自己組織化的な発展の中核なのだといえるでしょう。ただし，それは自動的過程ではありません。どのようによりよき循環にしていくか，そこに心を配るのが幼児教育・保育の活動なのです。

執筆者紹介
（担当箇所）

● **松嵜洋子**（まつざき・ようこ）⋯⋯⋯⋯⋯ 序章第3節・第4節，第1章，第14章
　　監修者・編著者紹介参照

● **田中沙織**（たなか・さおり）⋯⋯⋯⋯⋯ 第2章，第8章
　　現在　九州産業大学准教授
　　主著　『文化を映し出す子どもの身体――文化人類学からみた日本とニュージーランドの幼児教育』
　　　　　（共訳）福村出版，2017年。

● **鈴木美枝子**（すずき・みえこ）⋯⋯⋯⋯⋯ 第3章，第9章
　　現在　玉川大学教授
　　主著　『これだけはおさえたい！保育者のための「子どもの保健」［改訂版］』（編著）創成社，2024
　　　　　年。
　　　　　『これだけはおさえたい！保育者のための「子どもの健康と安全」［改訂二版］』（編著）創成
　　　　　社，2024年。

● **淀川裕美**（よどがわ・ゆみ）⋯⋯⋯⋯⋯ 第4章，第10章
　　現在　千葉大学准教授
　　主著　『保育所2歳児クラスにおける集団での対話のあり方の変化』（単著）風間書房，2015年。

● **石沢順子**（いしざわ・じゅんこ）⋯⋯⋯⋯⋯ 第5章，第11章
　　現在　白百合女子大学教授
　　主著　『保育内容　健康（乳幼児教育・保育シリーズ）』（共著）光生館，2018年。
　　　　　『現代保育者入門――保育者をめざす人たちへ』（共著）大学図書出版，2013年。

● **斎藤晶海**（さいとう・あきみ）⋯⋯⋯⋯⋯ 第6章，第12章
　　現在　千葉大学教育学部附属幼稚園教諭

● **土橋久美子**（どばし・くみこ）⋯⋯⋯⋯⋯ 第7章
　　現在　白百合女子大学准教授
　　主著　『実践　心ふれあう　子どもと表現』（共著）みらい，2021年。
　　　　　『子どもの姿からはじめる領域・環境（シリーズ・知のゆりかご）』（共著）みらい，2020年。

● **鈴木秀弘**（すずき・ひでひろ）⋯⋯⋯⋯⋯ 第10章第1節
　　現在　社会福祉法人わこう村和光保育園園長
　　主著　『子どもに学んだ和光の保育　葛藤編　響きあういのちの躍動』（共著）ひとなる書房，2015
　　　　　年。

●青山　誠（あおやま・まこと）‥‥‥‥‥‥ 第10章第2節

現在　社会福祉法人東香会保育統括理事

主著　『ニューロマイノリティ──発達障害の子どもたちを内側から理解する』（共編著）北大路書房，2024年。

『あなたも保育者になれる』（単著）小学館，2017年。

●佐々木晃（ささき・あきら）‥‥‥‥‥‥ 序章第2節，第13章

現在　鳴門教育大学大学院教授

主著　『遊誘財・子ども・保育者──鳴門教育大学附属幼稚園の環境をめぐる保育実践の軌跡』（共著）郁洋舎，2022年。

『0〜5歳児の非認知的能力──事例でわかる！　社会情動的スキルを育む保育』（単著）チャイルド本社，2018年。

●無藤　隆（むとう・たかし）‥‥‥‥‥‥ 終章

監修者・編著者紹介参照

古賀松香（こが・まつか）‥‥‥‥‥‥ 序章第1節・第3節

砂上史子（すながみ・ふみこ），掘越紀香（ほりこし・のりか），横山真貴子（よこやま・まきこ），吉永早苗（よしなが・さなえ）‥‥‥‥‥‥ 序章第3節

監修者・編著者紹介

【監修者】

無藤　隆（むとう・たかし）

　　現在　白梅学園大学名誉教授

　　主著　『保育内容　子どもと環境　第三版――基本と実践事例』（共編著）同文書院，2023年。

　　　　　『保育原理（アクティベート保育学1）』（共編著）ミネルヴァ書房，2019年。

【編著者】

松嵜洋子（まつざき・ようこ）

　　現在　明治学院大学教授

　　主著　『新 乳幼児発達心理学［第2版］――子どもがわかる　好きになる』（共著）福村出版，2023年。

　　　　　『遊びの保育発達学――遊び研究の今，そして未来に向けて』（共著）川島書店，2014年。

主体としての子どもが育つ
保育内容「健康」

2025年2月20日　初版第1刷発行

監 修 者	無 藤 　 　 隆	
編 著 者	松 嵜 洋 子	
発 行 所	㈱北大路書房	
〒603-8303	京都市北区紫野十二坊町12-8	
	電話代表　（075）431-0361	
	ＦＡＸ　（075）431-9393	
	振替口座　01050-4-2083	

ⓒ 2025
ブックデザイン／吉野綾
印刷・製本／共同印刷工業㈱
落丁・乱丁本はお取り替えいたします。
定価はカバーに表示してあります。

Printed in Japan
ISBN978-4-7628-3276-5

|JCOPY| 〈㈳出版者著作権管理機構 委託出版物〉
本書の無断複写は著作権法上での例外を除き禁じられています。複写される場合は，
そのつど事前に，㈳出版者著作権管理機構（電話 03-5244-5088，FAX 03-5244-5089，
e-mail:info@jcopy.or.jp）の許諾を得てください。

北大路書房の新しい保育テキスト
無藤 隆（監修）

シリーズ「主体としての子どもが育つ」刊行開始！

これからの時代を主体的に子どもと共に生きる保育者のためのテキスト

15コマの授業を想定し，各巻15章程度で構成。
最新の学術的知見と保育現場の実践事例とを
バランスよく関連させながら，
専門的事項と指導法を一体的に学べる！

【シリーズコンセプト】

★「主体としての子どもが育つ」ことを具体的に考える
　⇒序章に１つの事例を動画（QRコード）で提示し，各巻の編著者がそれぞれの領域の視点から読み取りを行うことで，保育内容が総合的であることを示す。
　⇒多様な園の実践例やエピソード，様々な資料を通して，「主体としての子どもが育つ」ことを具体的に考える。
　⇒事例（動画を含む）や写真，関係資料（文書や法令等）を，QRコードを活用して提示。

★ 学習者が「主体的に」考える
　⇒各章冒頭に「大きな問い」を設けて学びの導入に。
　⇒各章末に，その章での学びを深めるための演習を配置。

【シリーズラインナップ】（順次刊行予定）

保育内容「人間関係」　古賀松香（編著）　ISBN978-4-7628-3248-2　248頁　本体2,200円＋税
保育内容「健康」　　　松嵜洋子（編著）　ISBN978-4-7628-3276-5　232頁　本体2,200円＋税
保育内容「表現」　　　吉永早苗（編著）　　　　　　　　　　　　2025年刊行予定
保育内容「言葉」　　　掘越紀香・横山真貴子（編著）　　　　　　2025年刊行予定
保育内容「環境」　　　砂上史子（編著）　　　　　　　　　　　　2025年刊行予定

※各巻Ｂ５判・200～250頁　本体2,200円＋税（予価）

（税抜き価格で表示しています。）

―――――――――――― 北大路書房の好評関連書 ――――――――――――

子どもをあらわすということ

青山　誠・三谷大紀・川田　学・汐見稔幸（編著）

四六判・272頁・本体2300円＋税
ISBN978-4-7628-3281-9　C3037

子どもに耳を傾け，記述し，写真に撮る……共に過ごした記録として，さまざまな方法であらわそうと試みる。そこから何があらわれてくるのか。保育という営みのなかで，「子どもをあらわす」ということの意味を探る。

―――――――――――――――――――――――――――――――――

大豆生田啓友対談集　保育から世界が変わる

大豆生田啓友（著）
木村明子（聞き手）

Ａ５判・240頁・本体2000円＋税
ISBN978-4-7628-3275-8　C0037

子どもたちの未来のために，保育・幼児教育という限られた枠のなかだけの議論ではなく，哲学・経済学・現象学・認知発達科学・法学など様々な領域の研究者たちと「子どもをまんなかに置いて」語り合う。

―――――――――――――――――――――――――――――――――

子どもはいかにして文字を習得するのか
遊びと対話の保育が育む言葉

松本博雄（著）

Ａ５判・224頁・本体3000円＋税
ISBN978-4-7628-3267-3　C3037

「社会的関係の中で立ち上がる言葉」という面から「文字習得」を再定位し，遊びと対話の相互的な発展の先に，子どもの「声」を聴き取る存在として保育者が位置づいたとき，文字と子どもの新たな関係が浮かび上がる。

―――――――――――――――――――――――――――――――――

子どもの声からはじまる保育アセスメント
大人の「ものさし」を疑う

松井剛太・松本博雄（編著）

Ａ５判・228頁・本体2600円＋税
ISBN978-4-7628-3257-4　C3037

幼児教育では外的に読み取りやすいアセスメントが求められているが，固定化された「ものさし」によって見失うモノがあるのではないか。子どもの声に耳を傾け，対話し揺らぎながら，新たなアセスメントのカタチを探る。

―――――――――――――――――――――――――――――――――

（税抜き価格で表示しています。）

--- 北大路書房の好評関連書 ---

生命と学びの哲学
育児と保育・教育をつなぐ

久保健太（著）

四六判・328頁・本体2000円＋税
ISBN978-4-7628-3255-0　C3037

人が育つ・学ぶ・生きるということを扱う保育・幼児教育には，必ず「哲学」がある。育児，保育・教育について熟考してきた著者の多彩な論考から，保育の実践知を言語化するために必要となる「哲学」を掘り起こす。

子どもの遊びを考える
「いいこと思いついた！」から見えてくること

佐伯　胖（編著）

四六判・248頁・本体2400円＋税
ISBN978-4-7628-3229-1　C3037

遊び＝自発的な活動というのは本当か？！「いいこと思いついた！」の現象を切り口に，「中動態」や「天然知能」などの概念を参照しつつ，「自発的な活動としての遊び」について検討，子どもの「遊び」の本質に迫る。

子どもの権利との対話から学ぶ
保育内容総論

森　眞理・猪田裕子（編著）

Ｂ５判・192頁・本体2200円＋税
ISBN978-4-7628-3190-4　C3037

子どもの権利の視点から保育内容を探究する最新の保育者養成テキスト。章の冒頭に設けた学習のポイントや章末の演習課題，ワークシートなど，学びを支える工夫が満載。重要資料に簡単にアクセスできるQRコード付き！

「個別最適な学び」と「協働的な学び」の一体的な充実を目指して

奈須正裕・伏木久始（編著）

Ａ５判・352頁・本体2400円＋税
ISBN978-4-7628-3238-3　C3037

全ての子供たちの可能性を引き出す個別最適な学びと協働的な学びの一体的な充実とは。当代きっての著者たちが理論と実践の両方からこの問いに迫る。「一人一人の子供を主語にする学校教育」の実現への手がかりを示す。

（税抜き価格で表示しています。）